New Energy

中国汽车产业国际竞争力评价及提升路径研究

Research on the Evaluation and Enhancement of International Competitiveness of China's Automotive Industry

王元彬◎著

人民出版社

国家社科基金后期资助项目
出版说明

后期资助项目是国家社科基金设立的一类重要项目,旨在鼓励广大社科研究者潜心治学,支持基础研究多出优秀成果。它是经过严格评审,从接近完成的科研成果中遴选立项的。为扩大后期资助项目的影响,更好地推动学术发展,促进成果转化,全国哲学社会科学工作办公室按照"统一设计、统一标识、统一版式、形成系列"的总体要求,组织出版国家社科基金后期资助项目成果。

全国哲学社会科学工作办公室

序　言

　　制造业是立国之本、强国之基。汽车作为现代工业技术集大成者，是国家制造实力的重要标志，是国民经济的重要支柱产业。我国汽车产销量从2009年首次双突破1000万辆大关，到2023年连续15年保持全球第一。作为世界第一大汽车产销国，具有真正国际影响力自主品牌汽车和零部件制造厂商较少，多停留在低技术含量、低附加值、高耗能、高耗材、劳动密集型等产品生产状态，处在全球价值链中游环节，较欧美等成熟的燃油汽车体系相差较远，难以实现弯道超车。为提升中国汽车产业的国际竞争力，中国需要转变赛道，以成为"新赛道"的赢家。

　　该书基于比较优势理论、竞争优势理论、产业集聚理论、产业创新理论、价值创造理论和全球价值链理论，阐述了产业国际竞争力的理论基础，为研究汽车产业国际竞争力奠定基础。根据经济学理论，土地、劳动、资本等有形的资源要素，可为产业发展初期带来比较优势，但一个产业若要维持较强竞争力，需要不断进行技术迭代和创新，而且要更大程度地参与国际分工，在全球价值链中谋求高端位置，进一步提升国际竞争力。

　　该书论述了世界汽车产业以及中国汽车产业的发展历程和竞争态势，从宏观层面对比中国汽车产业所处的国际地位，同美国、欧盟、日本等发达国家汽车产业差距，给予读者最直观的感受和对整体情况的了解。中国汽车产业从初期的"市场换技术"到强调自主创新，但汽车核心技术竞争力依旧处于劣势地位。目前，中国汽车产业发展存在产业结构需进一步优化、竞争力需进一步提高、支柱性产业的作用需进一步加强等系列问题。通过梳理美国、欧洲、日本等汽车产业发展情况，中国可以通过政策扶持，发挥举国体制优势抓科技创新，增强国家力量在自主创新中的重要作用，有效引导技术引进、扩散和吸收，实现自主创新目标。

　　该书通过使用爬虫技术获得了包括联合国工业发展组织和联合国贸发会议海关大数据等丰富的权威数据集，构建了由价值创造竞争力、价值实现竞争力和价值分配竞争力3个准则层11个指标层组成的汽车产业国际竞争力指标评价体系。基于该指标体系，经过复杂的大数据处理，测算分析汽车整车制造业、汽车车身部件和其他零部件制造业以及汽车产业综合国际竞争力，与主要国家进行静态和动态比较。通过大量的统计比较分析发现，中国汽车产业整体国际竞争力排名指数较低,主要是因为劳动力投入过多拉低了价值创造竞争力指数,综合设计、技术和工艺等品牌国际影响力不足拉低了价值实现竞争力指数。此外,双重差分模型的研究发现,价值分配竞争力指数在 2013—2018 年间出现较大程度下滑。从零部件国际竞争力来看,中国汽车车身、其他零配件和电池制造业国际竞争力总指数排名较低,但芯片等电子元件国际竞争力指数排名第三。该书运用双向固定效应模型对汽车产业国际竞争力的影响因素进行实证分析,发现创新水平、国际市场占有率、盈利能力、人均固定资产和产业集中程度等因素是影响汽车产业综合国际竞争力的主要因素。

该书在理清中国汽车整车、零部件和汽车产业综合国际竞争力基础上,通过行业发展的丰富数据分析,发现中国在电子元件和动力电池行业具备较强的竞争力,结合汽车未来发展趋势,该书提出中国汽车行业需由"弯道"超车向"换道"超车转变,以在未来汽车产业国际竞争中占据有利位置,这具有重要的现实和战略意义。为提升中国汽车产业国际竞争力,该书从价值实现、价值创造和价值分配三个方面,提出切实可行的路径和政策建议,以期对中国更好培育新质生产力、加快推进产业结构优化升级、促进经济高质量发展提供参考。

习近平总书记在二〇二四年新年贺词中指出:"新能源汽车、锂电池、光伏产品给中国制造增添了新亮色。"新时代中国汽车在新能源赛道上快速"行驶",销量前 20 位的新能源车型,中国品牌高达 80%,改变了中国汽车 60 年来"大而不强"的局面,实现了新能源汽车产业的高质量发展,中国汽车正大踏步从"电动化"到"智能化"发展。

目　　录

绪　　论

一、选题背景与研究意义

（一）选题背景

1. 经济全球化和产业国际化

当今世界是开放的世界,全球经济是开放的经济,经济全球化已经成为世界经济发展的最重要特征之一,也是经济发展的重要趋势。1985 年 T.莱维首次提出"经济全球化"的概念,国际货币基金组织（International Monetary Fund,IMF）定义经济全球化为"跨国商品与服务贸易及资本流动规模和形式的增加,以及技术的广泛迅速传播使世界各国经济的相互依赖性增强"。经济合作与发展组织（Organization for Economic Co-operation and Development,OECD）将其定义为"一种过程,在这个过程中,经济、市场、技术与通讯形式都越来越具有全球特征,民族性和地方性在减少"。不论哪种定义,其主要特征主要表现在贸易自由化、生产全球化、资本流动国际化以及市场经济体制全球化,都可以肯定各国各地区经济活动范围已超越国界,经济相互影响、相互融合,在全球范围内形成有机的整体。经济全球化在推进国际分工和专业化生产的同时,也加剧了国际产业的竞争。进入新世纪,信息技术的普及、知识经济的发展和全球价值链的深化成为经济全球化的重要推动力量,世界各国相互依赖,利益交融程度进一步加深,经济竞争的主要表现之一——国际产业竞争也更激烈。

随着经济全球化的高度发展,形成了产业国际化,这也是经济全球化的基础和重要推动力。产业国际化的特征主要表现在产业资源在全球范围配置,产业产品按照国际标准进入国际市场,产业人才和产业研究开发的国际合作交流,整个产业活动范围已远远超出一国范围,生产要素根据比较利益原则在全球范围内流动,进行国际分工。产业国际化的基础是企业的国际化,跨国企业通过国际直接投资（Foreign Direct Investment,FDI）建立国际生产、销售网络,利用国家、地区在生产优势上的差别,实现不同产品或同一产品不同生产阶段生产经营的国际化,实现在全球范围内生产要素的优化配置。产品的多国籍化、产品销售网的全球性就是国际化产业(也可称之为全球产业、全球工厂)。国际化产业具有世界需求和国际贸易量大且不断增长,能吸引跨国公司对外投资,生产加工阶段较多,且产品可标准化、大众化生产等特征,而促使国际化产业生成的过程即产业国际化。

2. 汽车工业地位

汽车工业作为"工业中的工业",是一个高投入、高产出、技术密集和资金密集的产业,主要特点为综合性强、价值链长、关联度高、就业面广等,在包括中国在内的世界多国经济和社会发展中地位极其重要。汽车产业的产业链较长,既可直接带动钢铁、橡胶、玻璃、化学、电子等相关产业发展,也可间接带动石化、汽车修理、道路建设和旅游等产业发展。汽车工业作为经济社会发展的支柱性产业,对提升税收和创造就业岗位,拉动国民经济增长,都发挥着举足轻重的作用。2013 年汽车工业直接和间接带动超过 4000 万人就业,占全国就业人数的 12%;汽车工业总产值超过 6 万亿元,税收贡献超过 1 万亿元,占全国财政收入的 13%;汽车整车产品销售额超过 2 万亿元,占全国商品零售总额的 10% 以上。国家发改委和国家信息中心曾经统计测算,汽车工业每增值 1 元,将会给上下游产业带来 3 倍增值。工业发达国家几乎无一例外地把汽车工业作为国民经济支柱产业,中国也早就在改革开放初期,把汽车工业确定为了国家支柱性产业。1994 年和 2004 年先后两次制定了《汽车工业产业政策》,将汽车产业确定为国民经济重要的支柱产业。2009 年制定了《汽车产业调整和振兴计划》,其中明确提出"汽车产业是国民经济重要的支柱产业"。汽车工业是衡量一个国家工业化水平、经济实力和创新能力高低的重要标志之一,经济和科技发达的国家,同时也是汽车工业发达的国家,例如,2013 年全球国内生产总值(Gross Domestic Product,GDP)排名前五的国家分别为美国、中国、日本、德国和法国,其中四国具有较强的汽车产业竞争力。同时,汽车工业大国在世界经济中的地位与其在世界汽车工业中排名顺序基本相吻合,可以看出汽车工业对国民经济和社会发展发挥巨大的带动作用,因此许多国家将汽车产业作为重点扶持和发展的支柱产业之一。同时,汽车产业是规模经济效益显著的产业之一,随着生产力水平的不断提高,其最小有效规模也在不断提高。

一国汽车产业在国际市场上所处的地位,从某种程度上决定了该国汽车产业竞争力的强弱,所有汽车强国的汽车产业都在世界范围内进行资源整合和产业整合,汽车产业由跨国公司主导全球性生产、销售和研发,具有汽车产业链的全球性配置,是全球化特征、产业国际化特征最显著的产业之一。

在中国全面建成小康社会的进程中,汽车产业发挥着重要作用。汽车产业具有技术密集、发展潜力大的特点,对中国走新型工业化、信息化、城镇化、农业化道路,实现中国经济转型升级具有重要支撑作用,对实现民族振兴、国家富强和人民福祉具有深远的影响。汽车产业在以互联网和新能源为代表的新一轮科技与产业变革中发挥着引领作用,成为国际竞争的战略制高点。

我国的汽车产业在国家政策的大力扶持下获得了持续的发展。2014年中国汽车产量为2372.29万辆,同比增长7.3%;销量2349.19万辆,同比增长6.9%,汽车产销已连续六年蝉联世界第一,在全球市场的份额也由2004年的8.2%增至2014年的27.5%,超过欧洲成为名副其实的汽车大国,中国汽车产业实现了"量"上的跨越式增长。但2014年汽车整车出口量为94.73万辆,比2013年下降3%,占整车销量总量的4%。虽然2014年整车出口量下降速度低于2013年,但出口量占整车销售总量的比例也下降了0.4个百分点。近十年,中国汽车整车出口比例最高为2008年的7.3%。这说明中国作为世界第一产销大国,销售主要市场在国内,即便是国外市场也主要集中在中东、南美等不发达国家,很少出口到西欧、北美等发达地区的汽车市场,在国际市场上缺乏竞争力。而德国、美国、日本和韩国汽车整车出口比例都在50%以上,巴西和印度的汽车出口量也超过10%。作为世界第一的汽车产销大国,中国汽车产业靠什么来提升产业竞争力,进而转变为汽车强国,引起各方的密切关注。

2021年,中国汽车类商品零售额达4.4万亿元,占到了全国社会消费品零售总额的9.9%。2021年,中国汽车工业总产值突破10万亿元,占全国GDP总量的近10%,对上下游产业链起到了明显的拉动作用。汽车制造业每增值1元,带动上下游关联产业增值2.64元。2022年,中国汽车产销总量已经连续13年位列全球第一。据测算,汽车全产业链对国民经济带动作用高达1∶7,1个汽车产业岗位至少可带动相关产业7个就业岗位,其重要性不言而喻。

（二）研　究　意　义

随着信息技术、知识经济成为经济全球化的重要推动力量,国际分工和全球价值链关联日益深化,这将推动新一轮国际产业转移,产业国际化将向纵深方向发展,产业国际竞争也将越来越激烈。汽车产业作为我国国民经济的重要支柱产业,在国民经济和社会发展中扮演着重要角色,是衡量一个国家工业化水平、经济实力和创新能力高低的重要标志之一。在新一轮的经济全球化浪潮中,随着第四次工业革命或"工业化 4.0"的来临,推动中国由汽车产业大国向汽车产业强国转变,是实现中国工业化强国的重要基础之一。

中国汽车产业由量大转变为强大,关键在于如何提升汽车产业国际竞争力。本书选择中国汽车产业国际竞争力为研究对象,旨在通过对国际竞争力进行比较,得到对中国汽车产业在国际市场中的竞争力的正确评价,再运用汽车产业国际竞争力测评方法,通过实证分析确定影响汽车产业竞争力的相关因素,探寻提升中国汽车产业国际竞争力的路径和解决之策,为中国汽车产业转型升级提供政策建议。

二、国内外相关文献述评

20 世纪 80 年代以来,为提升国家竞争力,以美国、日本等为代表的发达国家纷纷对产业竞争力进行探究。中国主要从 2001 年加入 WTO 开始对产业竞争力进行研究,旨在为提升中国产业竞争力以应对加入 WTO 的新挑战。在各国政府高度重视产业竞争力的同时,各相关研究机构、学者也给予了高度关注,研究主要针对竞争力内涵、竞争力评价指标建立以及如何评价竞争力等。现从汽车产业竞争力的测度与影响因素两个方面概述国内外政府、研究机构和专家学者们对产业国际竞争力的研究。

(一) 国外相关研究

1. 汽车产业竞争力的测度与评价

汽车工业是许多国家和地区的战略性产业。它的竞争力一直是许多研究的焦点。

首先,分美国、欧洲和日本三个国家和地区来梳理相关报告研究对汽车产业竞争力的测度与评价。最早研究产业竞争力的国家是美国,其背景是20 世纪 70 年代末,美国产业的霸主地位因受到来自日本、西欧等国和地区的产业强劲挑战而被削弱。美国政府高度重视创新发展,大量科研机构、学者加入竞争力研究的队伍中来。其中,美国哈佛商学院教授迈克尔·波特(Michael E. Porter)最具代表性,1980 年到 1990 年这十年里,他出版了《竞争战略》《竞争优势》《全球产业中的竞争》《国家竞争优势》这四本专著,最早从产业层面研究国家竞争力,在全世界产生了重要影响。这四本专著中最为著名的是 1990 年出版的《国家竞争优势》(*The Competitive advantage of Nations*),书中从产业视角探究国家竞争优势,并提出了"钻石模型"理论,在后续多数国家和学者的研究中,都以"钻石理论"为分析范式。此外,许多机构组织专家学者成立研究中心,比较有代表性的是由马萨诸塞·勒威尔大学(UML)成立的"工业竞争力研究中心"以及由哈佛大学肯尼迪政府学院成立的"企业与政府研究中心"。这些研究中心通过举办专题研讨会,对美国的产业竞争力,及竞争对手日本、欧洲等国和地区的产业竞争力问题进行研究,发表了大量关于产业竞争力的研究论文。

欧洲各国对产业竞争力的研究是从 20 世纪 80 年代初开始的,其产业竞争主要来自美国、日本和太平洋等国和地区。1983 年英国高校、相关研究机构以及学者对产业竞争力进行关注。从 1992 年开始,英国政府贸易与产业部每年发布《竞争力研究报告》;法国计划部于 1992 年也发布了研究报告——《法国:在全球竞争中的业绩选择》;德国经济部于 1993 年发布了《联邦政府关于保证德国经济未来的报告》;1995 年葡萄牙竞争力论坛发布《经济竞争力》报告。1993 年,欧盟在总结欧盟竞争力基础上,发布了《增长、竞争力和就业:通向 21 世纪的挑战与出路》报告;从 1994 年开始欧盟定期向欧洲议会报告欧洲产业竞争力问题;1995 年 1 月欧盟成立"竞争力咨询小组(Competitiveness Advisory Group, CAG)",专门负责向欧盟首脑会议和欧洲议会提供有关提高欧洲竞争力的政策建议,并每年提交《欧洲产业竞争力》报告。

在各研究组织机构中,具有代表性和影响力的有瑞士洛桑国际管理发展学院(International Institute for Management Development, IMD)和世界经济论坛(World Economic Forum, WEF),他们是较早进行国际竞争力研究的机构。1980 年世界经济论坛(WEF)主办达沃斯年会,年会上各政府官员、企业家、大银行家和经济学家在讨论反托拉斯问题时,就企业竞争力问题展开了争论,开始了对国际竞争力的探讨和研究,发布了《关于国际竞争能力的报告》。世界经济论坛(WEF)在 1986 年和 1994 年两次发布《国际竞争力报告》,对国际竞争力的概念进行了不同的定义。从 1989 年到 1996 年,世界经济论坛(WEF)和洛桑国际管理发展学院(IMD)开始合作研究国际竞争力,根据世界几十个国家和地区的相关指标进行竞争力测评后对国家竞争力进行排序,定期发布《国际竞争能力》和《世界竞争力年鉴》报告。这两个机构研究国家竞争力的理论方法对国际产业竞争力研究产生了一定影响,许多学者用国家竞争力的公式来计算分析产业竞争力,如竞争资产×竞争过程=国际竞争力(国际化),竞争资产是自然资源、土地等继承资产,竞争过程是创造增值的过程。因有不同见解,1996 年,由于种种原因,世界经济论坛(WEF)和洛桑国际管理发展学院(IMD)不再进行合作研究,洛桑国际管理发展学院(IMD)单独出版《全球竞争力报告》。

二战后,日本为追赶欧美,加速经济建设,高度重视产业竞争力研究,尤其是 20 世纪 90 年代日本经济危机后,日本的传统优势产业竞争力削弱,制约国家复苏,日本政府、各研究机构及产业界都高度关注产业竞争力。1993年 3 月,日本政府成立了"产业竞争力会议",该会议主要成员为政府大臣和产业界代表,设为首相直属机构,开始对本国钢铁产业、汽车产业、微电子和生物技术等重要产业的竞争力进行深层次研究。

2022 年 5 月 31 日,日本政府在内阁会议上敲定了 2022 年版《制造业白皮书》,强调了强化半导体产业竞争力的重要性。这份白皮书还明确写入了钢铁和化学等原材料行业去碳化的必要性。同时要求,在可进行大量数据通信的 5G 移动通信系统、可急速提升计算机处理速度的量子计算机等数字技术方面,提升日本的竞争力。

综合上述发达国家产业竞争力的相关研究报告,属于一线的政策实践,但是产业竞争力测度和评价的创新还源于学术界。相对来说,与汽车产业竞争力直接相关的、发表于权威期刊的学术研究较少。

从生产效率角度衡量汽车产业竞争力的研究来看。Sudhir(2001)对美国汽车市场的竞争行为提供了有价值的见解。作者采用理论驱动的实证方法来理解竞争定价行为,并运用能力—动机范式和博弈论文献来理解汽车市场不同细分市场的企业动机和能力。Baily et al.(2005)研究了日益激烈的全球竞争如何影响美国汽车工业的劳动生产率,即以劳动生产率作为刻画竞争力的指标。作者认为,随着贸易壁垒的降低和交易成本的降低,新的全球竞争者正在进入以前较为孤立的国内市场。这种加剧的竞争压力促使当地公司通过创新及采用流程和产品改进来提高绩效。MGI(2005)对 1987 年至 2002 年期间的美国汽车行业进行了深入的案例研究,以揭示全球竞争如何影响国内行业动态和生产率增长。研究发现,在此期间,该行业近一半的生产率增长来自于三巨头采用的流程创新,主要是从日本公司学习的精益制造生产系统。Gavazza et al.(2014)定量地探讨了汽车二级市场的配置和福利影响,其使用的模型校准成功地匹配了美国和法国二手车市场的几个总体特征。作者发现,交易成本可以显著影响交易量、分配和一级市场。

从更广泛生产效率和产业竞争力的角度来看。Holland et al.(2021)对电动汽车对个人交通的潜在转变进行了深刻的审视。作者利用一个动态模型来捕捉电动汽车成本的下降、电力污染的减少以及汽车可替代性的增加。将这一模型用于美国市场的校准表明,在目前的可替代性水平上,从汽油车过渡并不是最理想的,并指出禁止汽油车生产将导致重大的载重损失。然而作者指出,随着可替代性的增加,这样的禁令可能会减少由于车辆组合和采用时间效率低下而造成的载重损失。Sampson(2023)分析了技术差距对国际收入不平等的影响,研发效率越高的国家在创新依赖程度越高的行业中具有比较优势,这可能与行业的竞争力有关。作者发现,在经合组织内部,技术差距占名义工资差异的四分之一到三分之一。

从市场结构、市场占有率的角度衡量汽车产业竞争力的研究来看。Bresnahan et al.(1991)研究了美国汽车市场的竞争定价行为。运用能力—动机范式和博弈论文献来理解汽车市场不同细分市场的企业动机和能力。Chintagunta 和 Vilcassim(1995)认为企业的能力和动机是成功实施定价策略的必要条件。Barwick et al.(2021)探讨了地方保护主义对中国汽车市场竞争和社会福利的影响。研究发现,地方保护主义政策,如对本土品牌的补贴,导致了严重的消费者选择扭曲,并导致了巨大的消费者福利损失。作者认为,由于地方保护降低了社会总福利,省级政府处于囚徒困境,但他们没有动力单方面取消地方保护。Schiraldi 和 Seiler(2021)采用理论驱动的实证方法对美国汽车市场的竞争定价行为进行了更深入的了解,并运用博弈论的视角,分析了汽车市场中不同细分市场的企业动机和能力。

从国际贸易的价值实现角度衡量汽车产业竞争力的研究来看。Edmond et al.(2015)提出了一个定量模型,探讨了国际贸易的有利竞争效益,特别是在加价是内生变量的背景下。它的结论是,在某些条件下,贸易可以显著减少加价扭曲,例如,由于贸易开放,广泛的错配和占主导地位的生产商面临更大的竞争压力。Arkolakis et al.(2019)在具有垄断竞争、企业异质性和可变加价率的模型中探讨贸易自由化的收益。作者对福利公式进行了概括,并利用微观层面的贸易数据和有关企业层面传递的证据来量化该公式的含义。主要发现是,用可变加价模型预测的贸易自由化收益,在最好的情况下与用恒定加价模型预测的收益相等,在最坏的情况下略低于前者。这表明,贸易的促进竞争效应可能是难以确定的。

从价值分配的角度衡量汽车产业竞争力的研究来看。Timmer et al.(2014)利用世界投入产出数据库的发展所带来的分解技术,考察了全球价值链。作者追踪了生产最终制成品直接或间接需要的所有劳动力和资本所增加的价值,发现从 20 世纪 90 年代初开始,以外国产品附加值含量来衡量的国际分化迅速加剧。在大多数全球价值链中,都出现了由资本和高技能劳动力增加价值的转变,而不是由低技能劳动力增加价值。在这些链条中,发达国家越来越专注于高技能工人从事的活动。

　　综上所述,生产效率、市场结构、市场占有率、国际贸易的价值实现和价值分配等因素是衡量汽车产业国际竞争力的重要指标。然而目前尚较缺乏全面反映汽车产业竞争力的综合指标。

　　2. 汽车产业竞争力的影响因素和机制

　　产业竞争力的影响因素是多方面的,技术创新、市场需求偏好、经济环境、资本投入、品牌声誉、基础设施、劳动力投入和效率、市场结构、成本结构、供应链管理和政策监管都会对产业竞争力产生影响。下面重点从基本要素和底层动因的角度进行综述。

　　技术创新是竞争力的重要驱动力。Aghion et al.(2002)研究了产品市场竞争与创新的关系。该研究预测了产品市场竞争与创新之间的“倒 U”型关系,表明竞争和企业特征都可以影响创新,从而影响汽车行业的竞争力。Hashmi 和 Biesebroeck(2010)研究了全球汽车产业的市场结构与创新之间的关系,发现企业的价格成本边际与创新强度之间存在弱正相关关系,企业创新强度的关键决定因素是其在行业中的相对知识存量。

　　资本和劳动等要素的投入和效率是产业竞争力的重要决定因素。Biesebroeck(2003)考察汽车工业中资本、劳动力和市场集中度之间的关系,特别关注生产率动态和资本劳动比率的重要性。Rolim et al.(2019)对巴西汽车工业的分析,特别关注市场集中度及其与资本和劳动力等因素的关系。

　　对外贸易在创新的扩散中发挥了关键作用。Nagy 和 Jámbor (2018)利用马尔可夫转移概率矩阵和 Kaplan-Meier 生存函数,研究了全球汽车贸易的显性比较优势,并分析了巴拉萨指数的持续时间和稳定性。该研究基于1997 年至 2016 年 HS6 水平的全球汽车出口数据。分析表明,在世界上最重要的汽车出口国中,西班牙和日本具有最高的比较优势。Guan et al.(2023)考察了企业的全球合作网络地位对市场份额的影响,发现企业合作网络中的结构性漏洞和中心性有利于提高全球市场份额。

　　市场结构和市场竞争能显著影响创新,从而对汽车产业竞争力产生影响。Hashmi 和 Biesebroeck (2010)研究了全球汽车产业的市场结构与创新之间的关系。研究发现,企业的价格成本边际与创新强度之间存在弱正相关关系,企业创新强度的关键决定因素是其在行业中的相对知识存量。Aghion et al.(2002)研究产品市场竞争与创新的关系。该研究预测了产品市场竞争与创新之间的“倒 U”型关系,表明竞争和企业特征都可以影响创新,从而影响汽车行业的竞争力。Rolim et al.(2019)分析了巴西汽车工业的战略,特别是其市场集中度,并考察了影响这一过程的不同因素。该研究还调查了汽车市场集中度的历史比较和巴西汽车工业的战略,寻求更好的了解汽车行业的竞争力。

(二) 国内相关研究

1. 汽车产业竞争力的测度与评价

从改革开放到 20 世纪 90 年代初,随着中国市场的不断对外开放,对外经济交往越来越多,外资产品大量涌入中国,迅速扩大在中国的产品市场份额,加剧了本国产品的竞争程度。由于国内产品竞争力弱,市场被国外产品严重挤占,有的品牌出让,有的被外商兼并收购,在社会各界引发关注,产业竞争力研究引起了中国政府的高度重视和关注。为增强中国产品竞争优势,提升产业竞争力,在政府的推动下,许多机构和学者也开始研究产业竞争力。

1989 年,我国原国家体改委经济体制改革研究院与国外经济体制司,以及影响力较强的世界经济论坛(WEF)和洛桑国际管理发展学院(IMD),通力合作共同研究国际竞争力。1991 年,狄昂照承担国家科委的“产业竞争力研究”软课题,并于 1992 年出版了《国际竞争力》一书,是中国产业竞争力研究的开山之作。

1995 年我国参加了全球竞争力排序,1996 年运用《世界竞争力报告》的研究方法对中国的国际竞争力进行了研究,1997 年 3 月,中国国际竞争力课题组出版了《中国国际竞争力发展报告(1996)》。该报告应用 381 个指标数据,对农业、科技的国际竞争力进行了分析和评价,分析了企业创新、产业结构与国际竞争力,工农业、科学技术、金融体系、企业和政府管理等领域都有涉及。

1995 年,中国社会科学院金碚博士承担了“中国工业品国际竞争力的比较研究”招标课题,1997 年课题成果出版了专著《中国工业国际竞争力——理论、方法与实证研究》。金碚在波特的分析范式的基础上,就产业国际竞争力的概念、分析方法和框架进行了探讨,建立了产业竞争力的统计分析的理论模型,并重点分析了中国工业品质量、出口和品牌的国际竞争力,同时对其他主要工业的国际竞争力进行了实证研究。2003 年又出版了《竞争力经济学》,该书是“产业与企业竞争力研究”的研究成果,论述了经济学及其各主要分支学科在竞争力领域的研究成果,开拓了一个专门研究领域——竞争力经济学。

1998 年,中国社会科学院研究员裴长洪深入研究了利用外资和产业国际竞争力问题,出版了专著《利用外资和产业竞争力》。书中探讨了国际竞争力来源、产业竞争力分析方法,对中国出口竞争力、外商投资、分工体系与中国产业竞争力进行了实证研究。

国家计委课题组(2001)从竞争实力、竞争能力、竞争潜力、竞争压力、竞争动力、竞争活力六个方面,采用层次分析方法,设计出一套评价指标体系,对产业国际竞争力进行综合评价。以赵彦云教授为核心的人民大学竞争力与评价研究中心课题组出版了《中国国际竞争力发展报告》。2001年、2003年又先后出版了《中国国家竞争力发展报告》和《中国国际竞争力发展报告2003——区域竞争力发展主题研究》。

2011年,社会科学文献出版社出版了《产业蓝皮书:中国产业竞争力报告》,系统分析中国产业竞争力的最新变化。截至2021年12月,已出版到第十部《产业蓝皮书:中国产业竞争力报告(2021)》。每一部"产业蓝皮书"的主题都着眼于中国的实践、中国的发展,着眼于推动我国产业转型升级。

总结相关学术研究来看,产业竞争力的测量方法主要包括市场份额法、出口市场份额法、竞争力指数法、生产率法等。这些方法从不同角度出发,对产业竞争力进行量化分析。其中,竞争力指数法得到了广泛关注,因为它可以综合考虑影响产业竞争力的多种因素,从而更准确地反映产业的竞争实力。也大致可以划分为生产效率、市场结构、市场占有率、国际贸易的价值实现和价值分配等指标。

许多文献指出生产效率和产业竞争力之间具有密切关联。一方面,生产效率的提高可以促进产业竞争力的提升;另一方面,产业竞争力的增强也可以为生产效率的提高提供有利条件。具体而言,生产效率的提高往往通过技术进步、管理创新等途径实现,而产业竞争力的提升则更需要考虑市场需求、政策环境等多个因素。因此,在指标构建中,需要综合考虑生产效率等多方面因素。赵增耀(2007)以我国汽车产业为例,从国际贸易、外资、技术水平和产业集中度等方面考察汽车产业的竞争力。

市场结构、市场占有率与产业竞争力之间具有密切关联。一方面,市场结构的特点会影响产业内的企业行为和绩效,从而影响产业竞争力;另一方面,产业竞争力的提升也可以带动市场结构的优化和调整。具体而言,市场结构的影响因素主要包括市场占有率、行业集中度、企业规模等;而产业竞争力的影响因素则涵盖范围更广,如技术水平、管理体制、政策环境等。二者之间的正面的关联性可以表现为以下几个方面:一是市场份额与市场影响力:产业集中度较高的产业通常由少数几家主导企业控制,这些企业在市场中具有较大的市场份额和市场影响力。这使得这些主导企业能够对市场定价、产品创新和市场推广等方面具有更大的控制权,从而影响整个产业在国际上的竞争格局。二是技术和创新能力:高度集中的产业通常会吸引更多的资源投入,包括研发和创新方面的投资。主导企业通常在技术研发和创新方面具有更强的实力和能力,从而能够推动整个产业的技术进步和创新能力,提高产业的竞争力。三是规模经济和成本效益:高度集中的产业可能会形成规模经济效应,这意味着主导企业可以通过大规模生产和采购来降低成本,并在供应链和分销方面获得更大的效益。这使得主导企业在成本控制和资源利用方面具有优势,从而提高其竞争力。产业集中度对产业竞争力也可能产生以下不利影响:一是市场竞争减少:较高的产业集中度意味着市场上存在较少的竞争对手,主导企业拥有较大的市场份额和市场影响力。这可能导致市场竞争的减少,减弱了其他竞争对手的进入和发展空间。缺乏竞争可能降低产品创新和质量提升的动力,限制了整个产业的发展潜力。二是价格操纵和垄断行为:在高度集中的产业中,主导企业可能借助其市场地位和影响力操纵产品价格,限制竞争对手的市场份额。这可能导致垄断行为和价格歧视,不利于消费者的利益。高价格和缺乏选择可能损害消费者的福利,影响市场的效率和公平性。三是创新受限:高度集中的产业可能会限制新进入者和小型企业的创新能力和机会。主导企业可能通过技术壁垒、专利权或独家合作关系来保护其市场份额和竞争地位,限制其他企业的创新和技术进步。这可能导致创新的减少,限制了产业整体的竞争力和长期发展。

国际贸易是产业竞争力的重要组成因素。一方面,国际贸易为产业竞争力提升提供了更广阔的市场和资源;另一方面,产业竞争力的提升也可以通过国际贸易来拓展市场份额和优化资源配置。具体而言,国际贸易的影响因素主要包括关税、非关税壁垒、汇率等。因此,需要综合考虑国际贸易的因素。陈佳贵和张金昌(2002)就指出学界多使用贸易竞争力指数(Normalized Trade Balance,NTB)、显示性比较优势指数(Revealed Comparative Advantage,RCA)、显示性竞争优势指数(Competitive Advantage,CA)三个指标衡量产业的国际竞争力。

价值链分配是产业竞争力的应有之义。一方面,价值链分配的方式会影响企业的利益分配和员工积极性,从而影响产业竞争力;另一方面,产业竞争力的提升也可以通过优化价值链分配来实现。具体而言,价值链分配的影响因素主要包括工业增加值率、产业集中度等。聂聆和李三妹(2014)借鉴 Timmer 等提出的 GVC 收入及核算框架,根据产品增加值判断中国制造业在全球价值链上的国际竞争力。

2. 汽车产业竞争力的影响因素和机制

产业竞争力的影响因素主要包括资源禀赋、技术创新、市场规模、产业结构、政策环境等。这些因素从不同角度影响了产业的发展和竞争力提升。例如,资源禀赋丰富的产业在成本上具有优势,技术创新可以带来产品和技术上的领先优势,市场规模和产业结构则影响了产业的竞争格局和盈利能力。政策环境方面,政府的扶持政策和产业政策对产业的竞争力也有重要影响。

劳动和资本等要素投入是影响产业竞争力的重要因素。要素投入的增加可以促进产业规模的扩大和技术水平的提高,从而提升产业的竞争力。李钢和刘吉超(2012)论证了中国目前最具有比较优势的产业仍是劳动密集型产业,而这得益于劳动力投入和资本技术的提升。

技术创新对产业竞争力有重要影响。技术创新可以带来新产品、新工艺和新服务,提高产业的竞争力。同时,技术创新可以促进产业升级和转型,改善产业的生态环境,从而提升产业的竞争力。技术创新对产业竞争力的作用机制包括以下几个方面:一是通过提高产品的质量和性能,满足消费者需求,提高市场份额;二是通过降低生产成本,提高生产效率,增强企业的盈利能力;三是通过促进产业升级和转型,拓展市场空间,提高产业的竞争力(封伟毅等,2012)。

市场占有率是反映企业竞争地位和产业竞争力的重要指标之一。研究表明,市场占有率高的企业通常具有更好的市场份额和盈利能力,从而具有更强的竞争力。同时,市场占有率的动态变化也会对产业竞争力产生影响。市场结构和技术创新是影响产业竞争力的主要因素。具有较高市场集中度和产品差异度的市场结构往往有利于促进技术创新和提升产业竞争力。而市场占有率的提高可以增加企业的市场份额和盈利能力,从而增强企业的竞争力(杨永忠,2006)。

(三) 现有文献评述

综上所述,国外对产业国际竞争力的研究主要从竞争力的测度和评价原则、产业竞争力的影响因素等方面来进行,建立了相对完善的评价指标体系,由对传统的工业化评价指标体系,转而建立评价整个国家经济社会发展的公共竞争信息平台。

总体来看,国外学界偏向于单个因素对产业国际竞争力进行衡量,影响因素也重在对某一机制进行探讨和论证。国内主要是研究机构和学者对有关产业国际竞争力的实证及案例研究。由于国际竞争力问题涉及面非常广泛,评价国际竞争力的方法也很多,有许多问题尚没有统一定论,需进一步研究探讨,产业竞争力的研究方法和评价指标也有待完善。特别是对中国汽车产业国际竞争力研究还比较欠缺从产业层面对中国产业国际竞争力进行国际比较、系统的量化研究。亟须构建较全面的综合指标体系,系统地对汽车产业国际竞争力进行测度并考察其影响因素,从而研究汽车产业国际竞争力提升路径。

三、研究目标、思路与方法

(一) 研 究 目 标

通过构建汽车产业国际竞争力评价指标体系,对中国汽车产业竞争力进行国际比较和分析,研判影响因素,提出新形势下提升中国汽车产业国际竞争力的路径选择和政策建议。

(二) 研 究 思 路

首先,对产业国际竞争力内涵、理论基础与评价方法进行了界定和研究,再对世界汽车产业发展历程、现状特征进行较为全面和深入的把握和阐述,分析全球汽车产业竞争态势(整车和零部件角度)和中国汽车产业国际地位(全球价值链角度)。其次,结合波特—邓宁钻石模型评价方法,从马克思劳动价值理论出发,构建有价值创造(竞争力来源)、价值实现(竞争力表现)和价值分配(竞争力结果)三个环节的汽车产业国际竞争力评价指标体系,对全球汽车出口前20位国家和地区分别进行汽车整车、汽车零部件和汽车产业综合国际竞争力评价,分析其影响因素和条件。再次,结合当前国内外经济形势,提出新时期提升中国汽车产业国际竞争力的路径选择和政策建议,为汽车产业管理部门和汽车企业提供决策参考。

(三) 研 究 内 容

本书主要是对中国汽车产业的国际竞争力及相关影响因素进行了研究。全文共分为绪论和9章内容,分别为:

绪论,包括四个部分:选题背景与研究意义,国内外相关文献述评,研究目标、思路与方法以及研究创新、难点与不足。

第1章:产业国际竞争力的内涵及理论基础。当前学术界对产业国际竞争力概念、理论和分析方法存在较大分歧。总体来看,不少学者从不同角度出发,对产业国际竞争力给予不同理解和赋予不同定义,建立起以自我理解为基础的产业国际竞争力理论和评价方法。这就容易在进行汽车产业国际竞争力研究之前遇到理论和方法选择上的困扰,需要对理论基础和分析方法做进一步交代。本部分对竞争力、国际竞争力、产业国际竞争力定义和内涵进行概述,并分析不同层次竞争力及其之间的关系,阐述了产业国际竞争力理论基础,建立本成果研究的理论。

第2章:世界汽车产业发展历程、现状特征与竞争态势。长期以来,世界汽车产业以美国、日本和德国为主,然而全球生产网络和消费需求不断扩张,带动各国和地区汽车产业快速发展,世界汽车产量在稳步增长的同时,以德国、美国和日本为代表的传统汽车工业强国逐渐被以中国和印度为代表的新兴市场国家和地区赶超,世界汽车产业格局正在悄然发生新一轮的调整和变化。伴随新兴市场国家和地区汽车产能扩张,全球汽车产品贸易分散化趋势日渐明显,新兴市场国家和地区开始在世界汽车产品贸易市场上崭露头角。本部分首先对欧洲、美国、日本和韩国等世界汽车强国以及中国、印度、巴西等新兴市场国家和地区汽车产业发展历程及现状特征进行分析,总结竞争态势,从全球价值链角度分析和判断中国汽车产业的国际地位。

第3章:汽车产业国际竞争力的评价体系构建与评价模型。产业竞争力实质上是产品在生产、分配、交换和消费环节价值获取能力的综合体现,包括生产能力、市场占有能力和盈利能力。从马克思劳动价值理论看,三种能力分别对应价值创造(竞争力来源)、价值实现(竞争力表现)和价值分配(竞争力结果)。中国汽车产业要改变"大而不强"地位和状况,价值提升是关键,应从价值创造、价值实现和价值分配三个环节实现由"量"到"质"的转变。本部分从价值三个环节构建三个指标层11个指标组成的汽车产业国际竞争力评价体系,通过建立层次分析模型,对中国汽车产业竞争力进行国际评价。

第4章:中国汽车整车国际竞争力水平测度及其比较分析。在构建汽车产业国际竞争力评价指标体系的基础上,从静态和动态两个角度对世界汽车出口前20位的国家和地区的汽车整车国际竞争力进行多维定量分析和定性分析。

第5章:中国汽车零部件国际竞争力水平测度及其比较分析。在构建汽车产业国际竞争力评价指标体系的基础上,从静态和动态两个角度对世界汽车出口前20位的国家和地区的汽车零部件国际竞争力进行多维定量分析和定性分析。

第 6 章：中国汽车产业综合国际竞争力水平测度及其比较分析。在构建汽车产业国际竞争力评价指标体系的基础上，从静态和动态两个角度对世界汽车出口前 20 位的国家和地区的汽车产业综合国际竞争力进行多维定量分析和定性分析。通过对汽车产业国际竞争力进行测度，得到中国汽车产业国际竞争力比较优势产业、比较劣势产业以及产业竞争力强弱和竞争力形成的具体环节和成因。

第 7 章：中国汽车产业国际竞争力影响因素及其条件分析。本章承接上部分内容，从硬件层面和软件层面继续探讨影响中国汽车产业国际竞争力的因素。其中，硬件层面包括自然资源、市场需求、物流服务、贸易壁垒、市场竞争、组织规模和相关产业；软件层面包括人力资本、技术水平、竞争战略和政府支持、组织管理。本部分研究旨在通过对中国汽车产业国际竞争力产生积极和消极影响的因素的分析，探讨出影响中国汽车产业国际竞争力大小的深层次原因。实证层面，选取中国汽车整车、车身、零部件和综合汽车产业的国际竞争力指数作为因变量，选取创新水平、完成固定资产投资总额、汽车工业总产值占全国工业总产值比重、贸易竞争力指数、国际市场占有率 IMS 和产业集中程度等指标作为自变量，运用双向固定效应回归模型，分析考察哪些因素对中国汽车整车、车身、零部件和综合汽车产业的国际竞争力有显著影响。

第 8 章：新时期提升中国汽车产业国际竞争力的路径选择。在新一轮科技革命驱动下，世界主要发达国家和地区为实现制造业转型升级纷纷出台制造业振兴计划。为加快技术革新步伐，助力经济转型升级，《政府工作报告》多次提及汽车产业发展关键词，这为中国汽车产业变革释放出诸多信号。当前中国经济处在由高速增长阶段向高质量发展阶段转变关键时期，汽车产业承载经济高质量发展重任。本章在前述研究分析的基础上，首先分析中国发展新能源汽车产业的必要性和重要性、优势以及面临的问题和挑战，提出向纯电动汽车转变的长短期整体路径，并从价值创造、价值实现、价值分配三个方面提出中国新能源汽车产业具体的发展路径和政策建议。

第 9 章：结论与研究展望。本章对全文的研究结论进行高度概括，指出本书研究的不足之处及展望将来有待进一步深入研究的问题。

本书研究的线路图如图 1 所示。

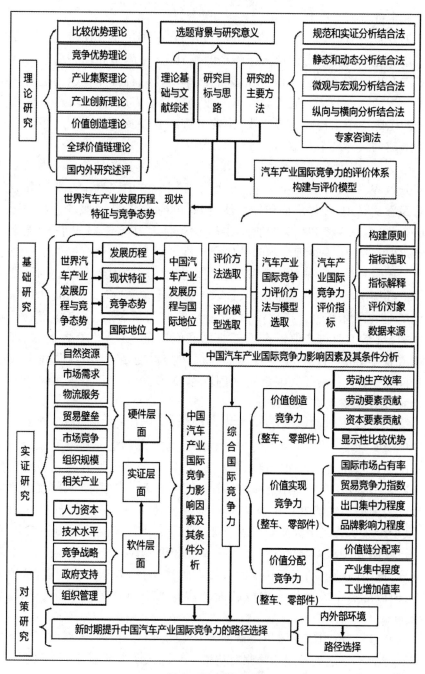

图1　研究线路图

（四）研究方法

1. 规范和实证分析结合法

运用规范分析方法描述了汽车产业竞争力的形成机制；运用实证分析方法对中国汽车国际竞争力影响因素进行了分析，得到了影响中国汽车产业国际竞争力的主要因素。运用双重差分模型对汽车产业国际竞争力动态变化趋势进行了实证分析，发现近期国际竞争力有回升趋势，但总体上2011年后均出现较大程度的下滑，为中国汽车产业国际竞争力提供了理论和实践的支撑。

2. 静态和动态分析结合法

产业竞争力从某一时点上看，可以测量和评估，是静态的；但是从时间序列上看，又不断变化，是动态的，可呈现上升、下降等不同的趋势。因此，本书通过对中国汽车产业竞争力静态比较，分析中国汽车产业竞争力提升趋势，从而为制定汽车产业政策提供依据。

3. 微观与宏观分析结合法

产业作为中观层面，其竞争力研究涉及国家宏观层面、企业微观层面，产业竞争力的提升既会受到政府、政策等宏观环境的影响，也会受到企业的战略目标及运营机制的扰动。因此，在进行汽车产业竞争力的影响要素分析时，运用宏微观分析相结合的方法，全面考察了关键影响要素。

4. 纵向与横向比较结合法

采用纵向比较，可以对同一国家和地区汽车产业国际竞争力进行不同历史时期动态发展研究，找出其发展过程中变化及趋势；采用横向比较，可以针对各个评价指标在不同国家和地区间的汽车行业的情况进行分析，以发现样本国家和地区在汽车产业竞争力形成不同阶段所具有的优势。

5. 专家咨询法

开展研究过程中，向汽车产业研究领域的中外专家进行咨询，广泛听取专家意见。

四、研究创新、难点与不足

（一）研究创新

在分析 WEF 与 IMD 两大权威国际竞争力评价体系和波特—邓宁钻石模型评价体系的基础上，从价值创造竞争力、价值分配竞争力及价值实现竞争力等三个准则层构建了中国汽车产业竞争力评价指标体系,进一步丰富产业竞争力评价指标体系。

本书利用构建的评价指标体系,从价值角度对汽车产业国际竞争力进行研究,这是以往在产业竞争力研究中较少考虑的,拓宽了产业竞争力研究视角。同时对三个准则层进行横向的国际比较和动态趋势分析,从而解决了以往大多数研究仅针对竞争力静态研究的局限。

创建相关因素指数,通过回归分析方法,深入挖掘影响中国汽车产业国际竞争力的因素,找出并分析关键影响因素,从而为中国汽车产业国际竞争力提升对策提供有效依据。

通过对汽车产业竞争力进行国际比较和影响因素分析,从汽车产业全球化视角和发展趋势,给予针对性的对策和建议。

（二）研　究　难　点

一是相关变量难以量化。部分变量属于规范性社会因素,难以用具体数据来量化,因此无法直接检验其对竞争力的影响,只能通过理论进行说明。

二是相关数据缺失问题。由于相关变量数据,尤其是汽车企业微观层面数据很难获取,增加了一定难度。

（三）研　究　不　足

汽车产业国际竞争力研究是涉及多方面多领域的系统工程,有很多因素影响着汽车产业国际竞争力,由于研究时间以及研究能力所限,再加上研究数据获取较为困难,报告中仍有一些问题需要将来进一步深入研究。

本书运用联合国工业发展组织(United Nations Industrial Development Organization,UNIDO)最新数据库,但数据库数据时间仅截至 2016 年,并且选取的 20 个样本国家和地区有些年份数据缺失严重,为保证数据连贯和完整,本书只能选取最接近的其他方面数据进行替代,这对研究中国产业竞争力可能会造成一些影响。

影响产业竞争力因素有很多,有显性的,也有隐性的;有内生性的,也有外生性的。本书对汽车产业国际竞争力的研究不能完全涵盖全部因素,不可避免地会存在一定缺陷。同时,在因素选择上,受限于数据的可得性,因而不可避免地影响了变量的选择。

本书的研究只能停留在逻辑分析的层面上,其结论的准确性有待通过事实来做进一步的验证。

第1章　产业国际竞争力的内涵及理论基础

一、产业国际竞争力内涵

18世纪后半期开始出现资本主义大机器工业，伴随产生了社会分工，相应产生了"产业"这一概念。《辞海》从狭义和广义两个方面定义产业，狭义产业是指"家产和私用的土地、房屋等财产"，广义产业是指"各种生产的事业"。产业是一种社会分工现象，是具有某种同类属性的经济活动的集合。

在产业竞争力研究中，不能宽泛地定义产业，须将其界定为易进行同类比较的对象，是同类产品及其可替代产品。在研究产业竞争力时，可以研究同一国家不同产业的比较，也可以研究不同国家同一产业的比较。本书的研究是从后一个视角进行，比较中国的汽车产业与其他国家的汽车产业竞争力。

（一）竞争力概念

竞争力的概念是由竞争而来，竞争优势一般仅关注企业优势，而竞争力是一个比较的概念，它的研究范围更为广泛，具有层次性，包括国家竞争力、产业竞争力、企业竞争力等。

不同学派或研究者对竞争力的强弱有不同的理解，传统或古典经济学认为竞争力的强弱取决于一个国家或地区生产要素的相对优势，这些生产要素主要是劳动力、资金与自然禀赋等方面，一个国家或地区如果在生产要素禀赋方面具有优势，那这个国家或地区的竞争力也更强。从亚当·斯密的比较优势理论、大卫·李嘉图的相对比较优势以及赫克歇尔·俄林的自然禀赋理论上都得到了继承。经济历史学从较为长期的制度演进角度研究问题，认为经济体制及制度在竞争力中具有重要作用，有利的制度形式是推动国家经济发展的动力，促进其竞争力的提高。发展经济学则认为实现经济结构的根本转变，制定一整套促进工业化的政府政策至关重要，竞争力提高是经济发展的自然结果。现代增长经济学认为，自然资源会随时间的推移而逐渐枯竭，人力资本的重要性会逐渐增强，所以人力资本相比自然资源更能决定一个国家或地区的竞争力。企业经济学从工业范围的概念认为竞争力就是工业实力,工业的基础设施的完善程度,工业的管理经验以及工业部门的竞争程度,工业竞争力对形成一国或地区的竞争力十分重要,认为工业强国其国家竞争能力也较强。

综上,不同流派从某个角度或从各自实用性出发对竞争力进行了界定,不论如何定义或界定,对竞争力的统一认识都是国家或地区通过建立竞争优势,在竞争中获得有利地位。

竞争力的分类方法很多,具有代表性的是经济合作与发展组织(OECD)在1992年将竞争力分为宏观竞争力、微观竞争力和结构竞争力,其中宏观竞争力是指国家技术、教育等层面的竞争力,微观竞争力是指企业取得市场、获得利润能力的竞争力,结构竞争力是投资结构、生产类型等相关的竞争力。也有很多文献和研究资料将竞争力分为国家竞争力、企业竞争力和产业竞争力三个层次,国家竞争力是从国家创造附加价值、整体社会福利提升等多方面考量;企业竞争力是企业具有相对的竞争优势,具有较佳的竞争力;产业竞争力则是关注产业竞争优势,产业由企业组成,又存在于国家之中。国家竞争力、企业竞争力和产业竞争力三者环环相扣、相互影响,企业竞争力是产业竞争力和国家竞争力的基础,产业竞争力可以反映一个国家或地区某个产业的国家竞争力。但产业竞争力不是国家竞争力、企业竞争力和产业竞争力的简单累加或者平均的结果。

从研究范围看,当对竞争力研究超出一国或地区界限时,就产生了国际竞争力。

(二) 国际竞争力概念

不同研究机构和学者对于国际竞争力从不同角度有不同的见解,工业经济学认为是制造业能力和水平,制度经济学认为是制度竞争力,发展经济学则认为是促进经济发展的各种措施和政策。

对于国际竞争力研究最具影响力的研究机构是世界经济论坛(WEF)与瑞士洛桑国际管理发展学院(IMD),这两个最具代表性的组织分别对国际竞争力进行了定义。

1985年,世界经济论坛(WEF)在发布的《关于竞争力的报告》中,首次将国际竞争力定义为"一国企业能够提供比国内外竞争对手更优质量和更低成本的产品和服务的能力"。

1994年,瑞士洛桑国际管理发展学院(IMD)发布了《国际竞争力年度报告》,在报告中将国际竞争力定义为"一国或一公司在国际市场上均衡地生产出比其竞争对手更多财富的能力"。

经济合作与发展组织(OECD)在 1994 年,将国际竞争力定义为一种创新能力。1998 年又将国际竞争力的概念定义为:"面对国际竞争,支持企业、产业、地区、国家或超国家区域在可持续性发展的基础上进行相对较高的要素收入生产和较高要素利用水平的能力。"或表述为:"一个国家在自由和公正的市场条件下,能够生产出满足国际市场需求的商品和服务,同时又能保持和扩大本国公民在长期内的实际收入水平的能力。"

美国在发布的《关于产业竞争力的总统委员会报告》中,则将国际竞争力定义为"国际竞争力是在自由、良好的市场条件下,能够在国际市场上提供好的产品、好的服务,同时又能提高本国人民生活水平的能力"。认为竞争力主要取决于竞争者创造、获取以及应用知识的能力,认为原材料或劳动力成本不是竞争力的主要决定因素,其决定因素为一国的生活水平、贸易和投资。从宏观角度来定义国际竞争力。

在学者研究中,曾任职于美国产业竞争力委员会的迈克尔·波特认为:"各界对'竞争力'的定义,还缺乏共识。对企业而言,竞争力意味着以全球化战略,在世界市场中竞争的能力;许多国会议员则认为,竞争力指的是国家在进出口贸易上实现顺差;有些经济学家又有另一套说法,他们认为,竞争力意味着根据汇率变动调整,形成低廉的单位劳动力成本。由于各方对竞争力的认定不同,大家花了不少力气讨论究竟是否有竞争力的问题。"他认为国际竞争力是"一国在某一产业上的国际竞争力,取决于国家能否创造良好的商业环境,从而使本国企业获得竞争优势的能力"。

从国内研究来看,1992 年,狄昂照所著的中国第一本专著《国际竞争力》中,将国际竞争力定义为一国或地区所具有的某种能力。

中国人民大学竞争力与评价研究中心认为国际竞争力是"一个国家在世界经济的大环境下,与各国竞争力的比较,是其创造增加值和国民财富持续增长的能力"。

1997 年,中国发布的《中国国际竞争力发展报告》中,将国际竞争力定义为"企业或企业家们在各种环境中成功从事经营活动的能力"。1999 年的报告中则认为"国家竞争力是一个国家在世界市场经济竞争的环境和条件下,与世界整体中各国的比较,所能创造的增加值和国民财富的持续增长和发展的系统能力与水平"。

1997 年,金碚在出版的《中国工业国际竞争力——理论、方法与实证研究》一书中认为国际竞争力是"在国际自由贸易条件下(或者在排除了贸易壁垒因素的假设条件下),一国特定产业以其相对于他国的更高生产力,向国际市场提供符合消费者(包括生产性消费者)或者购买者需求的更多产品,并持续地获得盈利的能力"。

综上所述,国内外政府、研究机构及学者对国际竞争力虽有不同的理解,但在世界经济全球化背景下,国际竞争力强弱反映了各国竞争力的整体水平以及发展能力。

(三) 产业国际竞争力内涵

迈克尔·波特是从竞争力研究的中观层面——产业领域来研究国际竞争力的第一人。他认为产业"是生产直接相互竞争产品或服务的企业集合",结合国家、企业和产业一起分析,产业在层面向上扩展至国家,向下扩展到企业。他认为国家竞争优势取决于产业竞争优势,如果一国产业劳动生产率提高得快、高,技术发明得快,那么国家整体劳动生产率的提高速度要快于其他国家,从而形成该国的竞争优势,但国家的政治经济、社会法律等外部环境同时对产业竞争力产生影响。产业竞争优势又同时决定了企业竞争战略,为分析产业竞争力提供完整的框架。他认为产业竞争力是"一国在某一产业的国际竞争力,为一个国家能否创造一个良好的商业环境,使该国企业获得竞争力"。

从国内学者来看,金碚是从产业发展角度研究产业竞争力的首位学者,他在 1996 年第 11 期的《经济研究》上首次提出"产业国际竞争力",认为"产业竞争力是在国际自由贸易条件下,一国特定产业以其相对于他国的更高生产力,向国际市场提供符合消费者或购买者需求的更多产品,并持续获得盈利的能力"。国际竞争虽然表现在产品与服务之间、企业之间和国家之间,但其核心层面仍是产业层面上的竞争,并对产业国际竞争力的理论和方法的框架进行了初步研究。

裴长洪(2002)对产业竞争力进行了全面表述,认为"产业竞争力是指属地产业的比较优势和它的一般市场绝对竞争优势的总和"。他结合竞争优势理论和比较优势理论来考察产业竞争力,认为一国产业竞争力来源于比较优势和竞争优势。同时,产业竞争力也表现在一国产业获取国际市场份额。

张金昌(2002)认为,产业竞争力是一个国家产业的竞争力,是本产业内企业整体的竞争力。产业竞争力可以反映产业组织结构、产业整体素质、产业市场竞争结构和国家产业政策。

陈晓声(2001)认为,产业国际竞争力是"某一产业或整体产业通过对生产要素和资源的高效配置及转换,稳定、持续地生产出比竞争对手更多财富的能力。表现为市场竞争中现实的产业实力和可预见未来的发展潜力"。

综上所述,产业竞争力取决于一国同类产业具有较高的生产效率和生产能力,具有持续创新能力,比其他国家同一产业更具有竞争优势,能够获得较高的市场份额和利润,促进本国经济发展和繁荣的能力。

(四) 不同层次竞争力及其关系

从上述不同经济学界、不同权威机构及不同学者对竞争力的定义中可发现,竞争力研究主体可分为国家、产业或企业,分别对应宏观(国家)、中观(产业)和微观(企业)三个研究层次。

1. 宏观层次:国家竞争力

宏观层次的竞争力的研究主体是国家,强调国家的综合优势、整体能力以及发展能力。

瑞士洛桑国际管理发展学院(IMD)主要从经济表现、政府效率、企业效率和基础设施四大指标323个小指标来进行国家竞争力评估,着眼于国家整体的实力和发展水平。根据2013年发布的《世界竞争力年度报告》(英文)统计,中国排名第21位。

世界经济论坛(WEF)发布的《全球的竞争力报告》中,就以国家宏观角度以及国际比较视角,认为一国一系列的体制、政策和因素可以整体提高国家效率,从而可以提升本国居民收入和持续改善人民生活;随着一国对外投资回报效率的持续增长,能够保持经济发展的长期、稳定和持续繁荣的能力。根据其发布的报告,中国近几年都排在20名左右。

美国总统竞争力原委员会主席达尼尔·博顿认为"国家竞争力的提出是建立在美国迎接国际竞争挑战的实际需要基础上的,国家的产出由企业的产出组成,企业和国家的绩效是相互影响、相互关联的"。国家竞争力会促使各国市场越来越开放,促进人才、技术和资本在各国间竞争性流动。

美国经济学家布鲁斯·斯科特认为,"一国竞争能力是指一个民族国家在国际经济中与其他国家生产的商品和劳务进行竞争的情况下,以取得日益提高生活水平的方式,生产、分配和销售商品和劳务的能力"。"作为一个国家,有竞争能力就意味着有能力利用国家资源,特别是劳动力资源,参加世界经济的分工和贸易,争取日益提高实际收入水平"。

中国人民大学竞争力与评价研究中心为核心的课题组从国家层次上来探讨国际竞争力,发布的《中国国际竞争力发展报告》从工农业、科学技术、宏观经济、金融体系、企业管理、政府管理等各方面来探讨国家竞争力。

王与君在出版的《中国经济国际竞争力》一书中认为,国家竞争力是

"一国对该国企业创造价值所提供的环境支持能力和企业均衡地生产出比其竞争对手更多财富的能力,是一国成功地将现有资产运用于转换过程而创造更多价值的能力,它包括一国发展的整体现状与水平,拥有的实力,增长的潜力"。

综上所述,国家竞争力是国与国间在国际竞争中所表现出来的力量,是国家自身的一种能力,是国家所拥有的强于他国的竞争优势,是国家提高其居民生活水平的能力。

2. 中观层次:产业竞争力

中观层次的竞争力是以产业为研究主体。在前文已对产业竞争力的概念进行了系统论述,本部分内容从理论经济学和国际经济学角度来分析产业竞争力。

(1)理论经济学

古典经济学的代表人物亚当·斯密初步探讨了产业竞争力的源泉,他在《国富论》中提出绝对优势理论,认为各国按照各自有利的条件(自然禀赋或后天的有利生产条件)进行国际分工和交换,就能在生产和贸易方面处于有利地位,产业国际竞争力就来源于专业化的国际分工。

新经济增长理论将技术融入产业发展的影响因素中,代表人物阿罗建立了 $Y = F(K, A, L)$ 模型,该理论认为自然资源和实物资本多寡不能决定一个国家经济和社会发展的程度,而专业化人力的规模和水平可以决定。改变了传统比较优势的视角,突出了人力资本、知识和科技等要素的作用。产业竞争力受到技术、人力资本投入和制度等因素的影响。

制度经济学研究认为产业竞争力与制度安排密切相关,制度安排导致了产业竞争力的差异,产业竞争力大小取决于国家的制度安排。该学派认为不同的经济结果是由国家制定的不同制度及不同的组织安排和经济政策决定的。制度是产业竞争力的重要影响因素。

(2)国际经济学

国家经济学研究稀缺资源在各国间的优化配置,以及发生的经济活动和经济关系,通过国与国直接的经济活动和经济现象来研究产业竞争力,扩展了产业竞争力的研究范围。

克鲁格曼在20世纪80年代提出了战略贸易理论,他认为国家要通过干预贸易,维护本国产业的竞争地位。指出政府要确立战略性产业,并对产业进行保护和促进,形成并提升产业国际竞争力。

国际经济学的代表人物李嘉图提出了国家产业竞争力的理论基础——比较优势理论,认为"每个国家都应集中生产并出口具有比较优势的产品,进口具有比较劣势的产品,获得专业化分工提高劳动生产率"。

产业竞争力是产业发展所需的资源条件的差异和产业发展环境的差异的反映,是产业组织结构、产业的市场竞争结构以及产业整体素质的反映。

3. 微观层次:企业竞争力

微观层次的竞争力的研究主体是企业。企业竞争力是其赖以生存和发展的前提,但对于什么是企业竞争力,学者有着不同的理解。

世界经济论坛(WEF)认为"企业竞争力是指企业目前和未来以比他们竞争对手更有吸引力的价格和质量来进行设计生产并销售货物及提供服务的能力"。

美国竞争力委员会主席 George M.C.Fish 认为"企业竞争力是企业较其竞争对手更有能力去创造、获取、应用知识——广义地说是技术"。他认为企业竞争力的根基是对技术、知识的学习和应用力。

美国哈佛大学的 Scott.B.R.及 Lodge C.认为"企业竞争力是指企业在与其他企业的公平竞争中,使用人力和资金资源以使企业保持持续发展的能力"。

1990 年,美国管理学家哈默尔和普拉哈拉德发表文章《公司的核心竞争力》,首次提出了"核心竞争力"的概念,并分析指出正是因为具有核心竞争力,一个成功的企业才能长期存在竞争优势。核心竞争力是企业竞争能力和竞争优势的合力,注重资金、人才、设备和原材料等资源在关键环节或领域的集中,注重关键技术、关键设备或者企业的运行机制的有机融合,是多种知识与技能的综合,具有很高的可保持性。

世界经济论坛常务理事长葛瑞理教授认为企业竞争力是"企业和企业家设计、生产和销售产品和劳务的能力,其产品和劳务的价格和非价格特性比竞争对手更具有市场吸引力"。

金碚认为"企业竞争力是指在竞争性市场中,一个企业所具有的能够持续地比其他企业更有效地向市场提供产品或服务,并获得盈利和自身发展的综合素质",是企业在组织能力、市场能力、对抗能力以及持续发展等多方面能力的综合体现。

综上所述,企业竞争力是指企业主体在与同属性企业竞争过程中所表现出来的力量,这种力量是企业间的差距或比较优势的表现,可以反映企业是否有某种能力或素质,是否有能力取得利润或市场份额。企业竞争力是企业内外部资源、能力、素质综合作用、并能推动企业持续发展的能力。

4. 产业竞争力与国家竞争力、企业竞争力关系

产业竞争力作为中观层次,向上与宏观层面的国家竞争力、向下与微观

层面的企业竞争力都存在着密切的关系。

（1）产业竞争力与国家竞争力的关系

迈克尔·波特认为国家层面的"竞争力"就是指国家生产力。"国家与产业竞争力的关系，也正是国家如何刺激产业改善和创新的关系"，"一国的竞争力依赖于它的产业创新与升级能力"。他认为产业竞争力决定国家竞争力，国家竞争力影响产业竞争力的发展，产业竞争力和国家竞争力两者之间是息息相关的。迈克尔·波特提出的"钻石模型"主要包括要素、需求、相关与支持性产业、企业策略、结构与竞争态势，以及政府与机遇等因子的组合。这些因子共同推动一国产业"聚集"形成产业群，聚集越强越紧密，该国的产业竞争力就越强。

国家通过"环境的塑造"来影响产业竞争力，而产业的创新也对国家竞争力起决定作用。产业创新主要是产业技术创新、管理创新和市场创新的集成。产业不断创新是一国经济发展能力的决定性因素，直接影响到一国的国家竞争力。

（2）产业竞争力与企业竞争力的关系

同一属性的企业构成一个产业，产业竞争力的强弱与本产业内同一属性的企业竞争力存在着密切关系。企业竞争力是产业竞争力的前提和基础，产业竞争力不能简单看成本产业企业竞争力的简单总和，但企业的竞争能力和企业之间的组织结构直接影响着产业竞争力，产业竞争力是企业竞争力的集中体现。

同时，产业竞争力状况决定了该产业中同一属性企业的竞争环境和盈利能力上限。企业盈利能力是企业竞争力的外在表现，因此，产业竞争力在一定程度上决定了企业竞争力。

综上所述，国家竞争力、产业竞争力和企业竞争力是相互依赖、相互影响的。产业竞争力介于国家竞争力和企业竞争力之间，企业竞争力是构成产业竞争力的根本条件，而国家竞争力则会影响产业竞争力和企业竞争力。国家通过制定合理、前瞻的宏观政策，营造企业良好的外部环境，进而提升企业竞争力和产业竞争力，最终提升国家竞争力。

二、产业国际竞争力理论基础

产业国际竞争力研究涉及领域广泛，如产业经济学、国际贸易、发展经济学、区域经济学等，具有丰富的理论基础，本节简单回顾产业国际竞争力的相关理论，希望通过对这些理论的梳理和阐述，奠定本书研究的理论基

础。对产业国际竞争力理论基础的研究认识不尽一致,本节主要从比较优
势理论、竞争优势理论、产业聚集理论以及产业创新理论等方面展开。

(一) 比较优势理论

古典经济学的代表人物亚当·斯密于 1776 年在《国富论》中首次提出
绝对优势理论,又称绝对成本说、地域分工说。绝对优势理论是最早的主张
自由贸易的理论,该理论将一国内部不同职业之间、不同工种之间的分工原
则推演到国与国之间分工,进而形成其国际分工理论。

在亚当·斯密提出绝对优势理论不久,另一位古典经济学代表人物大
卫·李嘉图在其所著的《政治经济学及赋税原理》中提出比较成本贸易理
论,也称为比较优势贸易理论。该理论认为"国际贸易的基础是生产技术
的相对差别(而非绝对差别),并由此产生相对成本的差别"。同时,大卫·
李嘉图指出,在国与国之间,生产技术的相对差异导致出现生产成本的相对
差异,从而使各国在不同的产品上具有比较优势。区别于亚当·斯密提出
的绝对优势理论,相对优势理论认为,即使同一国家两种产品在生产上都处
于劣势地位,由于其不利程度的差别,相比之下总有一种商品劣势要小些,
与另一种商品相比具有相对优势。国家应专门生产那些相对具有优势的产
品,即具有较高生产率的商品,并用其去交换那些较低生产率的商品,即
"两利相权取其重,两弊相权取其轻"。比较优势理论虽然没有明确提出产
业竞争力,但实际上分析了生产技术的差别对产业竞争力的影响,指出一国
在生产技术上处于最有利地位的产业,其产品在国际上最具竞争力,此产业
具有比较优势;虽没有明确说明一国的比较优势与产业竞争力之间关系,但
其对国际贸易和各国经济发展起到重要的理论指导作用,是产业竞争力研
究的重要理论之一。

进入 20 世纪,随着国际贸易的新变化,出现两国间在两种商品生产成
本对比上不存在"度"的差异,也就是两国的两种商品具有等优势或等劣
势,那么李嘉图的比较优势理论及其基本原则"两优择其甚,两劣权其轻"
就不再适用。陆续有学者针对比较优势理论中的一些假定不符合现实、不
再适用于国际贸易的新变化的情况提出了不同见解,发展了比较优势学说。
瑞典经济学家俄林与赫克歇尔在比较优势理论的基础上提出了赫克歇尔—
俄林理论,即 H-O 模型。他们认为不同的国家拥有不同的生产要素,不同
的商品生产需要不同的生产要素比例,每个国家能利用其充裕生产要素,生
产那些能较密集的商品时,将会产生比较利益。各国要出口那些能利用其
充裕生产要素生产的商品,进口那些需要利用稀缺生产要素生产的商品,从

生产要素比例的差别解释了生产成本和商品价格的不同。

大卫·李嘉图的比较优势理论和赫克歇尔—俄林理论等都与一国的资源禀赋有关,从两个角度来考察:一是资源禀赋的产品的比较优势,即劳动密集型产品和自然资源密集型产品;二是资源禀赋成本的比较优势,即劳动和资源的低成本优势。由于历史的局限,这些理论描述主要从静态比较。从 20 世纪 50 年代开始,随着规模经济、技术进步和国际资本流动等因素的加入,学者进一步发展了比较优势理论,其中最具有代表性的就是弗农、克鲁格曼提出的动态比较优势理论,从动态的角度拓展了比较优势理论的范畴。弗农提出的产品生命周期理论,认为生产要素不仅包括劳动和资本,还包括自然资源、生产技术的动态变化等,他认为比较优势产生的根本原因不是由静态生产要素决定的,而是由生产要素及其动态变化的地区差异决定的。

不论是静态比较优势论还是动态比较优势论,都是从生产要素上阐明一国相对于他国具有的比较优势,论证了国家间产业分工与产业互补的合理性。认为生产要素条件是影响产业竞争力的重要因素之一,比较优势论是产业竞争力(尤其是制造业)研究的重要基础理论之一。同时,该理论受历史发展的局限性,在研究生产要素时,仅限于有形资源要素上,如土地、劳动、资本等,没有考虑后天要素的重要影响,如知识、技术、商誉等;无法解释那些在无资源禀赋优势的条件下的国家(如日本),其国家产业却具备较强的国际竞争力;也不能解释“里昂惕夫之谜”。

(二) 竞争优势理论

为了弥补传统国际贸易理论的缺陷,许多学者提出了新的理论,其中最具代表性的是迈克尔·波特提出了竞争优势理论。迈克尔·波特认为,一国竞争优势是生产力发展水平上的优势,也是企业、行业的竞争优势。一国在国际市场中形成竞争优势,关键在于能否是本国主导产业具有优势,而优势产业的建立有赖于提高生产效率。竞争优势是其生产力发展水平的标志,是一个国家在世界市场竞争中实际显现的优势。市场的开拓能给产业带来丰厚利润,开拓市场的能力是产业竞争优势的重要体现,也是产业竞争力评价的重要指标之一。市场开拓能力的评价指标有贸易专业化指数、相对出口绩效指数和劳埃德—格鲁贝尔指数等。另外,产业的工业总产值和工业增加值也是评价的重要指标之一。

迈克尔·波特认为,竞争优势导致的国家经济发展可分为生产要素导向阶段、投资导向阶段、创新导向阶段和财富导向阶段等四个阶段。生产要素导向阶段是经济发展的最初阶段,这一阶段可以凭借天然资源、自然环境或者劳动力资源等生产要素,以价格条件进行竞争,自身无技术创新,主要是模仿技术或引进技术,这一阶段虽能带来短暂的高额所得,但无助于提升生产力。投资导向阶段是具有积极投资的意愿和能力,竞争优势主要表现在资本密集且需要大量廉价劳动力的产业,或者特别讲求规模经济的产业,主要优势往往受限于劳动成本低、生产量大、应该现代化生产设备的产业。创新导向阶段是深化和扩大产业及产业竞争力阶段,开始出现重要产业集群,产业国际竞争力得到极大提升。企业不仅能改善国外技术和生产方式,也具有创造力。产业集群向纵深方向发展,可以带动上下游产业发展;以横向水平发展,可创造出更多跨国产业的扩散效应。财富导向阶段是国家的经济目标放在社会价值上面,经济体系创新速度减缓,经济活力开始下降。

　　1985 年迈克尔·波特提出了价值链理论,认为"每一个企业都是用来进行设计、生产、营销、交货等过程及对产品起辅助作用的各种相互分离的活动的集合。所有这些活动可以用一个价值链来表明","价值是用户愿意支付的价钱。企业的竞争优势来源于企业为用户创造的超过其成本的价值"。产业价值链分析是波特竞争优势理论的一个重要组成部分,指出企业间的竞争是整个价值链的竞争,而不单是某个环节的竞争,整个价值链的综合竞争力决定企业的竞争力。一种产品或服务最终成为用户的需求和消费,需要通过分工与合作,先后经过一系列连续性的加工增值环节,这些环节以价值的生产、传递和实现为目的相互关联,是一个连续性的动态的价值传递增值过程。一个企业要获得竞争优势,必须使创造的价值超过其"价值活动"的成本。价值链理论是研究制造业尤其是汽车行业核心竞争力和竞争优势的有效工具。

　　因此,价值链理论认为,因为每个国家或地区的资源会受到一定限制,因此没有哪个国家或地区能在全球产业中完全占据优势,理想的就是把有限的资源应用于那些最有生产力的领域。同时,该理论认为没有任何企业能够在一种产品所有的生成环节上都具有优势,同一产业中不同的企业分工有助于提高生产力,企业之间的竞争也会推动产业发展走向更精致环节,同理在同一产业内部也需要进行产业分工与合作。在价值链中的所有活动,包括材料购进、生产加工、产品开发、成品发运、市场营销和售后服务等,是构成购买者价格的一部分。这些活动之间相互关联、相互影响。企业的价值创造活动也可被分为"下游环节"和"上游环节",下游环节的经济活动中心围绕消费者、营销管理技术在价值增值中起决定作用;上游环节的活动围绕产品、产品技术特性在价值增值中起决定作用。不同的产业价值链的构成不尽相同,各环节的重要性也不尽相同。该理论的重要观点是,企业在价值链的某些"战略环节"上的优势是企业在整个产业竞争中的优势;同样,国家或地区在某个行业中的竞争优势,实际上是该国家或地区在产品价值链上战略价值环节上具有的企业竞争优势。掌握这一产品价值链上战略环节的垄断优势,是保持某个行业的竞争优势的关键,而并不需要在价值链所有的环节上都参与或具有比较优势。因此一个国家或地区合理的产业定位不仅要对不同产业的比较优势或竞争优势进行横向分析,同时也要进行纵向的分析,主要是价值链的生产过程的市场结构的纵向分析。要形成和维持竞争力,就要及时分析不同产品和不同生产环节上的优劣势,并进行产品结构调整和组织结构调整,产品结构调整主要有两个表现,一是通过革新技术,开发创造新产品或对原有老产品进行改进;二是开拓新产品市场和撤出老产品市场。组织结构调整主要表现为横向、纵向或逆纵向一体化的结构调整。

(三) 产业聚集理论

产业聚集理论主要有马歇尔的外部经济理论、韦伯的集群经济理论、克鲁格曼的新经济地理学理论以及波特的产业集群理论。

1. 马歇尔的外部经济理论

经济学家马歇尔从新古典经济学的角度出发,第一个较系统提出产业集群现象。马歇尔通过工业组织的研究表明,企业的聚集目的是为追求外部规模经济。他把经济规模分为内部规模经济和外部规模经济,内部规模经济是指单个企业和资源以及组织管理的效率,来源于企业本身生产规模的扩大;外部规模经济是指产业发展的规模,这种规模大小与地区性集中有很大关系。同时,他发现了外部规模经济与产业集群之间的密切关系,外部规模经济可以产生产业集群。存在产业关联的上下游企业或生产和销售同类产品的企业集中在某个特定区域,使用原材料或专门人才会产生很高的使用效率,分散状态下的企业达不到这种使用效率,这种高效率促进了外部规模经济的形成,促使企业集中在一起,进一步形成产业集群。但是,该理论忽视了区域产业组织的外部连接与创新,未考虑到动态因素的变化如区域间企业的迁入、区域内企业的成长和迁出等。

2. 韦伯的集群经济理论

经济学家韦伯创立了工业区位理论。韦伯在《工业区位论》(1909)中将区位因素分为区域因素和集群因素。他从微观企业的区位选择角度,阐明了集聚的好处与成本的对比是决定企业是否靠近的关键。他同时把产业集聚分为低级阶段和高级阶段,低级阶段可引起产业集中化,这个阶段是创业自身的简单规模扩张;高级阶段可形成大规模生产的显著性经济优势,这个阶段是大企业以完善的组织方式集中于同一区域,并能引发更多同类企业的出现。他把产业集群归结为技术设备的发展、劳动力组织的发展、市场化因素和经常性开支成本四个方面的因素。同时,量化了集聚形成的规则,探讨了产业集聚优势的因素,研究成果具有相当的价值。

3. 克鲁格曼的新经济地理学理论

以克鲁格曼为代表的新经济地理学理论很好地解释了产业集聚的产生。他以不完全竞争的市场结构、规模报酬递增为假设前提,认为企业的生产要素移动和运输成本、规模报酬递增通过市场传导的相互作用产生产业集聚。同时,克鲁格曼结合了贸易理论和区位理论,用模型化的方法,通过严密的数学论证从深层次上揭示了产业集聚发生的机制。克鲁格曼进一步发展了产业集聚理论,但同时也有所不足,一是忽视了公司活动所产生难以量化的非物质联系(如信息、技术联系等)以及非正式联系(如人际关系间基于信任的联系);二是过分强调大型公司的内部增长和组织间能量化的市场联系。

4. 波特的产业集群理论

波特在他对国家竞争优势研究的基础上展开对产业集群研究。波特从经济效率、价值链、组织变革和柔性方面所创造的竞争优势角度出发,重新审视了产业集群的形成机理和价值,将产业集群理论推向了新的高峰。波特在 1990 年出版了《国家竞争优势》,通过产业集群竞争特点对国家竞争优势作了具体的比较分析,认为政府的目标是为企业创造一个适宜环境,国家也只是企业的外在环境。因而,评价一个国家产业竞争力的关键是该国能否有效地形成竞争性环境和创新。同时,他在竞争优势理论中指出,"产业获得竞争优势是决定国家取得竞争优势关键,而产业的发展是一个国家或地区在区域内形成有竞争力的产业集群"。他在发表的《集群与新竞争经济学》(1998)一文中,将集群定义为"集群是特定产业中互有联系的公司或机构聚集在特定地理位置的一种现象",并对产业集群理论进行了系统阐述。他认为产业集群包括上、中、下游一连串的产业,以及其他企业或机构,包括设备、零件、服务等原料品供应商以及特殊基础建设的提供者,这些产业、企业或是机构对于竞争都很重要。产业集群会延伸到互补性产品的制造上,会向下延伸到下游的渠道和顾客上,也会延伸到与本产业有关的原材料、科技等方面的公司上。产业集群包括高校、职业训练中心、制定标准的机构以及提供专业的训练机构等。

（四）产业创新理论

美国哈佛大学教授熊彼特的《经济发展概论》（1912）一书中提出了创新理论，他认为"创新是指把一种新的生产要素和生产条件的'新结合'引入生产体系"。经济增长和发展最依赖于创新，创新是生产过程中内生的，是内部自行发生的变化，强调了创新中应用的本源驱动和核心地位。随着新技术革命的发展，技术创新的地位日益提升，但也表现出了越来越强的知识依赖性。20世纪60年代，美国经济学家罗杰斯提出了创新扩散理论，深入分析了影响创新采纳率和扩散网络形成的诸多因素。

在熊彼特提出了创新理论后，许多学者开始关注产业创新。1974年克里斯·弗里曼和卢克·苏特出版著作《产业创新经济学》，为产业创新理论的发展奠定了初步基础。系统提出产业创新理论的第一位学者是英国经济学家克里斯·弗里曼，他认为产业创新是一个系统的概念，其包括技术和技能创新、产品创新、流程创新、管理创新及市场创新等五个功能性环节，产业创新是这些功能性创新的系统集成。并对产业创新的各环节进行了论述，一是技术和技能创新分为增量创新、基本创新、新技术体系和技术经济模式的变革；二是产品创新包括技术成果的产品化、产品的商业化两个基本环节；三是流程创新，涵盖了整个生产和运营流程的革新，关注于通过技术提升或优化工作方法来增强效率，降低成本，并提高产品质量；四是管理创新包括组织创新；五是市场创新，基本目标是通过新产品或新技术的扩散，形成生产新产品的企业群或行业群，市场创新的本质产业化是产业创新的关键环节。弗里曼认为只有通过市场创新开辟出大容量市场，才能实现产业创新。在理论研究的同时，对许多产业的创新做了大量实证研究，如汽车、钢铁、石油、电力、化学、电子和计算机、合成纤维等，通过实证研究得出的结论认为，对于不同的产业，其产业创新的内容是不同的，有的是产品创新，如仪表仪器产业；有的是市场创新，如电力产业等。他在强调技术创新、规模经济等在大企业成长中的综合效果的同时，也强调了新技术创新在小企业产业发展早期阶段所起的关键作用。弗里曼在研究产业理论的同时，指出国家创新的核心是产业创新，并在此基础上提出了国家创新理论。

迈克尔·波特认为"产业创新就是当资本（人力和物力）相对于劳动力和其他资源禀赋更加充裕时，国家在资本和技术密集型产业中发展比较优势"，从较为宏观的层面进行分析，提出了产业创新的思想。波特将竞争战略和竞争优势放在全球层面上展开，以产业和企业优势作为核心，将产业经济学理论框架纳入国家竞争中。他提出竞争战略的选择是由产业选择和竞争地位两个中心问题构成。在产业选择问题上,指出各个产业并非都具有同等的持续盈利机会,要从各个产业所具有长期营利能力以及决定长期营利能力的因素来认识产业能力,同时,产业的内在营利能力是决定该产业内同一属性企业获利能力的一个要素;在竞争地位问题上,不论产业内在营利能力如何,同一产业内总有一些企业比其他企业更有利可图,即如何在选定的产业内决定企业的竞争地位。与波特从宏观层面进行分析不同,也有学者从中观或微观层面来界定产业创新。如 Poon 认为“产业创新就是制造商成功地从生产劳动密集型低价值产品向生产更高价值的资本或技术密集型产品这种经济角色转移的过程”。综上,不论从哪个层面,可以看出产业创新是由低技术水平、低附加值状态,逐步向高技术水平、高附加值演变的过程。

（五）价值创造理论

“商品”是马克思政治经济学的逻辑起点,而世界市场则是其逻辑归宿(张二震和马野青,2008)。马克思的价值理论包括劳动价值论和剩余价值理论,构成了《资本论》的基本内容(陈文通,2018)。马克思在其《政治经济学批判》及《资本论》等经济学论著中,对流通与社会再生产间的相互影响和相互作用进行了科学研究。社会再生产本应是由生产、分配、交换和消费四个要素所共同组成的一个有机整体。马克思认为交换已成为社会经济系统的独立组成部分而存在,并在社会经济运行中与生产、分配和消费这些再生产要素保持着互相影响、相互作用的辩证统一关系。马克思主义政治经济学则将社会再生产的“生产、分配、交换和消费”四个环节有机统一起来,不仅关注价值的生产和流通,更关注价值的分配(王朝明和张海浪,2018)。当今生产国际化背景下,由国际产品内分工而形成国际价值链,商品的价值创造与价值增值过程受国际生产链各环节的分割被分解为不同的环节,不同环节的价值形成取决于两种竞争,分别是最终商品的市场竞争与商品生产链内各个环节的市场竞争(李欣广,2015)。价值创造的意义不仅在于说明劳动是价值创造的本源,而且在于说明生产过程是价值创造的根本环节,价值创造是第一性的,价值构成、价值实现、价值分配等均是派生的(张雷声,2003)。

从当前已有研究观察,影响汽车产业国际竞争力的因素多种多样,评价方法不尽相同,但未揭示竞争力本质。本书认为,产业国际竞争力实质是产品在生产、分配、交换和消费环节价值获取能力的综合体现,包括生产、市场占有和盈利等能力。从马克思劳动价值理论看,三种能力分别对应价值创造、价值实现和价值分配,即竞争力来源、表现和结果。中国制造业要改变大而不强的现状,价值提升是关键,从价值创造、价值实现和价值分配三个环节实现由"量"到"质"的转变。因此,利用价值创造、价值实现和价值分配三个层面构建的汽车产业国际竞争力是本书的主要创新之处。

(六) 全球价值链理论

全球价值链概念可追溯至 20 世纪 70 年代末期一些研究文献中提出的商品链(Commodity Chain)(Bair,2005)。商品链的基本观点是追踪一个可被用于消费的最终商品的所有投入及转换环节,以描述该商品从生产到最终消费所蕴含的整个流程(Hopkins,1977)。Poter 的价值链理论对于全球价值链理论的提出有着积极影响,除此之外,Kogut 的价值链理论对全球价值链理论的形成却更为重要(张辉,2004)。Poter(1985)认为企业的价值创造过程由基本活动和支持性活动构成,基本活动包括生产、营销、运输和售后服务等,支持性活动则包括原材料供应、技术、人力资源和财务等。在企业价值创造和增值过程中,这些活动相互联系,共同构成一个完整的行为链条,因此被称为价值链。同时,在企业外部,一个企业的价值链与其他经济单位的价值链也存在联系,任何企业的价值链都存在于一个由许多价值链组成的价值体系之中,而且该体系中各价值行为之间的关系对企业竞争优势的大小有着至关重要的影响。Kogut(1985)则认为,价值链基本上就是技术与原材料、劳动融合在一起形成各种投入环节的过程,然后通过组装把这些环节结合起来形成最终商品,最后通过市场交易、消费等最终完成价值循环过程。

以商品链为基础,Gereffi(1999)和一些学者曾提出过全球商品链(Global Commodity Chain)概念并构建分析框架,将价值链概念与产业的全球组织直接联系起来(谭力文、赵鸿洲和刘林青,2009)。至 2000 年,该领域的研究学者以全球价值链代替了全球商品链这一术语,并且将全球价值链定义为产品在全球范围内,从概念设计到使用直至报废的全生命周期中所有价值创造的活动范围,包括对产品的设计、生产、营销、分销以及对最终用户的支持与服务等(UNIDO,2002)。近年,全球价值链研究的主导机构杜克大学对全球价值链做出了一个整体的定义,即全球价值链指的是一个产品或一项服务从其概念提出到被消费者最终消费过程中的全部环节,以及这些环节如何在地理空间和不同国家进行布局(DFAIT,2011)。

全球价值链将产品或服务从概念开发到消费者的最终消费以及报废回收划分为不同的价值增值环节。但是,不同环节其价值增值能力却不尽相同。为阐释价值链不同环节价值增值的差异,宏碁集团创始人施振荣提出微笑曲线概念,用来描述生产个人电脑各个环节的附加价值特征。施振荣认为,在整个 PC 产业链里,上游的 CPU、作业系统和下游的运输物流、售后服务等环节,具有较高的附加价值,而处在中游的组装生产等环节,则利润空间最小。如果以产业中不同环节作为横坐标,以对应的价值作为纵坐标,绘制出来的曲线,就像一张嘴角上翘的笑脸——"微笑曲线"因此得名。在微笑曲线上,处于产业链上游的研发、设计及其商业化属于较高的价值增值环节,处于产业链下游环节的营销、广告、品牌管理、专业化物流和售后服务等环节也具有较高的价值增值能力,而处于微笑曲线中间的制造和标准化服务环节则价值增值能力较低。在全球价值链时代,从研发到营销的整个价值链已经被进行了分割,而且全球不同的区域也嵌入价值链的不同环节,占据着全球价值链的不同节点。由于占据的节点不同,所能享受的价值增值也存在较大差异。

由上文可见,全球价值链的兴起极大地改变了全球商品和服务生产组织形式,进而出现一系列全球化产业,汽车产业就是其中的代表产业。汽车产业价值链长,分工较细,具备技术含量高、产业集中度高的特征,某种程度上可反映出一个国家和地区综合实力,汽车产业升级能够推动其他关联产业发展。20 世纪 80 年代以前,汽车产业只是一个国家范围内的产业,车企实施纵向一体化,从设计、采购到生产、销售的每个环节都在公司内部独立完成。进入 90 年代后,汽车企业开始超越国家地区的界限,在全球范围内组织生产,建立以跨国公司为主导的全球价值链,外包和代工成为主要的生产组织形式。21 世纪以来,汽车全球价值链在空间结构上呈现出全球分布、区域集中的特点。

我国汽车产业全球价值链,与汽车强国相比,存在显著差距,我国汽车内销与出口量不协调,产业价值链未能充分延伸至海外。

但是从全球价值链角度看,中国汽车工业正处于低附加值、劳动密集型的价值链环节,产业集中度低,生产能力不强,缺乏综合实力和品牌价值,承接的主要是非核心业务与劳动密集型加工制造环节(李焱、吕品和黄庆波,2018)。

中国在全球汽车产业中的参与和融入全球价值链分工程度不够深入,仍处在全球汽车产业价值链中游环节。新形势下,中国汽车产业须加速由规模速度型向质量效益型转变,中国不仅要持续、稳步推进汽车产业开放,坚定走贸易自由化和经济全球化之路,还要通过深化改革来完善汽车产业发展的内部制度环境。

三、本章小结

在本章中,我们深入探讨了影响国际竞争力的关键理论,包括比较优势理论、竞争优势理论、产业聚集理论和产业创新理论,并将这些理论框架应用于中国汽车产业的实际情况分析中。通过细致的论证,我们展示了中国汽车产业如何在全球市场中寻找自身的比较优势,以及如何通过创新和产业聚集来建立和维持竞争优势。

首先,我们通过比较优势理论分析了中国汽车产业在劳动力成本、生产效率和资源配置方面的优势,指出了中国在特定细分市场中的竞争地位。接着,竞争优势理论帮助我们深入了解了企业层面的策略选择,如品牌建设、技术创新和市场定位对于提升国际竞争力的重要性。

在产业聚集方面,本章分析了地理集中对于知识共享、技术溢出和供应链效率提升的积极作用,以及这一现象如何促进了中国汽车产业的快速发展和国际化。最后,我们探讨了产业创新理论在中国汽车产业中的应用,展示了创新在推动产业升级和应对国际竞争中的核心作用。

通过对这些理论的应用和分析,本章不仅揭示了中国汽车产业在国际舞台上竞争力的现状和挑战,也为未来的发展方向和策略选择提供了理论支持。这一分析框架为理解产业国际竞争力提供了深刻的见解,为本研究的后续章节铺垫了基础,特别是在探索提升中国汽车产业国际竞争力的具体路径时。

第 2 章　世界汽车产业发展历程、现状特征与竞争态势

本章将详细探讨全球汽车产业的发展历程、现状特征以及竞争态势,为理解中国汽车市场的行为以及其在全球场景中的定位提供必要的背景和框架。全球汽车产业的历史和现状不仅影响了中国汽车产业的发展,也塑造了其竞争策略和市场定位。因此,全面理解全球汽车产业的发展历程、现状特征及竞争态势对于深入研究中国汽车市场的行为和全球定位具有重要意义。

首先,我们将梳理全球汽车产业的发展历程,重点关注其对中国汽车产业的影响。本章将考察全球汽车产业的主要发展阶段,以及在这些阶段中,中国汽车产业如何适应并利用全球汽车产业的发展趋势,以形成自身的市场行为和全球定位。

其次,研究全球汽车产业的现状特征,包括全球汽车市场的规模、地理分布、主要参与者及其市场份额等方面的内容。然后深入探讨这些特征对中国汽车产业的影响,以揭示中国汽车产业在全球汽车产业中的定位。分析全球汽车产业的竞争态势,重点关注全球汽车产业的竞争强度、主要竞争者的策略和行为,以及这些因素如何影响中国汽车产业的市场行为和全球定位。

最后,详细讨论中国汽车产业从起步阶段到现代化的快速发展,以及其在国际舞台上的地位。内容涵盖了经济改革前的初期发展、改革后的快速增长、调整期间的政策驱动现代化,以及当前高速发展时期,特别关注向新能源汽车的转变。此外,还将探讨中国汽车产业全球化的战略举措和国际贸易动态对其的影响。

一、汽车产业界定与分类

(一) 汽车产业界定

分析研究汽车产业国际竞争力的第一步是需要对汽车产业按照一定原则或者标准加以明确界定和分类。汽车产业是指围绕汽车研发、制造、销

售、运输和服务相关的产业,相关产业众多、产业联系复杂,包括汽车制造业、汽车批发零售业、汽车服务业三个门类。汽车制造业是汽车产业的核心部门,包括载重汽车制造业、客车制造业、小轿车制造业、微型汽车制造业、特种车辆及改装汽车制造业、汽车车身制造业、汽车零部件及配件制造业等行业。汽车批发零售业是汽车制造业在流通领域的延伸,包括汽车批发、零售、汽车回收业、二手车交易业等。汽车服务业涉及广泛,包括汽车修理业、汽车金融服务业、汽车装饰和美容业、汽车驾驶培训业、汽车救险服务业、汽车加油站、停车场等。汽车工业被美国著名管理学大师德鲁克称为"工业中的工业",是一个由整车制造业、零部件制造业和汽车改装业等构成的有机生产系统,整车制造业是汽车工业的核心。

(二)汽车产业特点

1. 产业关联性强

汽车产业产值与相关产业的关联性强,直接关联度为1:2,间接关联度达1:5。汽车产业的产值可以带动相关产业产值增长2.5倍。汽车产业每增1块钱,可以给上游产业带来0.65块钱的增值,给下游产业带来2.63块钱的增值。机械、冶金、电子、橡胶、石化等领域中,汽车工业都发挥重要的拉动作用。汽车产业链也比较长,包括投资、生产、采购、销售及售后服务、研发等主要环节。

汽车产业关联性强,在带动其他关联产业的升级方面可起到重大的帮助作用。

(1)纵向关联

汽车工业从市场调查、规格设定、模型、图面设计、模具制造、零件试件、装配、测试、大量生产、市场销售、售后服务到情报回馈,各个不同阶段所牵涉的关联产业涵盖市场调查、服务、模具、零件制造、经销商、广告等产业,而所涉及的专业人才包括营销、采购、技术、管理等技能,其关联效果之大,可见一斑。

(2)横向关联

汽车零件材料包含金属及非金属材料共计数十种,涵盖钢铁、橡胶、塑料、电子、电机、玻璃以及油漆等工业。若汽车生产能持续成长、扩大产量、提高质量,则对原材料和零组件等工业的升级和发展大有帮助,相对也可带动其他相关产业的经济与技术的提升。

2. 规模性强,规模经济产量门槛高

汽车产业之所以能形成最具大规模生产和大规模定制的条件,是因为

其资本密集、技术密集和劳动密集。汽车产业作为典型的规模经济产业,核心思想是利用通用的零件、专用的机器和流水线的生产模式,将劳动者进行高度分工,提升劳动者对特定技能的掌握,从而大规模生产标准化的产品,并向统一的市场投放。要想有效降低生产成本,通常需要产生显著规模效益的最小有效规模在年产 30 万辆以上。后来,丰田汽车公司创造出的以适时生产和全面质量管理为主要特征的"精益生产方式"以及基于消费者个性化需求的"模块化定制"都是建立在规模经济基础之上。

汽车要想达到规模经济的效益,需要大量生产。目前汽车的规模经济产量为每年每一车种至少要生产 10 万辆以上,而 40 万辆左右才算是真正的经济规模。零部件生产方面,铸造件及装配流程的规模经济产量约为 10 万件,锻造件约为 20 万件,机械加工件约为 30 万件,冲压件则高达 40 万件左右。

3. 集群发展和对地区经济拉动性强

产业链长、配套环节多,迂回生产方式复杂等原因,使得汽车产业具有集群发展的特点。汽车产业集群的方式:通过关键性企业的扩展和带动,形成相近产业集中发展;通过大企业结构调整,使内部交易市场化,相关环节的相对独立,专业化发展;通过政策诱导,促使相关产业集中发展。汽车产业不仅支撑了城市经济的发展,而且渗透到社会文化和生活各个层面,形成真正意义上的汽车社会。

4. 资本密集和技术密集,产品精密性、安全性要求高,进入壁垒高

汽车产业具有资金高度密集型的特征,需要技术装备多,投资量大,单车生产成本高,需要巨额固定资产和资金投入,研发费用、推广费用、销售费用的比重大。由于所需的资金相当庞大且需长期投资,风险性高。

汽车产业是钢铁、有色金属、化工、机械设备、电子工业、仪器仪表工业、纺织、五金工具等传统领域的技术集成,也是计算机、全球卫星定位、新型材料、新能源、智能化交通系统、因特网、电子商务等新技术的载体,具有传统的技术密集型产业的特点。基于行车安全性考虑,汽车原厂电子零件均需通过极严格的安全标准认证,汽车的组装过程从车体焊接、涂装、部分零组件预组装,到最后进行整车的装配等工序繁多。出厂前必须通过各种不同条件的检验与测试标准等,经确认合格之后,一部安全可靠的汽车才算生产完成。

汽车工业的高进入障碍的形成是在消费者需求的个性化和对安全、环保、低碳的考虑基础上,消费者对汽车性能和制造技术的要求越来越高,汽车工程技术人员和研发人员也随之大量增加。

5. 国际化分工与整合

汽车产品本身便具备国际性,生产技术、设计甚至销售活动均可由交流

转移达到分工的目的。目前汽车产业最重要的特征之一是汽车产业的国际化,各国经济与技术的不平衡,人口的差异化,世界贸易的多项限制性条款,虽然给中国汽车产业发展增加了很多困难,但是也为中国汽车产品走向世界提供了可利用的空间。中国汽车工业需要在这场"世界大战"中找准自己的位置。

从世界范围来看,汽车产业发展方兴未艾,在许多发达国家汽车产业仍是重要支柱产业。进入新世纪,中国汽车产业加速发展,今后若干年仍将是中国汽车产业的高速成长期。从汽车产业的特性可以看出,汽车产业的经营与社会上有很显著的互动效果,包括上、下游厂商,相关联的水平产业以及政府部门等,而且由于汽车产业产值庞大,相关就业人口多,对一国的经济发展有很大的影响。因此,如何强化本国汽车业的健全发展,不仅是企业,更是政府部门关注的话题。

(三) 汽车产业分类

国内方面,汽车产业包括汽车制造业、汽车批发零售业、汽车服务业三个门类。国家统计局将汽车行业编目于制造业大类下,包括汽车整车制造(3721)、改装汽车制造(3722)、电车制造(3723)、汽车车身及挂车的制造(3724)、汽车零部件及配件制造(3725)、汽车修理(3726)等。

国际方面,联合国国际产业标准分类(ISICRev3.0),将汽车制造业分为机动车辆的制造(3410),机动车辆车身(汽车车身)的制造、挂车和半挂车的制造(3420),机动车辆及其发动机零件和配件的制造(3430),汽车的保养和修理(5020)。

表 2.1　汽车制造业分类

编码	国民经济行业分类	编码	联合国国际产业标准分类
3721	汽车整车制造	3410	机动车辆的制造
3722	改装汽车制造	3410	机动车辆的制造
3723	电车制造	3410	机动车辆的制造
3724	汽车车身及挂车的制造	3420	机动车辆车身(汽车车身)的制造、挂车和半挂车的制造
3725	汽车零部件及配件制造	3430	机动车辆及其发动机零件和配件的制造
3726	汽车修理	5020	汽车的保养和修理

数据来源:根据国民经济行业分类(GB/T4754-2002)和联合国国际产业标准分类整理。

国际贸易中,汽车产品是指海关 HS87 章商品(车辆及其零件,但铁道车辆除外),其中,整车包括 HS8701(牵引车、拖拉机)、HS8702(客运机动车辆,10 座及以上)、HS8703(主要用于载人的机动车(巴士除外))、HS8704(货运机动车辆)、HS8705(特殊用途的机动车辆)、HS8709(短距离运输货物的机动车辆)、HS8711(摩托车(包括机器脚踏两用车))、HS8712(自行车及非机动脚踏车)、HS8713(残疾人用车);零部件包括 HS8706(装有发动机的机动车辆底盘)、HS8707(机动车辆的车身(包括驾驶室))、HS8708(机动车辆零件,87.01 至 87.05 用)、HS8714(零件,87.11 至 87.13 用)、HS8715(婴孩车及其零件)、HS8716(挂车等非机械驱动车辆及其零件)。

二、世界汽车产业发展历程与竞争态势

1886 年德国人卡尔·奔驰通过申请三轮车的专利,成立汽车公司并进行汽车的制造生产工作,至今已有百年历史。世界汽车产业中心先后从欧洲到美国,再到日韩,近十年,随着汽车工业向中国、印度、巴西等汽车新兴市场的转移,逐渐形成了四个主要汽车产业区域,即欧洲、美国、日韩等发达国家和中国、印度、巴西等发展中国家。

(一) 世界汽车产业发展历程

1. 欧洲汽车产业发展历程

世界汽车发源地在欧洲,欧洲汽车是从德国人戴姆勒和本茨开始制造汽车开始的。英国瓦特 1765 年发明了蒸汽机后,1769 年法国人研制出了世界上第一辆蒸汽汽车,1886 年德国人卡尔·本茨制造出了第一辆用汽油三轮车,现代意义的汽车真正诞生。欧洲汽车以典雅的外观、明显的操纵个性著称,注重以人为本的设计理念,具有高科技含量。由此,欧洲汽车凭借精湛的技术成为世界汽车产业中心,后来虽历经变迁,但欧洲始终保持着较强的汽车产业竞争力。

1915 年由于福特的大批量生产体系,汽车产业中心从欧洲迁移到美国。直到 1965 年左右,随着经济复苏和政府对汽车产业支持的加强,利用本国技术优势,将产品差别化和大批量生产结合起来,满足消费者的不同需求,汽车产业中心又从美国迁回欧洲。1959 年英国"迷你"轿车面世;1961年德国宝马 1500 在法兰克福车展亮相,是欧洲汽车向美国汽车挑战的开始;1965 年,德国经济全面复苏,德国大众甲壳虫打破了福特 T 型汽车的产量纪录,且个性、便宜和可靠;1968 年,奥迪 100 问世,奥迪公司开始步入前

所未有的成功时期;80年代初期,法国雷诺也得到了高速的发展,年产量达到了200万辆。汽车产业中心从20世纪初转移到美国后,再次回归欧洲。这一时期,汽车产业保持了大规模生产的特点,世界汽车保有量激增,仅1950年,西欧各国汽车产量达到1037.8万辆,超过北美产量的38.5%,许多欧洲汽车厂家,如德国大众、法国雷诺、意大利菲亚特、瑞典沃尔沃已闻名遐迩。

世界汽车中心再次回到欧洲,主要是欧洲汽车从满足大众消费到满足汽车消费的多层不同需求转变,采用差异化的生产模式,产生了汽车定制。得益于新型的汽车消费理念和消费需求,汽车消费需求从汽车产品单一化、标准化和规模化转变为个性化、差异化等。为更好地满足不同细分市场的不同需求,汽车产业的生产模式也从以规模生产为基础,转变为具有一定程度差异化生产和销售的新型模式。欧洲汽车产业的创新举动,改写和增加其对本地市场和全球市场的占有份额,提升了欧洲汽车产业国际竞争力,使世界汽车产业中心回到欧洲。

德国作为汽车发源地,是欧洲乃至世界重要的汽车产业强国。汽车产业作为德国的第一大产业,承担了德国1/7的就业岗位,汽车及相关行业贡献了德国1/4的税收,德国是全球最主要的汽车技术输出国和汽车产品出口国之一,德国汽车产业较强的竞争力很大一部分原因来源于政府的支持及其制定的一系列有利的产业政策等。德国汽车产业发展堪称欧洲乃至世界汽车产业发展的优秀典型代表,在德国汽车产业发展过程中,政府制定了一系列有利于汽车产业发展的政策,为了推动产业创新、带动汽车产业的发展,制定了税收、研发投入等政策。

随着汽车技术不断发展和成熟,以及欧盟等国对环境标准要求的提升,如降低汽车碳排放标准,欧盟督促并支持各国制定符合碳排放标准的政策。目前许多欧洲国家正在大力推广应用新能源汽车,德国、挪威、英国、法国及荷兰等国已成为全球新能源汽车重要销售市场,2019年占全球销量的比重分别为5%、4%、4%、3%、3%。2021年7月,欧盟提出要从2035年开始实现严苛的减排政策,敦促车商只能销售"零排放"的新车。经过近一年的研究讨论,2022年6月29日,欧盟对外宣布,就"停售内燃机汽车"事宜,欧盟旗下27个成员国已初步达成一致,为应对全球气候变化及其他环境污染等问题,欧洲将于2035年正式禁售燃油车。这标志着"欧洲汽车新时代"的开始。欧洲各国达成本次协议的目的,主要是为了实现让欧盟国家能够在2030年左右将温室气体的净排放量减少55%,并最终在2050年左右实现"碳中和"的目标。

对于中国汽车市场来说,本次欧洲"禁售"法案落地有两方面意义,一方面,欧洲全面推行禁售政策,可以提供一个比较直观的参考,到底禁售法案会对整个汽车市场乃至国家带来怎样的影响,过程中又会出现哪些问题,又该如何解决等。

另一方面,欧洲全面禁售燃油车,也使得短期内对"新能源汽车"的需求量大幅增加,这也给了国内一线车企更多走出国门,拓展海外市场的机会。

2. 美国汽车产业发展历程

美国成为世界汽车产业中心,是从福特公司采用流水线性生产模式开始的。1913 年,福特公司在生产中使用流水线装配汽车的生产方式给汽车工业带来革命性变化,普及汽车的高潮随之出现,1917 年,福特汽车产量达到 815931 辆,在美国汽车市场上的占有率超过 50%。福特公司采用的流水线型全新生产模式,提高了汽车生产的效率,降低了生产成本,实现汽车生产的规模化和标准化。这种生产方式,使汽车从一种奢侈产品转变为大众服务的普通产品,原本价格高昂的欧洲汽车转变为简单实用的平价汽车,普通民众也可以用得起,进而逐渐普及全球各国。由此汽车产业中心从欧洲转向美国,这是世界汽车产业中心的首次转移。在 1929 年美国经济大萧条前夕,美国汽车销量冲破 500 万辆。1931 年,通用公司采用全产品创新战略,取代福特成为美国市场占有率第一的汽车。1936 年,美国拥有全世界70% 的汽车,成为世界第一汽车大国,而且在大量生产汽车的同时,制定了汽车标准,到 20 世纪 70 年代,底特律的汽车标准就是全球的标准。

美国汽车有造型大这一显著特点,1946—1959 年,汽车造型模仿喷气飞机的造型,在车后加上大大的尾翅,趋向更低、更长、更宽,这个时期的汽车造型具有尾翅和车身的防撞设计这两大特色。然而这种造型很快被消费者抛弃,在 1960—1979 年期间,传统而保守的汽车造型蔚然成风,其中最典型、大为流行的是以甲壳虫为代表的小型汽车,Mustang 和 Corvette 等价格合理的小跑车也广为流行,小型汽车市场开始迅速增长。1983 年 11 月,克莱斯勒率先开发成功面包车,并推出道奇系列"大篷车"和普利茅斯系列"旅行者"两大新车型,号称"适于美国家庭的魔幻厢车","大篷车"和"旅行者"取得极大成功。1984 年销售量一举突破 20 万辆,到 1988 年达到了45 万辆。

20 世纪 80 年代,日本汽车为抢占美国本土市场,其汽车企业如本田、日产和三菱等相继在美国设厂。2007 年美国爆发了金融危机,对美国汽车产业产生了巨大影响,福特汽车被日本丰田一汽公司超越,通用等三大汽车巨头都陷入了破产的危机之中,汽车产业日趋衰落。面对经济危机和日本汽车产业的强有力竞争,美国的汽车产业形势面临严峻挑战,为提升汽车产业竞争力,2008年9月,美国时任总统布什签署财政救助法案,向汽车产业提供总额为250亿美元的低息贷款。2009年,美国总统奥巴马又采取了一系列的救助汽车产业政策措施,强调汽车产业的重要性。

新能源汽车方面,2015年之前美国一直为全球新能源汽车销量最高的国家,自2015年起被中国反超,位居第二。2018年,受特斯拉Model3实现交付的影响,美国新能源汽车的销量增速迅猛,但2019年市场热度降低,销量略有回落,总体上美国销量占全球份额呈先升后降趋势。但美国的保有量一直是逐年上升,2019年已达到145万辆,占全球份额的20%左右。

美国目前的新能源汽车产业已具备技术优势与相对完整的产业链。但是美国较为缺乏动力电池企业,2020年全球电动汽车动力电池装机量前九位的企业分享了全球92%的市场份额,而这前九位企业中并没有美国企业。

美国汽车产业的形成和发展,一度成为世界汽车产业中心,这与美国在资本充足、石油资源可得、国民收入高以及市场需求大等方面息息相关,同时,也与美国历届政府一贯的重视支持汽车产业分不开。美国政府有意识引导人们购买汽车,积极推动国民交通工具的现代化,为汽车产业开拓了巨大的市场。在美国政府的积极推动下,美国汽车企业如雨后春笋般发展起来,最多时达200家汽车厂,并形成了通用、福特和克莱斯勒三大巨头公司。虽然经历了金融危机、底特律汽车城破产等影响,但随着世界经济及美国经济的强劲复苏,随着世界汽油价格的下跌和美国石油产量的提升,消费者对汽车的需求受到极大的刺激,美国汽车销售也因消费者信心的增强而得到促进。

2022年8月25日,美国加利福尼亚州开始走上结束汽油动力汽车时代的道路,空气监管机构采用了世界上最严格的零排放汽车过渡规则。

加州空气资源委员会出台了一项新规,将从2035年开始禁止销售新的燃油汽车,这标志着该州在应对气候变化方面迈出了历史性的一步。该委员会还表示,从2026年开始,在加州销售的新乘用车、SUV和小型皮卡中,35%将必须是零排放车辆。这一比例将逐年增加,到2028年达到所有新车销量的51%,2030年达到68%,2035年达到100%(并且只允许零排放汽车销售的20%为插电式混合动力车)。

3. 日本汽车产业发展历程

战前,1904年日本成立了东京汽车制造厂,最初的汽油轿车——太古里 1 号于 1907 年完成生产。日本汽车制造厂在刚刚起步阶段与欧洲、美国汽车厂水平差距较大,发动机等汽车重要部件依赖于进口,只是极少一部分部件如车体等以国产替代,进行简单的组装。1936 年,为保护刚刚起步的民族汽车产业,限制外国汽车的车体和部件进口,日本政府和军部制定了《汽车制造事业法》。严格限制物品进口,同时为进一步打击外国汽车制造厂,1937 年连续出台了《进出口物品临时处理法》和《临时进出口许可规则》,从而保护了日本汽车产业,为日本汽车产业的发展和强大争取了时间和空间。在国家强力政策的支持下,日本汽车产业得到了迅速成长。

20 世纪 60—70 年代,是日本汽车产业真正得到大发展的十年。为尽快提高汽车产业国际竞争力,重点建立了集约化大规模汽车生产体系,构建了出口加工型的产业结构。日本政府从两个方面入手,一是根据汽车产业初期规模小且多,生产效率低,技术水平落后,管理能力和开发能力低下,经营业绩较差,提出建立三大汽车企业集团的发展战略,即建立月产万辆、五千辆、三千辆等三个规模的汽车企业集团,重点扶植丰田和日产汽车。同时,对汽车零部件工业采取重点支持和集中发展相结合的政策,建立和形成了以汽车主体企业为中心的紧密型配套体系,有效杜绝了多重引进、重复投资以及恶性竞争的局面。二是通过法律或采取贸易保护的方式保护本国汽车产业,如利用外资法对外国汽车资本进入日本汽车产业设置障碍,通过贸易保护措施避免外国汽车企业对日本汽车工业的控制,在政府的保护下,日本汽车产业结构得到了不断均衡发展。十年间,丰田汽车销售额增长了 8 倍,日产销售额增长 11 倍。1965 年和 1966 年连续超过法国和英国,跃居世界第三位,轿车普及率达每千人 28 辆,1968 年超过西德跃居世界第二位,仅次于美国。

1980 年,日本汽车年产量超过美国,坐上了世界汽车生产的头把交椅,产量达到 1100 万辆,日本成为继美国和欧洲之后世界汽车产业发展中心。日本汽车企业不断提高汽车研发技术,丰田"精益生产方式"风靡全球,追求"零储备、零库存",按照客户的需求数量和要求进行产品的生产。汽车产业重点转向支持和鼓励技术研究开发,产业结构向高知识密集型转变,在产业规模方面形成了大规模汽车生产企业(如丰田汽车、本田汽车、日产汽车)、中型汽车企业(如三菱汽车、马自达汽车、五十铃汽车)以及小规模微型车和卡车企业(如富士重工业、铃木汽车、大发工业和日野汽车)兼具的有利格局。

90 年代,为促进汽车产业的持续发展和进一步提升国际竞争力,日本政府通过制定长期发展规划,进一步加大对汽车产业发展的技术投入,引导企业应对未来环境变化的影响,特别是有计划地对尖端科技研究进行大规模投入,提升高科技研究的针对性和实效性,并推动科技研究成果及时得到应用转化,促进了汽车企业竞争力的提高,增强了汽车产业的国际竞争力。

2009 年 6 月,日本环境省确定了"下一代汽车"发展的中长期目标,重点发展纯电动汽车、燃料电池车、清洁柴油车和混合动力车等环保型汽车,日本汽车企业都纷纷加大对混合动力、燃料电池等新型环保车的研发投入,目前在电动车、新能源汽车方面走在了世界前列,以日产、丰田为代表的日本新能源汽车品牌在全球已实现连续多年畅销。

2020 年全球新能源车企销量前二十中,日本车企以日产 6.2 万辆、丰田 5.6 万辆占据两席。目前,日本的新能源汽车产业发展成熟,在核心技术电池、电机、电控方面均具备较强的核心竞争力。到 2050 年,日本力争环保车数量达到 3440 万辆,占汽车总量的 50%左右。

4. 韩国汽车产业发展历程

韩国汽车产业发展经历了幼稚工业保护、提升国际竞争力、大规模引进外资及重组和国际化四个阶段。

(1)幼稚工业保护阶段(1962—1981 年)

这一阶段属于对引进技术进行消化吸收的过程。韩国自 1962 年确立了"汽车工业培育 5 年计划",连续制定和发表了多个方案和培育计划,如《汽车工业保护法》(1962 年制定)、《汽车组装工厂一元化方案》(发表于 1963 年)和《汽车产业的培育计划》(发表于 1964 年),积极鼓励本国汽车企业与发达国家汽车企业进行资本和技术的合作,进口主要是汽车零部件,全面限制整车进口,汽车整车生产主要以国内组装为主,保护了刚刚起步的民族汽车产业。1969 年提出了"汽车工业培育基本计划",提出了自主开发和大量生产为主的"出口主导型培育政策",替代了以资本和技术合作为主的进口政策,逐步形成了由现代、起亚、大宇三家垄断乘用车生产的新局面。韩国政府把汽车产业定为"十大战略产业"之一,将汽车产业提高到国家战略的高度,出台了各种保护措施及培育支持政策,强化金融优惠,鼓励支持出口。1974 年 10 月韩国现代第一款车型 Pony 在意大利都灵车展上亮相,Pony 的车身外观由意大利乔治亚罗工作室设计,底盘源自美国福特公司,发动机总成、变速箱等则从日本三菱公司购买,韩国现代将其组装成第一款流行车 Pony。Pony 打着低价策略进行市场开拓,成为了当时韩国民众的购车首选,也奠定了现代汽车稳固且不可动摇的根基。1981 年 7 月韩国政府发表了"机械工业振兴基本计划",对于汽车产业,该振兴计划旨在实现汽车零部件出口的产业化,开发并出口具有国际竞争力的小型乘用车。此阶段韩国汽车产业从组织开始崛起,从满足内需转向出口导向,并逐渐走向国际化的市场。

(2)提升国际竞争力阶段(1982—1996 年)

韩国汽车零部件和小型乘用车产业走向国际之后,韩国政府和企业开始致力于提升其汽车产业国际竞争力。政府出台了一系列支持政策,1982年,韩国汽车产量迅速增加,实现了汽车产业规模经济,巩固了汽车出口基础,汽车产业开始了新的飞跃。1983 年韩国汽车产量达到 22 万辆,产业开始迎来了高度成长期,作为韩国出口战略产业巩固了其地位。1985 年达到37.8 万辆,1986 年猛增到 59.2 万辆,占世界汽车总产量的 1.3%,跃居世界第 11 位。当年,韩国汽车出口达 29.2 万辆,占总产量的 49.3%,占世界汽车总出口量的 1.9%,位列汽车出口国第 9 位。到 1988 年,韩国汽车对出口的依存度达到 54%,成为韩国的主要出口产业。1994 年,现代汽车首次自主研发设计出 Accent 轿车,完成了由组装到自主设计。这一时期韩国汽车产业国际竞争力优势不断显现,韩国从汽车生产大国成为世界第 5 大汽车出口国,位列日本、德国、法国、美国之后。

(3)大规模引进外资及重组阶段(1997—2001 年)

随着 1997 年亚洲金融危机的爆发,韩国汽车产业受到沉重打击,国内市场的销售量严重下降。然而,随着 1998 年现代索纳塔 sonata 和 XG 车型的推出,在国际市场上获得巨大成功,出口量持续迅速增长,弥补了国内市场的销量下降。1998 年现代公司进行了合并和重组,收购起亚(Kia)/Asia,合并 HPI 和 HMS,现代汽车经济规模达到了全球市场中竞争需要。此外,大宇公司收购双龙,法国雷诺购买三星 70% 的股份,通用公司收购大宇,由此,外国资本对韩国汽车产业的控制力大幅增加。

(4)国际化阶段(2002 年至今)

韩国汽车产业经过大规模重组和引进外资后,生产能力明显增强,国内外产销量也迅速增长,到 2007 年韩国汽车产量同比增长 6.4%,达到 408.6万辆,创历史新高;国内汽车销量同比增长 4.7%,达到 121.9 万辆,仅占总产量的 29.8%。其中乘用车销量增长迅速,同比增长 5.4%,达到 98.64 万辆。由于国内市场需求持续低迷,韩国自 2003 年开始支持本国汽车出口,鼓励企业海外建厂,到 2013 年,韩国汽车海外销量达到 723.2 万辆,占总销售量的 84%。

2007 年,韩国现代·起亚汽车集团成为世界第五大汽车生产集团,2019 年现代·起亚仍旧保持位列世界第五大汽车集团。

韩国产业通商资源部 2022 年 2 月发布的统计资料显示,2021 年韩国汽车产量和内销同比双双下降,汽车出口则同比增加。2021年韩国汽车产量同比减少1.3%,为346万辆;内销同比减少8.5%,为173万辆;出口量增加8.6%,为205万辆。2021年韩国汽车产量减少主要归因于新冠疫情影响和车用芯片紧缺,但韩国汽车产量仍稳居世界第五。

5. 印度汽车产业发展历程

印度汽车产业发展可以简单地概括为三个阶段:

第一阶段:20世纪初到70年代,印度汽车从引进中起步,开始与国外公司合作组装轿车。同时,政府开始制定轿车国产化战略,对进口轿车实行严格的配额制度,要求国外整车企业必须与印度国内零配件厂配套,并禁止新项目上马等,对汽车产业实行严格的保护政策。此阶段由于汽车技术长期停滞,汽车普及率低,汽车产业发展缓慢。

第二阶段:20世纪80年代到90年代末,有条件地向跨国公司开放市场,推行以"企业为中心"的经济自由化政策,推进"以市场为中心"的经济改革,但严格限制股权。80年代随着日本丰田汽车、本田汽车在印度建立生产基地,通用汽车、大众汽车、现代汽车等跨国公司以投资建厂或合资合作等方式进入印度市场,促进了印度汽车产量的快速增长。特别是在20世纪90年代后期,轿车产量呈高速增长态势,达到120万辆的年产能力。

第三阶段:2000年至今,印度汽车产业有了巨大发展,从2002年至2007年短短五年间,通过了七项重要的产业政策,从政策层面推进支持印度汽车产业的发展,提升印度汽车产业竞争力,力图谋求更广阔的市场。2006年2月印度加入世界贸易组织后,建立了多个与汽车产业相关的组织,针对不同的零部件产业集群发力。经过多年努力,印度最大的本土汽车厂商塔塔汽车,具备了完整的生产能力,实现了整车生产中90%以上零部件的自主研发,掌握了外观设计、变速器和发动机制造、冲压等技术。塔塔汽车占有印度商用车近70%的市场份额,成为印度市场的前三大(现代、玛鲁蒂和塔塔)品牌之一。

根据国际汽车制造商协会(OICA)统计,2017年全球共计生产汽车9730万辆,其中印度共生产478万辆,产量高居全球第五,仅次于中国、美国、日本及德国。2017年印度汽车销售量402万辆,超过德国的381万辆,成为全球第四大汽车市场。

印度主要车商为日系及韩系车厂,日系的铃木、本田及丰田分居年销量第一、五、六名,韩系车厂现代排名第二。

2019年,印度机动车国内销量2630万辆,创下历史最高水平。印度机动车产量与国内汽车销售情况差不多,也达到历史最高水平的3090万辆。

2020 年,受国内经济减速影响,印度机动车市场同比下降 18.1%,国内销量仅为 2150 万辆,其中,两轮车以高达 81% 的市场份额成为最大的细分市场,其次是乘用车 12.7%、商用车 3.3% 和三轮车 3%。2020 年,印度机动车产量为 2630 万辆,年度下滑 14.9%,其中,两轮车产量占 79.9%,其次是乘用车 12.9%、三轮车 4.3% 和商用车 2.9%。

6. 巴西汽车产业发展历程

巴西汽车产业发展可分为两个阶段,一是 80 年代前的贸易保护阶段,二是 90 年代至今的自由贸易阶段。

第一阶段:20 世纪 80 年代前,巴西将汽车产业作为重要战略产业发展,鼓励并保护国内汽车产业的发展。为保护和发展处于萌芽状态、幼稚的汽车产业,通过各种贸易壁垒和非贸易壁垒限制外国汽车产品的进口;并采取多重汇率制度,保护了汽车企业发展空间。同时,政府成立了"促进汽车工业特别委员会",从国家的战略层面进行培育和重点支持,明确将汽车工业作为经济的增长点,并通过其发展带动与汽车产业相关的行业发展。

第二阶段:20 世纪 90 年代至今的自由贸易阶段,大幅度地放宽外国资本的投资限制,如放宽股份限额,允许外资企业 100% 控股本国企业,通过豁免了外资企业的进口税、免征第一年的销售税等税收优惠引导外国资本进入汽车产业,向外资企业提供优惠贷款等。巴西政府在对国外汽车企业提供优惠政策的同时,也附加了严格的条件,如在 2012 年 12 月实施的汽车产业产品税新政策中要求,外国汽车企业必须符合政府规定的条件,才可以享受产品税的优惠政策,要求外国企业生产的汽车中,必须 65% 零配件产自巴西或南方共同市场的其他国家;用于研究开发费用不低于营业额的 0.5%;在巴西境内完成 6 道以上的生产工序等,如无法达到上述条件,产品税率将上升 30%。

政府在吸收国外直接投资的同时,也限制进口组装,制定支持政策并鼓励国产化,汽车产业得到了迅速发展,巴西已成为各大跨国汽车企业在南美的主要制造基地。至 2010 年,巴西汽车产量达到 364 万辆,同比增长 11.9%;成为世界第四大汽车市场;产值达 835.86 亿美元,占工业产值的 19.5%。

巴西现在大力发展乙醇燃料汽车,通过设置补贴、制定配额、行政手段等措施促进乙醇燃料的普及。混合燃料汽车得到突飞猛进的发展,其销量占总销量的比例由 2003 年的 6% 飙升至 2005 年的 73%。2005 年,巴西混合燃料汽车销量占总销量的 49.5%,首次超过汽油车的销量,到 2010 年初,混合燃料汽车的产量已累计超过 1000 万辆。

巴西汽车销量从 2020 年至今持续排名世界第六,市场潜力巨大,根据

2021 年巴西汽车制造商协会 ANFAVEA 对巴西汽车销量的预测,2022 年销量也将持续增长 8.5%,达到 230 万辆。

（二）世界汽车产业现状特征

1. 汽车产业国际化步伐持续加快

随着世界经济全球化、一体化的快速发展,经济发展已突破了国家和地域的局限,世界各国之间相互依存程度不断提高。在世界各大产业中,汽车工业是最早开始实施全球化战略的产业,也是全球化程度最高的产业之一,汽车产业的全球化是推动经济全球化发展的重要力量之一。汽车产业国际化涉及生产、销售、采购和技术开发等诸多领域,其过程从最初的建立海外子公司和生产厂,或者几家联合组建跨国企业,发展到在核心技术领域合作研发,建立国际技术联盟,从而促进技术研究开发的全球化。跨国或跨地区汽车企业联合技术开发愈来愈广泛,技术转移和利用、知识扩散的速度及强度也大大提高,汽车设计与研发的全球化趋势日益明显。同时,越来越多的公司将技术开发机构扩散到世界各地,以便于利用当地的人力、物力及技术资源,使开发的产品更符合当地市场的需要,实现就地生产、就地销售的战略相配套,如日本汽车公司在美国、欧洲设有多个研发中心。

进入 21 世纪,世界汽车生产和消费总体上形成两大特征。第一个特征是发达国家及地区的汽车产销量均已达到一定的饱和状态,如日本、韩国、欧洲和美国,在这些国家,他们的汽车已进入了一个品质换代升级的新时代,对应到生产研发层面,发达国家压缩一般汽车的产量,对汽车开发生产进行结构调整,研发生产新一代汽车产品,向高档次汽车发展。第二个特征是发展中国家及地区汽车产销量仍处于规模扩张阶段,如俄罗斯、印度、巴西及中国,对应到生产研发层面,汽车产业链中低端进一步向发展中国家集聚,发展中国家利用发达国家转移的生产设备和生产基地,为满足本国或本地区的消费需求,不断扩大汽车的生成和销售量,从而形成了一个中低档汽车的层次。

2. 汽车产业技术创新加快

产业技术创新加快有其客观原因也有主观原因,从客观方面来看,经过几十年的发展,发达国家汽车存量已基本保持稳定状态,需求主要来自更新,但相对较小的更新量很难支撑现有生产能力的发挥,汽车市场步入成熟期。发展中国家汽车市场虽然需求量增长较快,但跨国公司产能的扩张速度及发展中国家本国汽车产业的高速发展,导致了产能的增长在一定程度上超过了市场需求的增长速度,生产能力同样很难得到最大限度的发挥。汽车产业市场竞争激烈,为了最大程度发挥产能、降低成本、抢占市场,需要进一步推进汽车产业技术创新。

　　主观方面,世界汽车产业竞争力未来将会主要体现在汽车产品环保、节能技术创新以及信息化技术的应用等方面。汽车产品环保和节能技术主要体现在:一是尾气后处理技术,如催化微粒过滤器等;二是清洁能源、替代燃料的开发及应用,如天然气、甲醇和氢气,减少 PM 颗粒物和 NOx 的排放;三是混合动力系统的推广,即采用燃油发动机和电气动力组合驱动方式;四是车用电池供电系统的研发,包括燃料电池和蓄电池,其中日本的蓄电池技术已取得重大进展;五是轻量化材料的研发,如塑料模块、粉末冶金、生态复合材料将广泛应用在汽车上。信息技术在汽车产品中运用,将成为汽车产业的核心技术。信息技术推动了汽车电子化,实现了汽车(部件或系统)模块智能化,主要体现在车辆安全系统①,网络通讯及导航系统②,智能交通系统③和移动多媒体系统④。信息技术及其软件价值平均已超过汽车生产成本的 1/3,并将逐年上升。

　　同时,为了使汽车产业具有较强的国际竞争力,在适应客户需求与法规制定方面需要不断完善,需要加大科技创新技术的优势,加快产业技术的创新速度。目前世界汽车产业已形成欧洲、美国、日韩中国、东南亚印度等四个体系,汽车工业后起国家多引用发达国家形成的标准、法规体系与汽车工业制造体系。

　　3. 汽车产业结构调整不断深化

　　全球汽车跨国公司都是从兼并重组壮大起来的,早在 1916—1935 年期间,通用收购了凯迪拉克、雪佛兰等 20 多家公司;福特收购了林肯汽车,戴姆勒公司和奔驰公司合并成立戴姆勒—奔驰公司。至 2008 年金融危机前,各国跨国汽车公司通过跨国股份收购或兼并重组的方式,不断扩张,美国汽车公司购买日本汽车企业的股份,福特收购马自达 24% 的股份;通用收购萨博、悍马,购得 20% 的菲亚特股份;大众收购斯柯达、兰博基尼、宾利、劳斯莱斯等。金融危机后,后发国家开始购入,中国吉利收购沃尔沃 100% 股权;印度塔塔收购捷豹、路虎等,成为印度最大的汽车公司。跨国汽车企业在兼并重组的同时,形成跨国战略联盟,在研发、生产、销售等方面进行合作,2012 年,丰田和宝马签署备忘录,在氢燃料电池驱动系统、运动车型、电能驱动技术领域及轻量化技术领域等构建合作关系,合作研发新一代电动

---

①　车辆安全系统包括防撞警告系统、自适应巡航控制系统等。
②　网络通讯及导航系统主要有语音识别系统、卫星定位系统。
③　智能交通系统包括交通管理系统、交通信息服务系统及公共交通系统等。
④　移动多媒体系统主要是音响—图像技术,让驾驶者享受丰富的全新服务。

车锂离子电池等。福特和丰田共同研发 SUV 新型混合动力系统,通用和标致—雪铁龙共同推出新能源环保车型。

在跨国公司兼并重组的同时,汽车产业国际竞争由制造链逐步向服务链加速延伸。由于全球汽车普遍存在着生产能力过剩、行业利润率下降的局面,已无法单纯地从生产制造中获取高额利润,这就促进了传统的汽车制造向汽车市场营销、汽车售后服务和汽车服务贸易延伸。同时,由于世界经济全球化、一体化的进程的加快,加之新型服务、贸易方式的广泛应用,如电子商务、汽车金融等,主要体现在销售、维修和服务分离、租赁管理和快递服务等各种服务方式不断创新,各种汽车保险、金融贷款体制不断完善,加快了汽车产业国际竞争由制造业向服务贸易领域延伸的步伐。

通过对欧洲、美国、日本和韩国等世界汽车强国,以及印度、巴西等汽车产业发展中国家的汽车发展历程和现状介绍,可以看出政府支持和企业创新对汽车产业发展具有较强的推动作用。

(三) 世界汽车产业快速发展的原因

1. 在汽车产业发展中,政府扮演着重要角色

(1)欧洲和美国先发汽车国家

欧洲和美国是汽车产业先行发展国家,由于产业发展初期没有竞争对手,政府没有制定汽车产业保护政策,但政府在汽车产业发展关键时期,提升本国汽车产业的国际竞争力,都会发挥巨大推动作用。为促进市场的激烈竞争和产业技术的不断创新,美国政府全方位开放国内汽车市场;为刺激汽车需求和消费,对汽车产业实行低税收政策;完善交通道路系统,为汽车普及创造了条件;推动电动汽车及清洁能源汽车的发展,立法规定汽车排放控制标准;协调汽车国际贸易争端;等等。欧洲各国在汽车产业发展中,建立欧洲共同市场,制定维护市场竞争的规则;制定政策支持本国跨国汽车公司国外投资,抢占国际市场;推行鼓励发展小排量汽车政策;等等。如德国政府分别向大众、BMD 公司注资 40% 和 50%;法国政府全面给予扶持雷诺汽车公司,并将其国有化;英国政府 100% 注资 BL 公司;意大利政府向阿尔法公司注入 100% 资本;等等。

(2)日韩、印巴等后发汽车国家

在汽车产业发展初期,由于先发国家具有较强的汽车产业竞争力,为对本国汽车产业进行保护,赢得发展的时间和空间,日本、韩国、印度及巴西都无一例外地在汽车产业发展初期采取了保护和扶持措施,限制汽车产业进口,有条件地放开外资投资,以促使本国汽车业的稳步发展。日本和韩国的

企业发展模式符合市场的需要,对引进技术的吸收消化能力强,短期内实现了技术上的自我创新,尤其是韩国汽车企业的吸收消化创新能力,极大提升了韩国汽车产业的竞争力。日韩两国在汽车产业发展初期,严格限制外资进入的保护性政策,促进本国企业发展;在本国汽车产业具有较高的国际竞争力的基础上,又通过政府政策支持,推动以出口导向型为主的汽车产业发展。印度和巴西在本国汽车产业发展初期也都采取强力保护措施,但在还未拥有完整的自主研发能力,民族汽车产业自主品牌核心竞争力还较弱的时候,外国汽车巨头利用经济市场化、贸易自由化政策,通过合资、合作、独资等方式快速进入,迅速控制了两国汽车产业,造成了本国汽车产业的依附发展,两国自主品牌的汽车竞争力远弱于日韩两国。

2. 自主创新是汽车产业发展的根本

从上述发展历程和现状可以看出,不论是欧美先发国家,还是日韩后起国家,自主创新是汽车产业发展之根本,是汽车产业国际竞争力的基石。先发国家中的欧洲国家和美国,在汽车产业发展初期阶段没有借鉴经验和技术引进,全部是自主创新,成为世界汽车产业强国。如美国福特公司创新的流水线式生产方式,实施产品和零部件的标准化,促使汽车产业中心从欧洲转移到美国。通用、福特和克莱斯勒之所以发展成为美国三大汽车巨头,共同的特点是竞相斥巨资进行技术创新,开发新品种和新车型。政府也高度重视自主创新,如 1993 年美国政府推出美国新一代汽车合作伙伴计划(PNGV),重点资助汽车产业的基础性研究、共性技术研发,加大人才联合培养,以及大学和企业间研发合作,提高车辆技术领导地位,提升美国汽车竞争力。德国汽车产业发展就是汽车产品创新的过程,每一个阶段的发展都离不开科技创新。如 1951 年首次申请气囊专利;1975 年发明"防抱死刹车系统";1987 年试验"混合驱动"技术,这表明领先世界的德国汽车技术,得益于不断的自主创新。

与欧美的自主原始创新相比,日本和韩国汽车产业发展经历引进、消化、吸收再创新的过程,最终成为世界汽车产业强国。日本从最初的零部件的模仿与生产到整套设备的自主研发,经历了引进模仿创新、集成创新和自主创新三个阶段,最后达到部分技术引领世界,具有后发超越性。韩国政府对汽车产业进行严格的宏观调控,汽车产业从散件组装(CKD)起步,汽车企业集中力量、重点突破核心关键技术,完成了引进消化到自主创新生产的转变,快速实现了大量出口,逐渐迈向世界汽车强国行列。从日本和韩国汽车产业发展可以例证,后发国家从"拿来主义"到自主发展的技术跨越式战略是切实可行的。

　　从80年代后期,印度汽车产业在实施了"市场换技术"的同时,强调"提高汽车工业竞争力的关键在于创新的能力与速度",执行"国家汽车试验、研发执行工程"。通过技术引进和自主创新,印度最大的汽车企业塔塔集团成为世界十大汽车制造商之一,其生产的自主品牌塔塔汽车蜚声国内外。同时,印度特别注重汽车零部件的自主研发,已由价值链的低端产品的研究和开发转向价值链的高端,超过中国在汽车零部件行业的水平。巴西汽车产业走的是"引进—代工生产—外资主导"的发展路径,汽车产业的发展采取外资主导型或共同经营型的发展模式,完全依赖外资,没有自主核心技术和自主知识产权,没有自主品牌,巴西汽车企业成为边缘零部件生产者,汽车产业沦为装配车间。

　　从以上分析可看出,即便是引进先进技术,但是没有通过消化、吸收、改进,进而实现自主创新,就不能很好地发展自主品牌,不能实现汽车产业强国。欧美、日韩等汽车产业强国以及发展中国家印度的汽车产业都印证了这个道理。所以,中国汽车产业发展应吸取巴西汽车产业发展的经验教训,重视并加强自主研发,提升技术创新能力,实现自主品牌汽车发展,逐渐从汽车大国向汽车强国转变。

（四）世界汽车产业竞争态势

1. 生产格局

　　长期以来,全球汽车产业发展一直以美国、日本和德国为主,然而全球生产网络和消费需求的不断扩张,带动了各国汽车产业快速发展,全球汽车产量在稳步增长的同时,以德、美、日为代表的传统汽车工业强国逐渐被以中国和印度为代表的新兴亚洲市场国家赶超,全球汽车产业格局正悄然发生新一轮的调整和变化。国际汽车制造商协会(OICA)数据显示,2020年全球主要国家和地区汽车产量达到7609.74万辆,较2001年增长0.38倍,中国、美国、日本、德国和韩国位居全球汽车生产前5位(如表2.2所示)。

表2.2　2001年和2020年主要国家和地区汽车产量及占全球产量比重变化

单位:万辆、%

序号	国家和地区	2001年		序号	国家和地区	2020年	
		产量	比重			产量	比重
1	美国	1142.47	20.08	1	中国	2522.52	32.50
2	日本	977.72	17.19	2	美国	882.24	11.37

续表

序号	国家和地区	2001 年		序号	国家和地区	2020 年	
		产量	比重			产量	比重
3	德国	569.17	10.01	3	日本	806.76	10.39
4	法国	362.84	6.38	4	德国	374.25	4.82
5	韩国	294.63	5.18	5	韩国	350.68	4.52
6	西班牙	284.99	5.01	6	印度	339.44	4.37
7	加拿大	253.27	4.45	7	墨西哥	317.66	4.09
8	中国	233.44	4.10	8	西班牙	226.82	2.92
9	墨西哥	184.10	3.24	9	巴西	201.41	2.59
10	巴西	181.72	3.19	10	俄罗斯	143.53	1.85
11	英国	168.52	2.96	11	泰国	142.71	1.84
12	意大利	157.97	2.78	12	加拿大	137.66	1.77
13	俄罗斯	125.07	2.20	13	法国	131.64	1.70
14	比利时	118.73	2.09	14	土耳其	129.79	1.67
15	印度	81.46	1.43	15	捷克共和国	115.92	1.49
16	捷克共和国	46.53	0.82	16	英国	98.70	1.27
17	泰国	45.94	0.81	17	斯洛伐克	98.50	1.27
18	南非	40.70	0.72	18	伊朗	88.10	1.13
19	马来西亚	35.88	0.63	19	意大利	77.72	1.00
20	波兰	34.79	0.61	20	印尼	69.13	0.89
21	伊朗	32.32	0.57	21	马来西亚	48.52	0.63
22	澳大利亚	31.94	0.56	22	波兰	45.14	0.58
23	瑞典	28.91	0.51	23	南非	44.72	0.58
24	印尼	27.92	0.49	24	罗马尼亚	43.81	0.56
25	中国台湾	27.17	0.48	25	匈牙利	40.65	0.52
26	土耳其	27.07	0.48	26	乌兹别克斯坦	28.01	0.36
27	葡萄牙	23.97	0.42	27	比利时	26.75	0.34
28	荷兰	23.89	0.42	28	葡萄牙	26.42	0.34
29	阿根廷	23.56	0.41	29	阿根廷	25.72	0.33
30	斯洛伐克	18.20	0.32	30	摩洛哥	24.84	0.32
	总计	5604.90	98.53		总计	7609.74	98.04

数据来源：根据国际汽车制造商协会（OICA）数据整理计算。

　　2020 年中国和印度的汽车产量为 2522.52 万辆和 339.44 万辆,较 2001 年 233.44 万辆和 81.46 万辆分别增长 9.81 倍和 3.17 倍,在全球汽车产业生产中的地位分别由 2001 年的第 8 位和第 15 位上升到 2020 年的第 1 位和第 6 位。美国、日本、德国和法国的汽车产量则由 2001 年 1142.47 万辆、977.72 万辆、569.17 万辆、362.84 万辆分别下降到 2020 年的 882.24 万辆、806.76 万辆、374.25 万辆、131.64 万辆。中国和印度汽车产量大幅增长,占全球汽车产量比重不断上升,其实早在 2009 年中国超越美国、日本和德国成为世界第一大汽车生产国,占全球比重由 2001 年 4.10% 飙升至 2020 年的 32.50%;2010 年印度成为世界第 6 大汽车生产国,2016 年超越韩国成为世界第 5 大汽车生产国,占全球比重由 2001 年 1.43% 上升至 2020 年 4.37%。相比之下,美国、日本、德国和法国的汽车产量占全球比重在不断下降,由 2001 年 20.08%、17.19%、10.01% 和 6.38% 分别下降至 2020 年 11.37%、10.39%、4.82% 和 1.70%。

　　进一步研究发现,发达国家汽车产量占全球汽车产量比重除少数国家基本保持平衡外,其他多数国家像美国、德国和日本一样出现不同程度的下降。2020 年西班牙、加拿大、英国和意大利汽车产量分别为 226.82 万辆、137.66 万辆、98.70 万辆和 77.72 万辆,较 2001 年下降了 58.17 万辆、115.61 万辆、69.82 万辆和 80.25 万辆,占全球比重由 2001 年的 5.01%、4.45%、2.96% 和 2.78% 分别减少至 2020 年的 2.92%、1.77%、1.27% 和 1.00%;墨西哥、泰国、土耳其、伊朗、捷克、印尼、斯洛伐克等国家汽车产量占全球比重则由 2001 年的 3.24%、0.81%、0.48%、0.57%、0.82%、0.49% 和 0.32% 分别上升至 2020 年的 4.09%、1.84%、1.67%、1.13%、1.49%、0.89% 和 1.27%。由此可见,全球汽车生产中心从发达国家转移至新兴市场国家已成为不争的事实,新兴市场国家正逐渐成为全球汽车产业的生力军,世界汽车制造格局由发达国家垄断生产走向多元化格局。当前发达国家汽车产量达到一定程度饱和,通过调整汽车生产结构和模式,压缩一般汽车产量,推动汽车产业进入品质换代升级时代,新兴市场国家处在经济快速增长阶段,凭借资源禀赋优势,纷纷承接汽车强国的先进技术转移和产能投资,提高汽车生产效率,汽车产量大幅扩张,促使新兴市场国家在世界汽车生产格局中的地位日渐突出。

　　2. 销售格局

　　由表 2.3 可见,长期以来,全球汽车产业销量一直以美国、日本、中国、德国为主,2020 年中国汽车销量为 2531.11 万辆,占全球比重从 2001 年的 8.73% 提高到 32.46%,跃居世界首位。相比之下,美国、日本、德国的汽车销量占全球比重在不断下降,由 2001 年的 26.46%、8.88%、5.48% 分别下降至 2020 年的 18.54%、5.90%、4.19%。从表中可以看出,发达国家汽车销量占全球汽车销量比重除少数国家基本保持平衡外,其他多数国家像美国、日本和德国一样出现不同程度的下降。

表 2.3　2001 年和 2020 年主要国家和地区汽车销量及占全球销量比重变化

单位:万辆、%

序号	国家和地区	2001 年		序号	国家和地区	2020 年	
		销量	比重			销量	比重
1	美国	1744.43	26.46	1	中国	2531.11	32.46
2	日本	585.20	8.88	2	美国	1445.29	18.54
3	中国	575.82	8.73	3	日本	459.86	5.90
4	德国	361.49	5.48	4	德国	326.82	4.19
5	英国	282.81	4.29	5	印度	293.87	3.77
6	法国	259.82	3.94	6	法国	210.01	2.69
7	意大利	249.54	3.79	7	巴西	205.84	2.64
8	西班牙	195.95	2.97	8	英国	196.48	2.52
9	俄罗斯	180.66	2.74	9	韩国	190.60	2.44
10	巴西	171.46	2.60	10	俄罗斯	163.12	2.09
11	加拿大	163.01	2.47	11	意大利	156.47	2.01
12	印度	144.05	2.19	12	加拿大	152.76	1.96
13	墨西哥	116.85	1.77	13	西班牙	103.05	1.32
14	韩国	114.52	1.74	14	墨西哥	97.64	1.25
15	伊朗	85.75	1.30	15	澳大利亚	91.70	1.18
16	土耳其	71.52	1.08	16	土耳其	79.62	1.02
17	泰国	69.25	1.05	17	泰国	79.21	1.02
18	南非	61.74	0.94	18	印尼	53.21	0.68
19	比利时	55.15	0.84	19	马来西亚	52.94	0.68
20	马来西亚	55.10	0.84	20	波兰	51.02	0.65
21	印尼	53.39	0.81	21	比利时	50.41	0.65
22	阿根廷	40.27	0.61	22	沙特阿拉伯	45.25	0.58
23	葡萄牙	27.85	0.42	23	荷兰	43.02	0.55
24	波兰	25.51	0.39	24	南非	37.79	0.48
25	罗马尼亚	24.85	0.38	25	阿根廷	33.38	0.43

续表

序号	国家和地区	2001 年		序号	国家和地区	2020 年	
		销量	比重			销量	比重
26	匈牙利	21.95	0.33	26	瑞典	33.02	0.42
27	捷克共和国	17.59	0.27	27	奥地利	30.17	0.39
28	斯洛伐克	7.50	0.11	28	瑞士	27.54	0.35
29	摩洛哥	6.37	0.10	29	越南	26.15	0.34
30	乌兹别克斯坦	3.52	0.05	30	智利	25.88	0.33
	总计	5772.94	87.57		总计	7293.22	93.54

数据来源:根据国际汽车制造商协会(OICA)数据整理计算。

3. 贸易格局①

全球汽车贸易表现出稳步增长态势,汽车贸易集中度较高,同时分散化趋势逐渐明显,汽车贸易虽被德国、美国和日本垄断,但新兴市场国家开始在世界汽车贸易市场崭露头角。根据联合国国际贸易中心(ITC)数据库,对全球及主要国家和地区汽车产品贸易进行统计,2001 年美国、德国、日本、加拿大和法国位居全球汽车产品贸易前 5 位,伴随新兴市场国家汽车产能扩张,全球汽车产品贸易格局也发生较大变化。根据表 2.4 所示,2020 年全球主要国家和地区汽车贸易值 2.34 万亿美元,较 2001 年增长 1.22 倍,其中美国、德国和日本为 3583.30 亿美元、3279.48 亿美元和 1422.58 亿美元,较 2001 年增长 0.65 倍、1.32 倍和 0.55 倍,2020 年三国占全球汽车贸易比重为 14.38%、13.17%和 5.71%,除德国较 2001 年有所上升,美国和日本分别下降 5.04 个百分点和 2.46 个百分点。中国是全球汽车贸易第三大国家,也是增速最快国家,2020 年贸易值为 1502.39 亿美元,较 2001 年增长 15.14 倍,占全球汽车贸易比重由 2001 年为 0.83%上升至 2020 年为 6.03%。通过分析全球汽车贸易前 20 位国家发现,发达国家占全球汽车贸易比重与生产一样整体出现下降,新兴市场国家快速上升。2020 年法国、加

---

① 国际贸易中,汽车产品是指海关 HS87 章商品(车辆及其零件,但铁道车辆除外),其中,整车包括 HS8701(牵引车、拖拉机)、HS8702(客运机动车辆,10 座及以上)、HS8703(主要用于载人的机动车(巴士除外))、HS8704(货运机动车辆)、HS8705(特殊用途的机动车辆)、HS8709(短距离运输货物的机动车辆)、HS8711(摩托车(包括机器脚踏两用车))、HS8712(自行车及非机动脚踏车)、HS8713(残疾人用车);零部件包括 HS8706(装有发动机的机动车辆底盘)、HS8707(机动车辆的车身(包括驾驶室))、HS8708(机动车辆零件,87.01 至 87.05 用)、HS8714(零件,87.11 至 87.13 用)、HS8715(婴孩车及其零件)、HS8716(挂车等非机械驱动车辆及其零件)。

拿大、英国、西班牙、意大利、比利时占全球汽车贸易比重为 4.38%、4.01%、3.76%、3.31%、3.01% 和 2.86%，较 2001 年下降 1.73、4.12、2.10、1.28、1.18、1.63 个百分点；墨西哥由 2001 年的 4.02% 上升至 2020 年的 5.20%。

表 2.4　2001 年和 2020 年主要国家和地区汽车产品贸易额及占全球贸易额比重变化

单位：亿美元、%

序号	国家和地区	2001 年		序号	国家和地区	2020 年	
		金额	比重			金额	比重
1	美国	2177.59	19.42	1	美国	3583.30	14.38
2	德国	1415.04	12.62	2	德国	3279.48	13.17
3	日本	916.29	8.17	3	中国	1502.39	6.03
4	加拿大	911.45	8.13	4	日本	1422.58	5.71
5	法国	685.61	6.11	5	墨西哥	1294.34	5.20
6	英国	656.92	5.86	6	法国	1090.37	4.38
7	西班牙	514.24	4.59	7	加拿大	1000.06	4.01
8	比利时	503.84	4.49	8	英国	936.29	3.76
9	意大利	469.86	4.19	9	西班牙	825.28	3.31
10	墨西哥	450.21	4.02	10	意大利	749.56	3.01
11	荷兰	214.42	1.91	11	韩国	720.92	2.89
12	韩国	171.60	1.53	12	比利时	711.78	2.86
13	奥地利	149.59	1.33	13	捷克共和国	522.04	2.10
14	瑞典	148.27	1.32	14	荷兰	479.89	1.93
15	澳大利亚	102.26	0.91	15	波兰	458.29	1.84
16	中国	93.09	0.83	16	斯洛伐克	439.84	1.77
17	葡萄牙	87.70	0.78	17	土耳其	369.59	1.48
18	捷克共和国	82.91	0.74	18	瑞典	361.93	1.45
19	巴西	82.13	0.73	19	奥地利	343.77	1.38
20	瑞士	80.08	0.71	20	泰国	307.07	1.23
21	波兰	72.05	0.64	21	匈牙利	304.37	1.22
22	中国台北	59.52	0.53	22	澳大利亚	247.65	0.99
23	匈牙利	52.47	0.47	23	俄罗斯	211.37	0.85
24	沙特阿拉伯	52.46	0.47	24	罗马尼亚	204.18	0.82
25	泰国	47.85	0.43	25	中国台北	197.01	0.79

续表

序号	国家和地区	2001 年		序号	国家和地区	2020 年	
		金额	比重			金额	比重
26	丹麦	42.78	0.38	26	瑞士	173.23	0.70
27	芬兰	41.50	0.37	27	印度	173.10	0.69
28	土耳其	41.34	0.37	28	葡萄牙	169.09	0.68
29	斯洛伐克	40.25	0.36	29	巴西	165.43	0.66
30	中国香港	39.05	0.35	30	沙特阿拉伯	141.01	0.57
31	阿根廷	38.53	0.34	31	南非	126.77	0.51
32	南非	37.06	0.33	32	芬兰	110.77	0.44
33	爱尔兰	35.53	0.32	33	丹麦	108.56	0.44
34	挪威	34.67	0.31	34	阿拉伯联合酋长国	108.21	0.43
35	新加坡	31.64	0.28	35	印尼	106.09	0.43
36	俄罗斯	27.97	0.25	36	挪威	102.82	0.41
37	委内瑞拉玻利瓦尔共和国	25.47	0.23	37	斯洛文尼亚	86.60	0.35
38	印尼	23.22	0.21	38	越南	84.76	0.34
39	希腊	22.94	0.20	39	阿根廷	78.98	0.32
40	以色列	22.34	0.20	40	摩洛哥	76.05	0.31
合计		10701.75	95.44	合计		23374.81	93.84

数据来源:根据联合国国际贸易中心(ITC)数据库整理计算。

出口方面,2020 年全球汽车出口值为 1.23 万亿美元,较 2001 年增长 1.24 倍。由表 2.5 可见,德国是全球汽车出口第一大国,2020 年出口值为 2091.93 亿元,较 2001 年增长 2.10 倍,占全球汽车出口比重 16.84%左右。2020 年日本和美国出口值分别为 1224.73 亿美元和 1042.45 亿美元,较 2001 年增长 0.50 倍和 0.78 倍,占全球汽车出口比重由 2001 年的 14.78%和 10.56%下降至 2020 年的 9.86%和 8.39%。2020 年墨西哥和泰国汽车出口值分别为 988.28 亿美元和 227.88 亿美元,较 2001 年增长 2.54 倍和 7.24 倍。尽管新兴市场国家改变了汽车出口格局,但德国、日本、美国出口地位仍难以撼动。中国是全球汽车出口第五大国,2020 年出口值为 762.65 亿美元,较 2001 年增长 14.96 倍,占全球汽车出口比重由 2001 年的 0.86%上升至 2020 年的 6.14%。

表 2.5　2001 年和 2020 年主要国家和地区汽车产品出口值及占全球出口值比重变化

单位:亿美元、%

序号	国家和地区	2001 年		序号	国家和地区	2020 年	
		出口值	比重			出口值	比重
1	德国	996.02	17.98	1	德国	2091.93	16.84
2	日本	818.35	14.78	2	日本	1224.73	9.86
3	美国	585.08	10.56	3	美国	1042.45	8.39
4	加拿大	530.15	9.57	4	墨西哥	988.28	7.95
5	法国	378.92	6.84	5	中国	762.65	6.14
6	比利时	279.64	5.05	6	韩国	539.73	4.34
7	墨西哥	279.11	5.04	7	西班牙	482.13	3.88
8	西班牙	267.50	4.83	8	加拿大	450.77	3.63
9	英国	213.73	3.86	9	法国	440.28	3.54
10	意大利	198.39	3.58	10	意大利	378.12	3.04
11	韩国	153.99	2.78	11	捷克共和国	365.36	2.94
12	瑞典	88.88	1.60	12	英国	360.68	2.90
13	荷兰	88.82	1.60	13	比利时	350.41	2.82
14	奥地利	67.74	1.22	14	斯洛伐克	294.10	2.37
15	捷克共和国	53.23	0.96	15	波兰	247.22	1.99
16	中国	47.77	0.86	16	泰国	227.88	1.83
17	巴西	44.27	0.80	17	荷兰	218.49	1.76
18	中国台北	39.12	0.71	18	土耳其	217.08	1.75
19	葡萄牙	34.85	0.63	19	瑞典	201.82	1.62
20	波兰	32.24	0.58	20	匈牙利	195.67	1.57
21	泰国	27.66	0.50	21	奥地利	169.39	1.36
22	匈牙利	27.15	0.49	22	印度	129.97	1.05
23	斯洛伐克	23.16	0.42	23	罗马尼亚	121.71	0.98
24	土耳其	23.14	0.42	24	中国台北	100.59	0.81
25	澳大利亚	22.06	0.40	25	葡萄牙	85.60	0.69
26	南非	20.96	0.38	26	南非	83.07	0.67
27	阿根廷	19.76	0.36	27	巴西	67.87	0.55
28	芬兰	18.37	0.33	28	印尼	66.02	0.53
29	丹麦	12.84	0.23	29	斯洛文尼亚	48.97	0.39

续表

序号	国家和地区	2001 年		序号	国家和地区	2020 年	
		出口值	比重			出口值	比重
30	中国香港	12.49	0.23	30	芬兰	48.05	0.39
31	斯洛文尼亚	10.77	0.19	31	摩洛哥	36.15	0.29
32	瑞士	9.60	0.17	32	阿根廷	32.84	0.26
33	白俄罗斯	9.34	0.17	33	新加坡	32.06	0.26
34	俄罗斯	8.75	0.16	34	越南	31.57	0.25
35	印度	8.70	0.16	35	丹麦	30.12	0.24
36	新加坡	8.43	0.15	36	俄罗斯	27.23	0.22
37	菲律宾	6.88	0.12	37	瑞士	22.84	0.18
38	爱尔兰	6.05	0.11	38	马来西亚	19.47	0.16
39	阿曼	5.82	0.11	39	白俄罗斯	18.56	0.15
40	挪威	5.28	0.10	40	立陶宛	15.86	0.13
合计		5484.97	99.04	合计		12267.70	98.74

数据来源:根据联合国国际贸易中心(ITC)数据库整理计算。

进口方面,2020 年全球汽车进口值为 1.11 万亿美元,较 2001 年增长 1.20 倍。由表 2.6 可见,美国是全球汽车进口第一大国,2020 年进口值为 2540.85 亿美元,较 2001 年增长 0.60 倍,占全球汽车进口比重由 2001 年的 28.06%下降至 2020 年的 20.35%。其次是德国,2020 年德国汽车进口值为 1187.55 亿美元,较 2001 年增长 1.83 倍,占全球汽车进口比重由 2001 年的 7.38%上升至 2020 年的 9.51%。中国是全球汽车进口第三大国,2020 年进口值为 739.74 亿美元,较 2001 年增长 15.32 倍,占全球汽车进口比重由 2001 年的 0.80%上升至 2020 年的 5.92%。

表 2.6　2001 年和 2020 年主要国家和地区汽车产品进口值及占全球进口值比重变化

单位:亿美元、%

序号	国家和地区	2001 年		序号	国家和地区	2020 年	
		进口值	比重			进口值	比重
1	美国	1592.51	28.06	1	美国	2540.85	20.35
2	英国	443.19	7.81	2	德国	1187.55	9.51
3	德国	419.02	7.38	3	中国	739.74	5.92

续表

序号	国家和地区	2001 年		序号	国家和地区	2020 年	
		进口值	比重			进口值	比重
4	加拿大	381.30	6.72	4	法国	650.09	5.21
5	法国	306.69	5.40	5	英国	575.61	4.61
6	意大利	271.48	4.78	6	加拿大	549.28	4.40
7	西班牙	246.74	4.35	7	意大利	371.43	2.97
8	比利时	224.21	3.95	8	比利时	361.38	2.89
9	墨西哥	171.11	3.02	9	西班牙	343.15	2.75
10	荷兰	125.61	2.21	10	墨西哥	306.06	2.45
11	日本	97.94	1.73	11	荷兰	261.40	2.09
12	奥地利	81.85	1.44	12	澳大利亚	236.06	1.89
13	澳大利亚	80.20	1.41	13	波兰	211.07	1.69
14	瑞士	70.48	1.24	14	日本	197.85	1.58
15	瑞典	59.39	1.05	15	俄罗斯	184.14	1.47
16	葡萄牙	52.85	0.93	16	韩国	181.19	1.45
17	沙特阿拉伯	51.37	0.91	17	奥地利	174.38	1.40
18	中国	45.32	0.80	18	瑞典	160.12	1.28
19	波兰	39.81	0.70	19	捷克共和国	156.68	1.25
20	巴西	37.86	0.67	20	土耳其	152.51	1.22
21	丹麦	29.94	0.53	21	瑞士	150.39	1.20
22	捷克共和国	29.68	0.52	22	斯洛伐克	145.74	1.17
23	爱尔兰	29.48	0.52	23	沙特阿拉伯	140.92	1.13
24	挪威	29.40	0.52	24	匈牙利	108.70	0.87
25	中国香港	26.56	0.47	25	阿拉伯联合酋长国	101.29	0.81
26	匈牙利	25.33	0.45	26	巴西	97.56	0.78
27	委内瑞拉	23.35	0.41	27	中国台北	96.41	0.77
28	新加坡	23.21	0.41	28	挪威	93.49	0.75
29	芬兰	23.13	0.41	29	葡萄牙	83.49	0.67
30	希腊	22.08	0.39	30	罗马尼亚	82.47	0.66
31	以色列	21.84	0.38	31	泰国	79.19	0.63
32	中国台北	20.40	0.36	32	丹麦	78.44	0.63
33	泰国	20.20	0.36	33	芬兰	62.72	0.50

续表

序号	国家和地区	2001 年		序号	国家和地区	2020 年	
		进口值	比重			进口值	比重
34	俄罗斯	19.22	0.34	34	以色列	58.35	0.47
35	阿根廷	18.77	0.33	35	乌克兰	55.04	0.44
36	印尼	18.57	0.33	36	越南	53.19	0.43
37	土耳其	18.20	0.32	37	尼日利亚	52.30	0.42
38	韩国	17.61	0.31	38	菲律宾	51.63	0.41
合计		5215.87	91.92	合计		11131.87	89.16

数据来源:根据联合国国际贸易中心(ITC)数据库整理计算。

由上述数据可见,全球汽车产品贸易集中程度较高的同时其分散化趋势也渐进明显,新兴市场国家开始在世界汽车产品贸易市场上崭露头角。刘瑶和高彦杰(2014)认为,尽管以中国为代表的新兴市场国家正在改变着全球汽车产品贸易格局,但德国、日本、美国等传统汽车强国依然控制着全球汽车产品贸易,而且这种贸易格局并未发生根本性变动,德国、日本、美国汽车产品贸易的霸主地位仍然难以撼动。

三、中国汽车产业发展历程与国际地位

(一)中国汽车产业发展历程

1. 萌芽阶段(1953—1978 年)

1953 年兴建第一汽车制造厂,从 1956 年 7 月 13 日,第一辆国产解放牌CA10 型 4t 载货车的下线,到 1958 年制造出中国第一辆轿车——东风牌轿车,中国汽车产业走过了近 60 年的发展。从第一个五年计划开始到改革开放,国家在集中力量重点建设第一汽车制造厂(第一汽车集团公司)的同时,根据国民经济发展的需求,又重点建设了以载货车为主的第二汽车整车制造厂(东风汽车公司)及一批零部件制造厂。到 60 年代,第二汽车制造厂以及四川、陕西等地的汽车工厂相继进行投产,奠定了中国汽车产业发展的基础。1975 年,二汽生产出第一辆越野汽车——装载 2.5t 的 EQ240,1978 年正式批量投产主导产品——装载 5t 的东风 EQ140 载货汽车,载货汽车和越野汽车成为当时较受欢迎的主要产品。

此时,苏联和法国是中国汽车的主要合资合作对象,第一汽车制造厂是苏联指导和派代表进行技术援建和学习的,生产解放、跃进等品牌的载货汽车以及红旗牌的高级类轿车,四川汽车制造厂是从法国引进技术和设计的,主要技术也是"照搬"、仿造和参考国外的。

在这一段时期内,国家对汽车工业实行计划管理,汽车产品作为一项极为重要的生产资料,国家具有对汽车产品的统一分配权,汽车生产企业只能按照国家计划严格地执行生产任务,没有自主经营权和自主销售权,缺乏竞争机制,导致了中国汽车工业发展速度缓慢及技术进步落后。汽车产品主要以中型载货汽车和客车为主,生产少量轿车,产品种类单一,长期依赖进口。截至 1978 年,中国汽车产量仅为 14.9 万辆,汽车保有量为 107 万辆。

2. 起飞阶段(1979—1993 年)

随着改革开放,单一的计划经济体制和管理模式被逐步突破,放宽了企业的自主经营权和销售权,汽车工业通过技术引进、消化吸收和建设改造,有了明显的进步,中国汽车工业进入加速成长的阶段。产品结构由单一的载货汽车变为以重、轻、微型货车为主,同时发展客车、多种商用车和专用车的新局面。为统一领导和管理汽车企业,于 1982 年成立了中国汽车工业公司,汽车公司主要由一汽、二汽等大型骨干厂为主,联合一批相关的中、小企业,组建了解放、东风等六个汽车工业联营公司和一个汽车零部件工业联营公司,有利于企业之间的专业化分工和合作生产,促进了技术引进和技术改造。在国内汽车公司组合的同时,与国外汽车企业进行合作,1983 年 5 月,北京汽车厂与美国 AMC 汽车合资建立北京吉普汽车有限公司,切诺基吉普车开始进入国内;1985 年 3 月,上海汽车集团与德国大众合资成立上海大众汽车有限公司,投资比例各为 50%,开始生产中国销售量最大的轿车——桑塔纳。而后,一汽、广汽、上汽、长安铃木等公司纷纷加入这一行列,形成了 6 大类 120 多个品种的较完整体系,各类改装汽车、专用汽车750 多种,基本上扭转了改革开放初期汽车产品结构的不合理局面。全国汽车年产量 1992 年首次超过 100 万辆。截至 1993 年,汽车产量 129.7 万辆,使汽车保有量增加到 817 万辆。

在这一阶段,轿车开始进入市场,而且需求急剧增加。国家也采取了多种政策鼓励支持轿车工业发展,1984 年,北戴河会议确立合资引进发展轿车工业的总体思路;1985 年,"七五"计划把汽车制造业作为支柱性产业;1987 年,确定了发展轿车工业来振兴中国汽车工业的发展战略,这些汽车工业发展的重点都对中国轿车工业的发展方向和格局产生了重要的影响,也确立了中国汽车产业在国民经济中的重要地位。1988 年,逐步形成了中国"三大"(长春、上海、十堰)、"三小"(北京、广州、天津)的轿车生产基地。

由于汽车产业起步早,没有得到政府的扶持和保护,国产汽车产能有限和品种单一,1981 年,"红旗"轿车以"油耗过高"为由停止生产。1991 年,当时唯一的轿车民族品牌"上海"轿车也因产量低、工艺水准落后而停产,导致了中国汽车(特别是轿车)进口的大幅提高。到 1993 年,中国进口汽车大约有 31 万辆,其中轿车近 20 万辆,约占进口总量的 60%。

3. 调整发展阶段(1994—2003 年)

1994 年颁布的第一个《汽车工业产业政策》,制定了以各大汽车企业为主体的分销体系和营销战略计划,正式实施汽车业"市场换技术"政策。由以前的国家主导转变为企业主导汽车市场,在汽车生产、分配和流通环节上,取消了国家的计划和控制,由企业根据市场自行制定。2001 年,中国正式加入世界贸易组织,允许国外汽车制造商进入国内汽车的分销领域。1994 年颁布的《汽车工业产业政策》与 2001 年加入世界贸易组织签署的主要条款之间存在着很多矛盾,中国汽车产业政策必须做出一系列的调整。

加入世界贸易组织对中国汽车工业产生了深远影响,其中对民族轿车工业的冲击最大。根据 WTO 协议,在关税方面,中国进口轿车的关税税率将降低 45—55 个百分点,平均每年降低 10%,即由 2001 年的 70%—80%,降到 2006 年的 25%。在进口配额方面,汽车产品的进口配额由 2001 年(入世第一年)的 60 亿美元,每年递增 15%,2006 年完全取消进口配额。同时,逐步取消对外商参与汽车销售业的限制,逐步开放汽车消费信贷和汽车保险市场,逐步放开汽车服务市场,允许合资直至独资经营。以与美国、日本、法国等跨国汽车企业的合资合作为主,掀起新的一波投资热潮。

这个阶段,中国汽车产品出口主要以零部件出口为主,零部件出口总额占全部汽车出口总额的 90%以上,但出口的零部件产品特点仍为劳动密集类型、附加值比较低的产品为主。

4. 高速发展阶段(2004 年至今)

为了适应新形势的需要,2004 年国家出台了第二个《汽车产业发展政策》,放宽了准入限制,由审批制度改为公告制度。此政策主要目的在于推进汽车产业结构调整和升级,将"坚持引进技术与自主开发相结合的原则"提到政府策略中,规定中国汽车企业自主开发可采取自行开发、联合开发、委托开发等多种形式,并且能够享受到相应的税收优惠,中国汽车业逐步走向对外扩张与引入外资并重阶段。2004 年,中国汽车产量为 507.1 万辆,突破 500 万辆大关,是 1993 年的近 4 倍。

2005 年,中国汽车市场自改革开放以来进入了高速发展的时期。当年,中国汽车出口数量开始超过进口数量,虽然出口主要以自主品牌的商用车和小排量轿车为主,也昭示着中国汽车企业国际化的经营已经起步。同时,为完善国内汽车市场的法律环境,健全市场规则,三部委颁布了《汽车品牌销售管理实施办法》,规定国内乘用车销售的唯一模式——品牌授权销售模式,汽车产业走向了品牌销售模式的时期。

2007 年,为提升国内汽车企业的竞争力,修订了《企业所得税法》,内外资企业实行"两税合一",将企业所得税率统一定为 25%,而在此之前,外资企业、合资企业和内资企业所得税率分别为 15%、17% 和 33%,这样不仅符合世界各国税制改革的方向和潮流,也体现了公平公正的竞争原则。自主品牌汽车企业的税率降低了 8%,而外资、合资企业的税率均大幅度上升,这有利于其进一步降低国内企业成本,提升自主品牌汽车的市场竞争力。为建立新能源汽车自主创新体系,2007 年 11 月出台了《新能源汽车生产准入管理规则》,要求企业至少掌握三大核心技术(即新能源汽车车载能源系统、飞驱动系统或控制系统)之一,才能进行生产燃料电池电动汽车(FCEV)、混合动力电动汽车(HEV)、纯电动汽车(BEV)以及其他新能源汽车。中国自主知识产权的纯电动、混合动力和燃料电池等新能源汽车相继问世。

2008 年,受金融危机影响,中国汽车产销呈现"前高后低"的走势,上半年汽车产销分别为 520 万辆和 528.2 万辆,全国汽车产销总量分别为 934.5 万辆和 938.1 万辆。汽车出口受阻,进口仍保持较快增长,2008 年出口数量为 68.1 万辆,出口总额为 96.3 亿美元;进口数量为 41 万辆,进口总额为 151.3 亿美元。2008 年国内汽车市场规模已经达到 910 万辆,比改革开放前提高了 71 倍。乘用车的销售数量为 675.6 万辆,其中轿车为 504.7 万辆;在商用车中,重型载货车销售数量为 34.6 万辆,轻型载货车则达到 117.5 万辆,"缺重少轻、轿车近乎空白"的状况得到根本扭转。

金融危机加剧了市场竞争,合资品牌汽车对自主品牌汽车进行市场挤压,合资企业的产品结构和市场布局开始向下延伸,自主品牌企业的产品线也向中高端发展。例如,一汽丰田推出了价格在 10 万元以内的新威驰;上海通用推出排量为 1.2L 的乐骋,售价不到 7 万元,同时五菱也以更低价优势占有微型车场,受此影响,自主品牌受到了明显冲击,市场占有率有所下降。由于传统汽车市场低迷,企业加大了对新能源汽车和替代能源汽车技术研究和产品投入。2008 年,完成了《燃料电池电动汽车安全要求》等 4 项难度较大的燃料电池电动汽车国家标准制定工作,成立了"奇瑞节能环保汽车技术平台建设"等一批科技创新平台。

2009 年,中国汽车产销量超越美国跃居世界第一,分别达到 1379.1 万辆和 1364.5 万辆。乘用车产销量分别为 1038.4 万辆和 1033.1 万辆,其中自主品牌销售 457.7 万辆,占乘用车销售总量的 44%;商用车产销量分别为 340.7 万辆和 331.4 万辆,实现了汽车产销量的强劲增长。这一切得益于宏观经济复苏和一系列政策的双重推动,2009 年初出台了《汽车产业调整和振兴规划》,规划提出,对 1.6L 及以下排量乘用车降低 5% 的车辆购置税,而自主品牌汽车多为 1.6L 及以下排量,引导消费者购买中小排量车型,对刺激汽车消费起到积极作用,也起到节能减排和扶持自主品牌的作用。

国内汽车消费拉动明显,但汽车出口仍受国际金融危机影响,出口数量为 36.96 万辆,出口金额为 51.87 亿美元,两者均同比下降 46%;进口数量为 42.08 万辆,进口金额为 153.41 亿美元,实现小幅增长,出现了少有的出口低于进口的现象。为应对世界金融危机冲击,颁布了《汽车产业调整和振兴规划》,明确提出"通过兼并重组,形成 2—3 家产销规模超过 200 万辆的大型汽车企业集团,4—5 家产销规模超过 100 万辆的汽车企业集团,产销规模占市场份额 90% 以上的汽车企业集团数量由目前的 14 家减少到 10 家以内"。"鼓励一汽、东风、上汽、长安等大型汽车企业在全国范围内实施兼并重组。支持北汽、广汽、奇瑞、重汽等汽车企业实施区域性兼并重组。"这就是"四大四小"兼并重组新规划。同时,国内汽车企业海外并购和投资也异常活跃,例如吉利宣布收购沃尔沃,北汽控股收购萨博三个整车平台和技术。加强全球研发和生产布局,奇瑞进军巴西,长城汽车进入澳大利亚,江淮、长安、华晨也尝试在海外投资。6 月,工信部发布了《新能源汽车生产企业及产品准入管理规则》,加快了新能源汽车的发展,截至 2010 年 1 月,全国共有 42 家企业生产 47 种新能源汽车产品,新能源汽车产业化取得了积极进展。

此后,汽车产业国际化步伐明显加快,各大跨国汽车企业进一步加大了在中国的投资力度,注重布局新能源汽车的研发和生产,例如标致雪铁龙与长安汽车组建在中国的第二家合资公司,奇瑞汽车和世界领先的电动车运作基础设施提供者 Better Place 联合开发可更换电池电动车,上海汽车与通用汽车合作开发和应用新能源汽车技术等。中国汽车企业"走出去"步伐明显加快,2010 年 3 月,吉利 18 亿美元收购沃尔沃公司的 100% 股权,柳工集团收购博览 HSW 公司下属的工程机械业务单元和其全资公司 Dressta 的全部股权和资产,北京北太平洋世纪汽车有限公司 4.2 亿美元收购通用汽车旗下业务部门 Nexteer,这也是中国零部件领域最大金额的海外并购。

2011 年是"十二五"的开局之年,汽车产业创新能力摆到了突出位置,国内企业继续通过建立研发中心、创建产业联盟等多种方式加强创新能力建设。例如,奇瑞在上海建立新能源研发基地,吉利成立汽车安全技术实验室,北汽集团拥有完全自主知识产权的发动机成功下线,汽车产业创新能力不断提升,但与国际先进水平相差仍很大。国际汽车产业此时将重点放到了新能源汽车的研发和创新上,截至 2011 年底,全球混合动力汽车累计销售超过 450 万辆,其中日本累计销售超过 150 万辆,美国累计销售约 216 万辆,欧洲累计销售超过 45 万辆。而中国累计生产仅 16622 辆,在新能源汽车研发、制造和产品技术等方面全面落后。

2012 年,中国汽车市场保持平稳增长态势,汽车产销量再创新高,产量达到 1927.18 万辆,同比增长 4.6%,销量为 1930.64 万辆,同比增长 4.3%。其中,乘用车产量为 1552.37 万辆,销量为 1549.52 万辆,同比分别增长 7.2% 和 7.1%;商用车产量为 374.81 万辆,销量为 381.12 万辆,同比分别下降 4.7% 和 5.5%。自主品牌乘用车销量同比增长 6.1%,达到 648.50 万辆,占乘用车销售市场的 41.9%,但市场份额同比下降 0.3%。汽车整车出口达到 105.61 万辆,同比增长 29.7%,出口金额为 137.08 亿美元,同比增长 25.18%;进口数量为 113.23 万辆,同比增长 9.00%,进口金额为 475.52 亿美元,同比增长 10.36%。

同年,为加快培育和发展节能汽车与新能源汽车,加快汽车产业转型升级,增强汽车产业的国际竞争优势,制定了《节能与新能源汽车产业发展规划(2012—2020 年)》,通过节能汽车推广、新能源车辆车船税优惠等一系列政策的作用下,中国自主品牌的小排量乘用车市场占有率逐步回升。

2013 年,中国产销量继续保持高速增长的势头,据统计,2013 年全年汽车产量同比增长 14.76%,达到 2211.68 万辆。销量同比增长 13.87%,达到 2198.41 万辆,较 2012 年相比,产销同比增长率分别提高了 10.2% 和 9.6%。其中,乘用车产量为 1808.52 万辆,同比增长 16.5%,销量为 1792.89 万辆,同比增长 15.71%;商用车产量为 403.16 万辆,同比增长 7.56%,销量为 405.52 万辆,同比增长 6.40%。自主品牌汽车销量为 722.20 万辆,同比增长 11.4%,占乘用车销售市场的 40.3%。自主品牌轿车销售 330.61 万辆,占轿车市场的 27.53%,较 2012 年有所下降。出口数量为 94.81 万辆,同比下降 6.59%,出口金额为 129.08 亿美元,同比下降 5.83%;进口数量为 119.54 万辆,同比增长 5.57%,进口金额为 489.74 亿美元,同比增长 2.99%。

2013 年 1 月 1 日颁布了《缺陷汽车产品召回条例》,10 月推出拖延多年的汽车"三包"政策。汽车产业政策在培育促进汽车企业的发展的同时,保障消费者的权益也成为产业政策的重要议题,而且以保证消费者权益为抓手,来带动整个汽车产业的转型。工信部发布《关于加快推进重点行业企业兼并重组的指导意见》,汽车产业位列第一个,要求到 2015 年,中国汽车整车前 10 家企业产业集中度达到 90%,形成具有核心竞争力的 3—5 家大型汽车企业集团。

自 2018 年以来我国汽车市场出现了首次下滑,2019 年延续了下滑的趋势,主要原因与我国人均 GDP 增速及城镇居民人均可支配收入增速有关。经济增速放缓,汽车作为需求弹性较大的消费品,会受到一定程度的影响。通过中国汽车工业协会的数据显示,国产车占比不到四成,其余市场被德系车、日系车和美系车占领。

近年来,我国新能源汽车发展异军突起。我国政府对新能源汽车产业发展非常重视,从中央到地方各级政府先后出台了多项政策以推动该产业的发展。自 2016 年国务院发布《"十三五"国家战略性新兴产业发展规划》以来,关于新能源汽车产业发展的各类政策相继出现,各地区也针对其自身发展的实际情况,出台相应的政策,推动新能源汽车产业的高效发展,新能源汽车产销量明显提升。

2020 年 11 月 2 日,国务院办公厅正式发布了《新能源汽车产业发展规划(2021—2035 年)》,制定了到 2025 年新能源汽车相关关键技术领域要取得重大突破,新能源汽车新车销售量达到汽车新车销售总量的 20% 左右等未来发展目标,同时也提出了健全相关政策法规等保障措施。根据中国工业部发布的数据显示,2020 年中国新能源汽车产量达到历史高峰,总销售数量为 136.7 万辆,这一销售量占全球销量的 40.7%。然而根据最新统计数据显示,中国到 2020 年底,新能源汽车的保有量为 492 万辆,仅占汽车总量的 1.75%,因此,从汽车整体市场占有率来看,新能源汽车仍然具有很大提升空间。

2021 年 3 月 11 日,国务院发布的《中华人民共和国国民经济和社会发展第十四个五年规划和 2035 年远景目标纲要》中再次强调了加快推动绿色低碳发展,加快壮大作为战略性新兴产业的新能源汽车产业发展速度的总体要求,这一政策的出台必将推动新能源汽车产业进一步发展,新能源汽车市场保有量大幅提升。

在新冠肺炎疫情与贸易保护主义盛行导致的全球经济低速发展的背景下,《区域全面经济伙伴关系协定》(RCEP)正式于 2022 年 1 月 1 日生效。RCEP 整合并拓展了中国、日本、韩国、澳大利亚、新西兰和东盟地区 15 个国家间多个自贸协定。RCEP 生效需 15 个成员中至少 6 个东盟成员国和中国、日本、韩国、澳大利亚、新西兰中的 3 个国家批准。2022 年 1 月 1 日,

RCEP 正式生效,率先在中国、日本、新西兰、澳大利亚及东盟的文莱、柬埔寨、老挝、新加坡、泰国和越南 10 国施行。这意味着全球最大自由贸易区正式启航。RCEP 将深化我国与东盟、东亚的经贸合作,巩固和稳定产业链供应链,推动我国加速构建现代化产业体系。RCEP 的签署是我国实施对外开放战略取得的重大进展。

我国汽车等行业的关税减免总体得到提升。其中,汽车行业的进口关税减免主要集中在车身、底盘、发动机、机油冷却器等零部件;汽车整车进口方面,只有少部分货车、起重车及牵引车降至零关税,其他车型的关税均不予减免。出口方面,除出口新西兰的汽车以及泰国的汽车行业免税商品占比有所下降以外,我国出口其他国家的汽车等行业的免税商品占比均将有所提高。

RCEP 有利于深化我国与东盟、东亚的经贸合作,推动构建更加强大的生产网络,巩固和稳定产业链供应链,提升价值链。

我国与日本、韩国在亚洲的产业链体系中具备一定的主导能力,应抓紧与日本、韩国关税大幅减免契机,稳步提升进出口贸易规模,巩固和加强与日本、韩国的产业链供应链联系。我国应积极扩大先进设备和关键零部件进口。重点瞄准汽车零部件、通用设备、专用设备制造等进口关税减免较高的行业,加强对数控加工、汽车发动机系统等核心设备和关键零部件的进口,加强完善核心部件和产业链重点环节的国内布局,为国内经济发展提供装备及助推产业升级赋能。

围绕汽车产业积极拓展东盟市场,通过扩大出口和引导企业"走出去"提升产业能级。RCEP 框架下,长期看,在我国与东盟的主要进出口行业中,出口东盟多数国家的汽车行业免税商品占比将得到较大幅度提升,应着力通过扩大出口和推动企业"走出去"进一步拓展东盟汽车市场。

一是结合各国汽车产业发展与消费特点,因地制宜扩大汽车出口。针对进口我国汽车关税减免提升较大的马来西亚、印度尼西亚、缅甸,立足当地消费偏好,把握产品市场定位,加大汽车及零部件出口力度。如对汽车产业发展处于早期的缅甸,可建立物美价廉的中低端汽车出口市场;对汽车市场较为饱和的马来西亚,可打造我国中高端汽车品牌形象。

二是积极推动新能源汽车企业"走出去"。针对汽车产业链较为完备、新能源汽车产业政策扶持力度较大的泰国,鼓励我国新能源汽车企业以新建、合资、并购等方式到当地投资生产,推进海外汽车产业园区建设,积极发展新能源中高端汽车品牌,努力提升我国汽车产业发展能级。

三是推动整车企业与供应链企业、金融机构协同"走出去"。积极组建汽车企业海外发展联盟,推动整车及供应链企业协同"走出去",支持国内银行和汽车金融公司等金融机构在东盟区域建立分支机构和服务网络。同时,加强制定促进企业"走出去"的税收、信贷和保险等政策措施,增强企业在海外投资中的融资与抗风险能力。

近年来,中美贸易战愈演愈烈,也波及汽车行业。2022 年 4 月 4 日,美国政府发布加征关税商品清单,对我国输美的 1333 项 500 亿美元的商品加征 25%关税。源于此,中国对原产于美国的汽车等进口商品对等采取加征关税措施,税率为 25%,加征关税的主要商品涉及汽车、化工品等 14 类 128 项商品。

中美贸易摩擦将对全球汽车产业格局产生深远影响。其将改变相关汽车和零部件产品的产业链、供应链和价值链,导致全球汽车产业格局和生态体系发生重大调整。贸易战升级对进军美国市场的中国车企以及对中国车企引入核心技术及核心零部件采购均会产生不利影响,也会促进进口车型国产化,加剧市场竞争,给中国汽车品牌带来一定压力。中国汽车品牌如何降低不利影响,提升有利影响,需要中国汽车品牌努力提升自身核心竞争力,突破核心技术,增强性价比和综合实力。

(二)中国汽车产业现状特征

2010 年至今,互联网技术快速发展,已是现代生活中人们必不可少的组成部分。传统的汽车产业参与其中,汽车网络化、智能汽车等成为人们讨论的焦点,并正在发生变化。汽车智能化成为许多汽车业共同努力攻克的课题,汽车产业实现了全新的技术升级。互联网汽车对汽车产业经济产生巨大冲击,对汽车内核产生深刻变革。

现阶段,中国成为积极的参与者、竞争者,完全融入世界汽车发展大趋势中,成为科技革命重要力量。在 21 世纪,中国不可阻挡必然成为新的汽车制造中心。纵观这 20 年的变化,中国汽车产业从学习者到追赶者再到参与者,紧密跟随世界汽车发展趋势。未来中国汽车产业将把市场优势转化成比较优势,形成后发优势,成为世界汽车的有力竞争者与领跑者。

中国汽车产业在 80 年代前粗放式发展,到 80 年代进入产业调整,遏制粗放式发展,一定程度上扭转了汽车产品结构不合理局面。到进入 21 世纪,开始兼并重组,走集约发展道路,中国汽车产业经历了十多年的高速发展,基本上形成了完整的产业体系,产业现状特征体现在以下几个方面。

1. 汽车产业结构进一步优化

2014 年中国汽车产销量分别为 2372.29 万辆和 2349.19 万辆,已连续

6 年保持世界第一。随着中国经济增长年均 7% 的增长率以及城镇化程度的提高,将进一步推动中国汽车产业发展,汽车产销量也将保持较高的水平。汽车产销稳中有增的同时,新能源汽车发展取得重大进展。建立健全了新能源汽车推广的组织领导统筹协调机构,完善了新能源汽车扶持政策体系。建立由工业和信息化部牵头、18 个部门参加的节能与新能源汽车产业发展部际联席会议制度。印发了《关于加快新能源汽车推广应用的指导意见》,出台了充电设施建设奖励、党政机关采购、免征车购税和推广情况公示等一系列政策措施,发布了 78 项电动汽车标准,实施了新能源汽车产业技术创新工程,提振了汽车行业发展新能源汽车的信心。2014 年,中国新能源上市新车型高达 300 多款,产量同比增长了近 4 倍,达到 8.39 万辆,其中 12 月创造了全世界新能源汽车单月产量最高纪录,产量达到 2.72 万辆。2014 年,中国新能源汽车产业发展从导入期进入成长初期。

就整个产业发展的格局来看,眼下,新能源汽车和智能汽车在未来将会成为两个拥有巨大容量的新兴产业,如果把握住这两个产业的风向标,那么在未来的产业格局中,中国的汽车产业将会摄取到最大化的利润。

2. 汽车产业竞争力逐步提高

中国汽车产业组织结构调整取得较大进展,1988 年发布的《关于严格控制轿车生产点的通知》,确立"三大三小"的基本指导思想,明确提出一汽、二汽和上海汽车"三大"和天津、北京、上海"三小"轿车生产基地;"八五"计划中明确重点建设一汽、二汽和上汽的轿车合资项目,重点发展零部件工业尤其是轿车零部件工业。2013 年下发《关于加快推进重点行业企业兼并重组的指导意见》,将汽车行业位列九大行业之首,计划到 2015 年形成 3—5 家具有核心竞争力的大型汽车企业集团。2014 年,上汽、东风、一汽、长安、北汽和广汽等前 6 家汽车企业产销规模均超过 100 万辆,总产销量为 1859.33 万辆,占全国汽车销售总量的 79.20%,产业集中度同比增长 2.60%。

3. 汽车产业作为支柱性产业作用加强

汽车工业作为中国国民经济的支柱性产业,2010 年,汽车工业总产值 3.02 万亿元,占国民经济总产值的 6.13%,税收贡献率为 13%,直接相关产业从业人数达到了 4000 多万人,占全国城镇就业人数的 12%。2012 年实现汽车工业总产值 5.29 万亿元,增长速度高于宏观经济的增长,在国民经济中起到重要作用。2014 年前 11 个月,17 家重点企业累计实现工业总产值 2.50 万亿元,同比增长 10.60%。累计实现主营业收入 2.81 万亿元,同比增长 10%;实现税收总额 4905.15 亿元,同比增长 8.60%。

　　与此同时,虽然中国汽车产销量连续多年居世界首位,我国已经成为主要的汽车生产国和消费国之一,但我国汽车产业与德国、美国、日本等汽车强国还有较大差距,具体体现在以下几个方面:

　　一是汽车产业的技术沉淀不够。美国福特汽车发明了流水线,大大提高了汽车的生产效率,并建成了以底特律为核心的汽车制造基地,技术沉淀够深,才有了美国汽车的辉煌历史。德国以高档豪华轿车与"国民车"并重,有大众、宝马、奔驰等车企,具有较深的技术沉淀,口碑甚好。日本车以节能为特点,先后产生丰田、本田等核心车企。

　　二是我国汽车产业发展较晚,汽车产业作为一个重资产型的产业,在汽车的产业链布局程度没有国外强势车企深。同时,我国部分车企缺乏自我创新能力,对海外强势车企的技术进行生搬硬套,从而导致短期内很难达到汽车强国的目标。

　　三是环保、交通和汽车产业发展有一定矛盾。现阶段,我国石油资源越来越枯竭,目前每年我国石油进口量居全球第一,而汽车对石油资源的消耗较大,制约了一部分汽车产业的发展。同时我国交通越来越发达,例如高铁等交通工具会对汽车的发展产生一定的制约作用,同时汽车能够释放二氧化碳以及一些有害物质,都一定程度上影响了汽车产业的发展。

（三）中国汽车产业国际地位

1. 中国汽车产品贸易国际地位

　　汽车贸易有整车贸易和零部件贸易,零部件是支撑汽车产业持续发展的基础和前提,近年来零部件在汽车产业体系中的地位不断提升,零部件贸易较整车更加蓬勃发展。

　　根据表2.7、表2.8显示,2020年全球主要国家和地区汽车整车贸易总值为15845.55亿美元,较2001年增长1.09倍,占全球汽车贸易比重由2001年的72.56%下降到2020年的68.19%;汽车零部件贸易值为7600.50亿美元,较2001年增长1.58倍,占全球汽车贸易比重由2001年的27.44%上升至2020年的31.81%。2020年美国和德国整车贸易总值分别为2549.10亿美元、2277.35亿美元,较2001年增长0.61倍和1.08倍;两国零部件贸易总值分别为1034.20亿美元和1002.13亿美元,较2001年分别增长0.74倍和2.14倍。

　　2020年,中国汽车整车贸易总值和零部件贸易值分别从2001年的世界22位和世界12位提升至世界第6位和第3位,其中,2020年中国汽车整车贸易总值为775.53亿美元,较2001年增长19.19倍;中国汽车零部件贸易值为 726.86 亿美元,较 2001 年增长 12.29 倍。

表 2.7 2001 年和 2020 年主要国家和地区汽车整车贸易总值及
占全球贸易总值比重变化 单位:亿美元、%

序号	国家和地区	2001 年		序号	国家和地区	2020 年	
		整车贸易总值	比重			整车贸易总值	比重
1	美国	1582.63	19.45	1	美国	2549.10	15.01
2	德国	1096.14	13.47	2	德国	2277.35	13.41
3	日本	721.19	8.86	3	日本	1058.52	6.23
4	加拿大	633.73	7.79	4	法国	798.95	4.70
5	英国	486.72	5.98	5	墨西哥	779.54	4.59
6	法国	481.69	5.92	6	中国	775.53	4.57
7	比利时	391.03	4.81	7	英国	743.49	4.38
8	西班牙	351.95	4.33	8	加拿大	734.82	4.33
9	意大利	347.08	4.27	9	西班牙	570.14	3.36
10	墨西哥	287.62	3.54	10	比利时	546.76	3.22
11	荷兰	165.75	2.04	11	韩国	517.49	3.05
12	韩国	139.31	1.71	12	意大利	516.72	3.04
13	奥地利	96.38	1.18	13	荷兰	329.39	1.94
14	瑞典	88.02	1.08	14	捷克共和国	279.52	1.65
15	澳大利亚	84.07	1.03	15	斯洛伐克	272.60	1.60
16	葡萄牙	66.47	0.82	16	土耳其	263.37	1.55
17	瑞士	66.15	0.81	17	瑞典	247.33	1.46
18	巴西	48.79	0.60	18	奥地利	233.62	1.38
19	波兰	46.40	0.57	19	波兰	233.08	1.37
20	沙特阿拉伯	46.26	0.57	20	澳大利亚	211.94	1.25
21	捷克共和国	45.11	0.55	21	泰国	175.83	1.04
22	中国	38.41	0.47	22	匈牙利	169.20	1.00
23	爱尔兰	31.41	0.39	23	瑞士	142.32	0.84
24	匈牙利	30.64	0.38	24	沙特阿拉伯	127.98	0.75
25	芬兰	30.49	0.37	25	南非	106.36	0.63
26	南非	29.56	0.36	26	俄罗斯	103.41	0.61
27	中国香港	28.32	0.35	27	葡萄牙	101.40	0.60

续表

序号	国家和地区	2001 年		序号	国家和地区	2020 年	
		整车贸易总值	比重			整车贸易总值	比重
28	丹麦	28.20	0.35	28	中国台北	97.96	0.58
29	土耳其	27.03	0.33	29	罗马尼亚	96.23	0.57
30	挪威	25.80	0.32	30	巴西	87.83	0.52
31	阿根廷	25.62	0.31	31	芬兰	85.83	0.51
32	斯洛伐克	25.50	0.31	32	挪威	84.59	0.50
33	泰国	24.47	0.30	33	印度	84.58	0.50
34	俄罗斯	22.61	0.28	34	阿拉伯联合酋长国	83.29	0.49
35	委内瑞拉玻利瓦尔共和国	21.10	0.26	35	丹麦	80.51	0.47
36	中国台北	21.01	0.26	36	斯洛文尼亚	60.82	0.36
37	以色列	19.56	0.24	37	印尼	57.11	0.34
38	希腊	18.58	0.23	38	阿根廷	55.17	0.32
39	新加坡	16.64	0.20	39	以色列	53.61	0.32
40	新西兰	15.92	0.20	40	摩洛哥	52.26	0.31
合计		7753.38	95.30	合计		15845.54	93.29

数据来源:根据联合国国际贸易中心(ITC)数据库整理计算。

表 2.8　2001 年和 2020 年主要国家和地区汽车零部件贸易值及占全球贸易值比重变化

单位:亿美元、%

序号	国家和地区	2001 年		序号	国家和地区	2020 年	
		零部件贸易值	比重			零部件贸易值	比重
1	美国	594.96	19.34	1	美国	1034.20	13.05
2	德国	318.90	10.37	2	德国	1002.13	12.65
3	加拿大	277.73	9.03	3	中国	726.86	9.17
4	法国	203.93	6.63	4	墨西哥	514.80	6.50
5	日本	195.10	6.34	5	日本	364.06	4.59
6	英国	170.21	5.53	6	法国	291.42	3.68
7	墨西哥	162.59	5.28	7	加拿大	265.24	3.35

续表

序号	国家和地区	2001 年		序号	国家和地区	2020 年	
		零部件贸易值	比重			零部件贸易值	比重
8	西班牙	162.29	5.28	8	西班牙	255.13	3.22
9	意大利	122.78	3.99	9	捷克共和国	242.51	3.06
10	比利时	112.81	3.67	10	意大利	232.83	2.94
11	瑞典	60.24	1.96	11	波兰	225.21	2.84
12	中国	54.68	1.78	12	韩国	203.43	2.57
13	奥地利	53.20	1.73	13	英国	192.80	2.43
14	荷兰	48.67	1.58	14	斯洛伐克	167.24	2.11
15	中国台北	38.50	1.25	15	比利时	165.02	2.08
16	捷克共和国	37.80	1.23	16	荷兰	150.51	1.90
17	巴西	33.34	1.08	17	匈牙利	135.17	1.71
18	韩国	32.29	1.05	18	泰国	131.23	1.66
19	波兰	25.64	0.83	19	瑞典	114.60	1.45
20	泰国	23.38	0.76	20	奥地利	110.15	1.39
21	匈牙利	21.83	0.71	21	俄罗斯	107.96	1.36
22	葡萄牙	21.23	0.69	22	罗马尼亚	107.95	1.36
23	澳大利亚	18.19	0.59	23	土耳其	106.22	1.34
24	印尼	17.10	0.56	24	中国台北	99.05	1.25
25	新加坡	15.00	0.49	25	印度	88.52	1.12
26	斯洛伐克	14.75	0.48	26	巴西	77.60	0.98
27	丹麦	14.57	0.47	27	葡萄牙	67.70	0.85
28	土耳其	14.30	0.46	28	印尼	48.98	0.62
29	瑞士	13.93	0.45	29	新加坡	48.17	0.61
30	阿根廷	12.91	0.42	30	越南	45.68	0.58
31	伊朗	11.31	0.37	31	马来西亚	39.80	0.50
32	芬兰	11.01	0.36	32	澳大利亚	35.71	0.45
33	中国香港	10.73	0.35	33	瑞士	30.91	0.39
34	菲律宾	9.89	0.32	34	丹麦	28.05	0.35
35	挪威	8.87	0.29	35	斯洛文尼亚	25.78	0.33
36	印度	7.71	0.25	36	芬兰	24.94	0.31

续表

序号	国家和地区	2001 年		序号	国家和地区	2020 年	
		零部件贸易值	比重			零部件贸易值	比重
37	南非	7.51	0.24	37	阿拉伯联合酋长国	24.92	0.31
38	斯洛文尼亚	7.19	0.23	38	阿根廷	23.81	0.30
39	沙特阿拉伯	6.20	0.20	39	摩洛哥	23.79	0.30
40	马来西亚	6.17	0.20	40	南非	20.41	0.26
	合计	2979.47	96.85		合计	7600.50	95.91

数据来源:根据联合国国际贸易中心(ITC)数据库整理计算。

　　根据表 2.9、表 2.10 显示,出口方面,2020 年全球主要国家和地区整车出口值为 8383.59 亿美元,较 2001 年增长 1.11 倍;其中,德国和日本位居整车出口前 2 位,2020 年出口值分别为 1475.33 亿美元和 932.75 亿美元,较 2001 年增长 0.85 倍和 0.44 倍。2020 年全球汽车零部件出口值为 3885.84 亿美元,较 2001 年增长 1.59 倍,占全球汽车出口比重由 2001 年的 27.57%上升至 2020 年的 31.85%;其中,德国和美国长期位居全球汽车零部件出口前位,2020 年出口值为 616.60 亿美元和 373.79 亿美元,较 2001 年增长 2.13 倍和 0.21 倍,德国占全球汽车零部件出口比重由 2001 年的 12.89%上升至 15.58%,美国由 20.25%下降至 9.45%。

　　2020 年,中国汽车整车出口值和零部件出口值分别从 2001 年的世界 18 位和世界 13 位提升至世界第 10 位和第 2 位,其中,2020 年中国汽车整车出口值为 301.10 亿美元,较 2001 年增长 13.58 倍;中国汽车零部件出口值为 461.56 亿美元,较 2001 年增长 16.02 倍。

表 2.9　2001 年和 2020 年主要国家和地区汽车整车出口值及
占全球出口值比重变化

单位:亿美元、%

序号	国家和地区	2001 年		序号	国家和地区	2020 年	
		整车出口值	比重			整车出口值	比重
1	德国	799.27	19.92	1	德国	1475.33	17.42
2	日本	648.46	16.16	2	日本	932.75	11.02
3	加拿大	426.35	10.63	3	墨西哥	703.88	8.31

续表

序号	国家和地区	2001 年		序号	国家和地区	2020 年	
		整车出口值	比重			整车出口值	比重
4	美国	275.88	6.88	4	美国	668.66	7.90
5	法国	259.43	6.47	5	西班牙	383.34	4.53
6	比利时	239.46	5.97	6	韩国	380.55	4.49
7	墨西哥	220.68	5.50	7	加拿大	352.42	4.16
8	西班牙	204.66	5.10	8	英国	302.62	3.57
9	英国	147.70	3.68	9	法国	302.38	3.57
10	韩国	134.19	3.35	10	中国	301.10	3.56
11	意大利	117.37	2.93	11	比利时	278.16	3.29
12	荷兰	70.60	1.76	12	斯洛伐克	242.34	2.86
13	瑞典	56.30	1.40	13	意大利	231.01	2.73
14	奥地利	45.95	1.15	14	捷克共和国	224.36	2.65
15	捷克共和国	31.92	0.80	15	土耳其	166.82	1.97
16	巴西	28.07	0.70	16	荷兰	163.02	1.93
17	葡萄牙	27.76	0.69	17	泰国	155.26	1.83
18	中国	20.65	0.51	18	瑞典	144.74	1.71
19	泰国	20.41	0.51	19	匈牙利	122.37	1.45
20	波兰	19.73	0.49	20	奥地利	121.76	1.44
21	斯洛伐克	17.98	0.45	21	波兰	106.17	1.25
22	土耳其	17.39	0.43	22	印度	79.60	0.94
23	南非	17.12	0.43	23	南非	76.03	0.90
24	澳大利亚	17.01	0.42	24	罗马尼亚	57.61	0.68
25	匈牙利	16.17	0.40	25	葡萄牙	51.05	0.60
26	阿根廷	15.43	0.38	26	巴西	47.97	0.57
27	芬兰	15.21	0.38	27	印尼	44.11	0.52
28	中国台北	11.23	0.28	28	芬兰	42.91	0.51
29	中国香港	8.69	0.22	29	斯洛文尼亚	35.48	0.42
30	斯洛文尼亚	7.75	0.19	30	中国台北	31.10	0.37
31	白俄罗斯	7.61	0.19	31	摩洛哥	30.01	0.35
32	俄罗斯	7.11	0.18	32	阿根廷	27.90	0.33
33	丹麦	6.12	0.15	33	俄罗斯	18.64	0.22

续表

序号	国家和地区	2001 年		序号	国家和地区	2020 年	
		整车出口值	比重			整车出口值	比重
34	爱尔兰	5.04	0.13	34	丹麦	18.42	0.22
35	瑞士	4.02	0.10	35	白俄罗斯	14.40	0.17
36	阿曼	3.90	0.10	36	瑞士	11.33	0.13
37	哥伦比亚	3.71	0.09	37	越南	11.18	0.13
38	印度	3.19	0.08	38	立陶宛	10.16	0.12
39	立陶宛	3.02	0.08	39	保加利亚	8.90	0.11
40	卢森堡	2.68	0.07	40	卢森堡	7.71	0.09
合计		3985.23	99.34	合计		8383.59	99.01

数据来源：根据联合国国际贸易中心（ITC）数据库整理计算。

表 2.10　2001 年和 2020 年主要国家和地区汽车零部件出口值及占全球出口值比重变化

单位：亿美元、%

序号	国家和地区	2001 年		序号	国家和地区	2020 年	
		零部件出口值	比重			零部件出口值	比重
1	美国	309.21	20.25	1	德国	616.60	15.58
2	德国	196.75	12.89	2	中国	461.56	11.66
3	日本	169.89	11.13	3	美国	373.79	9.45
4	法国	119.49	7.83	4	日本	291.98	7.38
5	加拿大	103.80	6.80	5	墨西哥	284.39	7.19
6	意大利	81.02	5.31	6	韩国	159.18	4.02
7	英国	66.03	4.33	7	意大利	147.11	3.72
8	西班牙	62.84	4.12	8	波兰	141.05	3.56
9	墨西哥	58.42	3.83	9	捷克共和国	141.00	3.56
10	比利时	40.18	2.63	10	法国	137.89	3.48
11	瑞典	32.58	2.13	11	西班牙	98.78	2.50
12	中国台北	27.89	1.83	12	加拿大	98.36	2.49
13	中国	27.12	1.78	13	匈牙利	73.30	1.85
14	奥地利	21.78	1.43	14	泰国	72.61	1.83
15	捷克共和国	21.31	1.40	15	比利时	72.25	1.83

续表

序号	国家和地区	2001 年		序号	国家和地区	2020 年	
		零部件出口值	比重			零部件出口值	比重
16	韩国	19.80	1.30	16	中国台北	69.49	1.76
17	荷兰	18.21	1.19	17	罗马尼亚	64.10	1.62
18	巴西	16.21	1.06	18	英国	58.05	1.47
19	波兰	12.50	0.82	19	瑞典	57.08	1.44
20	匈牙利	10.98	0.72	20	荷兰	55.46	1.40
21	泰国	7.25	0.47	21	斯洛伐克	51.76	1.31
22	葡萄牙	7.08	0.46	22	印度	50.37	1.27
23	新加坡	6.73	0.44	23	土耳其	50.26	1.27
24	丹麦	6.72	0.44	24	奥地利	47.63	1.20
25	菲律宾	6.58	0.43	25	葡萄牙	34.55	0.87
26	土耳其	5.74	0.38	26	新加坡	25.80	0.65
27	瑞士	5.58	0.37	27	印尼	21.91	0.55
28	印度	5.51	0.36	28	越南	20.39	0.52
29	斯洛伐克	5.18	0.34	29	巴西	19.90	0.50
30	澳大利亚	5.05	0.33	30	马来西亚	14.69	0.37
31	阿根廷	4.33	0.28	31	斯洛文尼亚	13.49	0.34
32	南非	3.85	0.25	32	丹麦	11.70	0.30
33	中国香港	3.80	0.25	33	瑞士	11.52	0.29
34	挪威	3.59	0.23	34	菲律宾	8.87	0.22
35	印尼	3.58	0.23	35	俄罗斯	8.59	0.22
36	芬兰	3.16	0.21	36	澳大利亚	7.22	0.18
37	斯洛文尼亚	3.02	0.20	37	南非	7.04	0.18
38	马来西亚	2.58	0.17	38	摩洛哥	6.14	0.16
	合计	1505.33	98.60		合计	3885.84	98.20

数据来源:根据联合国国际贸易中心(ITC)数据库整理计算。

　　根据表 2.11 和表 2.12 显示,进口方面,2020 年全球主要国家和地区整车进口值为 7641.22 亿美元,较 2001 年增长 1.07 倍,其中美国、德国进口值分别为 1880.44 亿美元、802.02 亿美元,较 2001 年增长 0.44 倍和 1.70 倍。2020 年全球汽车零部件进口值为 3711.85 亿美元,较 2001 年增

长 1.56 倍,占全球汽车进口比重由 2001 年 27.31% 上升至 2017 年
31.78%,其中美国和德国进口值分别为 660.41 亿美元、385.53 亿美元,较
2001 年增长 1.31 和 2.16 倍,德国占全球汽车零部件进口比重由 2001 年的
7.88% 上升至 9.72%,美国由 18.44% 下降至 16.65%。欧美车企为降低生
产成本,将汽车零部件中密集型部分向中国和其他新兴市场国家转移,加速
零部件采购全球化进程,使得新兴市场国家和发达国家汽车产业分工由原
来产业间分工逐渐过渡到产业内分工甚至产品内分工。

　　2020 年,中国汽车整车进口值和零部件进口值分别从 2001 年的世界
27 位和世界 13 位提升至世界第 4 位和第 3 位,其中,2020 年中国汽车整车
进口值为 474.44 亿美元,较 2001 年增长 125.72 倍;中国汽车零部件进口
值为 265.30 亿美元,较 2001 年增长 8.63 倍。

表 2.11　2001 年和 2020 年主要国家和地区汽车整车进口值及
占全球进口值比重变化

单位:亿美元、%

序号	国家和地区	2001 年		序号	国家和地区	2020 年	
		整车进口值	比重			整车进口值	比重
1	美国	1306.75	31.68	1	美国	1880.44	22.08
2	英国	339.02	8.22	2	德国	802.02	9.42
3	德国	296.87	7.20	3	法国	496.57	5.83
4	意大利	229.71	5.57	4	中国	474.44	5.57
5	法国	222.26	5.39	5	英国	440.87	5.18
6	加拿大	207.38	5.03	6	加拿大	382.40	4.49
7	比利时	151.57	3.67	7	意大利	285.71	3.35
8	西班牙	147.29	3.57	8	比利时	268.60	3.15
9	荷兰	95.15	2.31	9	澳大利亚	207.57	2.44
10	日本	72.73	1.76	10	西班牙	186.80	2.19
11	澳大利亚	67.06	1.63	11	荷兰	166.36	1.95
12	墨西哥	66.94	1.62	12	韩国	136.93	1.61
13	瑞士	62.13	1.51	13	瑞士	130.99	1.54
14	奥地利	50.43	1.22	14	沙特阿拉伯	127.97	1.50
15	沙特阿拉伯	45.45	1.10	15	波兰	126.91	1.49
16	葡萄牙	38.70	0.94	16	日本	125.77	1.48

续表

| 序号 | 国家和地区 | 2001 年 | | 序号 | 国家和地区 | 2020 年 | |
		整车进口值	比重			整车进口值	比重
17	瑞典	31.73	0.77	17	奥地利	111.86	1.31
18	波兰	26.67	0.65	18	瑞典	102.59	1.20
19	爱尔兰	26.37	0.64	19	土耳其	96.55	1.13
20	挪威	24.11	0.58	20	俄罗斯	84.77	1.00
21	丹麦	22.09	0.54	21	挪威	80.41	0.94
22	巴西	20.72	0.50	22	阿拉伯联合酋长国	78.76	0.92
23	委内瑞拉玻利瓦尔共和国	20.38	0.49	23	墨西哥	75.66	0.89
24	中国香港	19.63	0.48	24	中国台北	66.86	0.78
25	以色列	19.33	0.47	25	丹麦	62.08	0.73
26	希腊	17.95	0.44	26	捷克共和国	55.17	0.65
27	中国	17.76	0.43	27	以色列	53.23	0.62
28	新西兰	15.55	0.38	28	葡萄牙	50.34	0.59
29	俄罗斯	15.50	0.38	29	尼日利亚	47.19	0.55
30	芬兰	15.28	0.37	30	乌克兰	47.16	0.55
31	新加坡	14.95	0.36	31	匈牙利	46.82	0.55
32	匈牙利	14.47	0.35	32	菲律宾	45.88	0.54
33	捷克共和国	13.19	0.32	33	芬兰	42.92	0.50
34	科威特	12.78	0.31	34	巴西	39.85	0.47
35	马来西亚	12.66	0.31	35	罗马尼亚	38.62	0.45
36	南非	12.44	0.30	36	埃及	37.77	0.44
37	智利	11.66	0.28	37	智利	37.27	0.44
38	阿拉伯叙利亚共和国	11.61	0.28	38	新西兰	36.79	0.43
39	越南	10.75	0.26	39	爱尔兰	31.98	0.38
40	阿根廷	10.19	0.25	40	南非	30.33	0.36
	合计	3817.20	92.55		合计	7641.22	89.71

数据来源:根据联合国国际贸易中心(ITC)数据库整理计算。

表 2.12　2001 年和 2020 年主要国家和地区汽车零部件进口值及
占全球进口值比重变化　　　　　　　单位:亿美元、%

序号	国家和地区	2001 年		序号	国家和地区	2020 年	
		零部件进口值	比重			零部件进口值	比重
1	美国	285.75	18.44	1	美国	660.41	16.65
2	加拿大	173.93	11.22	2	德国	385.53	9.72
3	德国	122.15	7.88	3	中国	265.30	6.69
4	英国	104.17	6.72	4	墨西哥	230.41	5.81
5	墨西哥	104.17	6.72	5	加拿大	166.89	4.21
6	西班牙	99.45	6.42	6	西班牙	156.35	3.94
7	法国	84.43	5.45	7	法国	153.53	3.87
8	比利时	72.63	4.69	8	英国	134.74	3.40
9	意大利	41.77	2.69	9	斯洛伐克	115.48	2.91
10	奥地利	31.42	2.03	10	捷克共和国	101.51	2.56
11	荷兰	30.46	1.97	11	俄罗斯	99.37	2.50
12	瑞典	27.66	1.78	12	荷兰	95.04	2.40
13	中国	27.56	1.78	13	比利时	92.77	2.34
14	日本	25.21	1.63	14	意大利	85.72	2.16
15	巴西	17.14	1.11	15	波兰	84.16	2.12
16	捷克共和国	16.49	1.06	16	日本	72.08	1.82
17	泰国	16.13	1.04	17	奥地利	62.52	1.58
18	葡萄牙	14.15	0.91	18	匈牙利	61.88	1.56
19	印尼	13.53	0.87	19	泰国	58.62	1.48
20	澳大利亚	13.14	0.85	20	巴西	57.70	1.45
21	波兰	13.14	0.85	21	瑞典	57.52	1.45
22	韩国	12.49	0.81	22	土耳其	55.96	1.41
23	伊朗	11.16	0.72	23	韩国	44.26	1.12
24	匈牙利	10.86	0.70	24	罗马尼亚	43.85	1.11
25	中国台北	10.62	0.69	25	印度	38.15	0.96
26	斯洛伐克	9.57	0.62	26	葡萄牙	33.15	0.84
27	阿根廷	8.58	0.55	27	中国台北	29.55	0.74
28	土耳其	8.56	0.55	28	澳大利亚	28.49	0.72

序号	国家和地区	2001 年		序号	国家和地区	2020 年	
		零部件进口值	比重			零部件进口值	比重
29	瑞士	8.35	0.54	29	印尼	27.08	0.68
30	新加坡	8.26	0.53	30	越南	25.29	0.64
31	丹麦	7.85	0.51	31	马来西亚	25.11	0.63
32	芬兰	7.85	0.51	32	阿拉伯联合酋长国	22.53	0.57
33	中国香港	6.93	0.45	33	新加坡	22.36	0.56
34	沙特阿拉伯	5.92	0.38	34	芬兰	19.80	0.50
35	挪威	5.28	0.34	35	瑞士	19.40	0.49
36	斯洛文尼亚	4.17	0.27	36	阿根廷	18.87	0.48
37	希腊	4.13	0.27	37	摩洛哥	17.65	0.44
38	俄罗斯	3.72	0.24	38	丹麦	16.35	0.41
39	南非	3.66	0.24	39	南非	13.37	0.34
40	马来西亚	3.60	0.23	40	挪威	13.08	0.33
合计		1476.04	95.24	合计		3711.85	93.55

数据来源:根据联合国国际贸易中心(ITC)数据库整理计算。

　　从表 2.13、表 2.14 可见,2020 年中国汽车整车出口值为 224.47 亿美元,出口对象主要是美国、沙特、菲律宾、俄罗斯和墨西哥,出口值分别为 34.93 亿美元、15.96 亿美元、11.83 亿美元、10.33 亿美元、9.62 亿美元,较 2001 年分别增长 7.16 倍、83.25 倍、44.44 倍、136.96 倍、40.05 倍。美国占中国整车出口比重由 2001 年的 20.73%下降至 2020 年的 11.60%,沙特、菲律宾、俄罗斯和墨西哥分别由 2001 年的 0.92%、1.26%、0.36%、1.14%上升至 2020 年的 5.30%、3.93%、3.43%、3.20%。2020 年中国汽车零部件出口值为 400.50 亿美元。出口对象有美国、日本和德国,2020 年对三国出口值分别为 105.43 亿美元、30.78 亿美元、23.22 亿美元,较 2001 年增长 12.25 倍、6.17 倍、12.47 倍,但三国占中国汽车零部件出口值比重出现不同程度下降,分别由 2001 年 29.34%、15.84%和 6.36%下降至 2020 年 22.84%、6.67%、5.037%。其他出口对象有墨西哥、韩国、泰国、印度、俄罗斯、加拿大和越南,2020 年出口值总计为 93.28 亿美元,较 2001 年增长 49.15 倍,占中国汽车零部件出口比重由 2001 年的 6.86%上升至 2020 年的 20.21%。

表 2.13　2001 年和 2020 年中国在不同国家和地区
汽车整车出口值及出口值比重变化　　单位:亿美元、%

序号	国家和地区	2001 年		序号	国家和地区	2020 年	
		中国整车出口值	比重			中国整车出口值	比重
1	越南	4.33	20.95	1	美国	34.93	11.60
2	美国	4.28	20.73	2	沙特阿拉伯	15.96	5.30
3	日本	2.43	11.77	3	菲律宾	11.83	3.93
4	中国香港	1.52	7.34	4	俄罗斯	10.33	3.43
5	印尼	0.72	3.48	5	墨西哥	9.62	3.20
6	尼日利亚	0.67	3.24	6	日本	8.53	2.83
7	孟加拉国	0.38	1.85	7	澳大利亚	8.17	2.71
8	阿拉伯联合酋长国	0.37	1.78	8	越南	7.69	2.55
9	伊拉克	0.36	1.75	9	荷兰	7.47	2.48
10	韩国	0.31	1.48	10	英国	7.45	2.47
11	菲律宾	0.26	1.26	11	德国	7.25	2.41
12	澳大利亚	0.26	1.25	12	智利	7.07	2.35
13	墨西哥	0.23	1.14	13	埃及	6.35	2.11
14	阿根廷	0.22	1.08	14	比利时	5.84	1.94
15	沙特阿拉伯	0.19	0.92	15	马来西亚	5.70	1.89
16	委内瑞拉玻利瓦尔共和国	0.17	0.81	16	缅甸	5.48	1.82
17	朝鲜	0.17	0.80	17	秘鲁	5.18	1.72
18	缅甸	0.15	0.72	18	哥伦比亚	4.61	1.53
19	伊朗	0.14	0.68	19	韩国	4.34	1.44
20	苏丹	0.13	0.65	20	挪威	4.32	1.43
21	南非	0.13	0.63	21	法国	4.07	1.35
22	加拿大	0.12	0.58	22	尼日利亚	3.94	1.31
23	英国	0.12	0.58	23	加拿大	3.90	1.30
24	德国	0.12	0.56	24	巴西	3.72	1.23
25	巴拿马	0.11	0.55	25	瑞典	3.62	1.20
26	马来西亚	0.11	0.54	26	印尼	3.38	1.12

序号	国家和地区	2001 年		序号	国家和地区	2020 年	
		中国整车出口值	比重			中国整车出口值	比重
27	意大利	0.10	0.49	27	中国香港	3.31	1.10
28	斯里兰卡	0.10	0.48	28	多哥	3.18	1.06
29	波兰	0.09	0.44	29	哈萨克斯坦	3.04	1.01
30	智利	0.08	0.37	30	阿拉伯联合酋长国	2.97	0.99
31	俄罗斯	0.07	0.36	31	厄瓜多尔	2.87	0.95
32	埃及	0.07	0.36	32	乌兹别克斯坦	2.86	0.95
33	厄瓜多尔	0.07	0.35	33	加纳	2.80	0.93
34	老挝	0.07	0.33	34	意大利	2.71	0.90
	合计	18.65	90.32		合计	224.47	74.55

数据来源:根据联合国国际贸易中心(ITC)数据库整理计算。

表 2.14　2001 年和 2020 年中国在不同国家和地区汽车
零部件出口值及出口值比重变化　　　　单位:亿美元、%

序号	国家和地区	2001 年		序号	国家和地区	2020 年	
		中国零部件出口值	比重			中国零部件出口值	比重
1	美国	7.96	29.34	1	美国	105.43	22.85
2	日本	4.30	15.84	2	日本	30.78	6.67
3	德国	1.72	6.36	3	德国	23.22	5.037
4	中国香港	1.18	4.34	4	墨西哥	21.14	4.58
5	印尼	0.87	3.21	5	韩国	17.91	3.88
6	英国	0.77	2.84	6	泰国	11.76	2.55
7	加拿大	0.62	2.29	7	印度	11.42	2.48
8	荷兰	0.54	2.01	8	俄罗斯	11.00	2.38
9	尼日利亚	0.53	1.96	9	加拿大	10.52	2.28
10	意大利	0.52	1.92	10	越南	9.52	2.06
11	法国	0.50	1.85	11	马来西亚	9.42	2.04
12	越南	0.46	1.71	12	英国	9.34	2.02
13	澳大利亚	0.38	1.39	13	巴西	9.30	2.01

续表

序号	国家和地区	2001 年		序号	国家和地区	2020 年	
		中国零部件出口值	比重			中国零部件出口值	比重
14	阿拉伯联合酋长国	0.36	1.32	14	澳大利亚	8.87	1.92
15	西班牙	0.35	1.29	15	伊朗	7.78	1.69
16	韩国	0.33	1.23	16	法国	7.41	1.61
17	马来西亚	0.33	1.23	17	印尼	7.40	1.60
18	菲律宾	0.28	1.05	18	意大利	7.08	1.53
19	新加坡	0.27	0.99	19	荷兰	6.93	1.50
20	伊朗	0.26	0.96	20	波兰	6.45	1.40
21	墨西哥	0.23	0.83	21	阿拉伯联合酋长国	5.89	1.28
22	阿根廷	0.18	0.67	22	尼日利亚	5.18	1.12
23	比利时	0.17	0.61	23	土耳其	4.95	1.07
24	巴西	0.16	0.60	24	比利时	4.45	0.96
25	南非	0.16	0.59	25	菲律宾	4.37	0.95
26	泰国	0.15	0.56	26	西班牙	4.37	0.95
27	巴基斯坦	0.13	0.47	27	中国香港	4.23	0.92
28	埃及	0.13	0.47	28	埃及	3.91	0.85
29	委内瑞拉玻利瓦尔共和国	0.12	0.45	29	南非	3.62	0.78
30	沙特阿拉伯	0.12	0.45	30	斯洛伐克	3.08	0.67
31	波兰	0.11	0.40	31	捷克共和国	2.84	0.62
32	智利	0.10	0.36	32	伊拉克	2.79	0.61
33	孟加拉国	0.09	0.34	33	沙特阿拉伯	2.76	0.60
34	希腊	0.09	0.32	34	哈萨克斯坦	2.72	0.59
35	丹麦	0.07	0.26	35	匈牙利	2.35	0.51
36	哥伦比亚	0.07	0.26	36	新加坡	2.25	0.49
37	巴拿马	0.07	0.26	37	加纳	2.21	0.48
38	古巴	0.07	0.24	38	罗马尼亚	1.97	0.43
39	瑞典	0.06	0.24	39	瑞典	1.92	0.42
40	土耳其	0.06	0.24	40	肯尼亚	1.92	0.42
合计		24.88	91.76	合计		400.50	86.77

数据来源:根据联合国国际贸易中心(ITC)数据库整理计算。

根据表 2.15、表 2.16 所示,2020 年中国汽车整车进口值为 474.43 亿美元,进口来源地主要有德国、日本和美国,三国在 2020 年进口值分别为 142.28 亿美元、102.65 亿美元、86.94 亿美元,较 2001 年增长 24.43 倍、15.81 倍、44.33 倍。2020 年中国汽车零部件进口值为 264.76 亿美元,占全球汽车零部件进口比重由 2001 年的 1.78%上升至 2020 年的 6.69%,但占中国汽车贸易进口值比重不断下降,由 2001 年 60.81%下降至 2020 年 35.86%。进口来源地主要有德国、日本、美国、韩国和墨西哥,五国在 2020 年的进口额分别为 84.16 亿美元、62.73 亿美元、21.94 亿美元、13.06 亿美元、12.61 亿美元,较 2001 年增长 6.35 倍、6.39 倍、25.43 倍、21.26 倍、268.55 倍。其中,德国和日本占中国汽车零部件进口值的比重分别由 2001 年的 41.58%和 30.79%下降至 2020 年的 31.72%和 23.65%,美国和韩国进口值的比重分别由 2001 年 3.01%和 2.13%上升至 2020 年 8.27%和 4.92%。其他进口来源地有捷克、葡萄牙、法国、匈牙利、波兰,2020 年进口 27.61 亿美元,较 2001 年增长 34.86 倍,占中国汽车零部件进口值的比重由 2001 年的 2.78%上升至 2020 年的 10.42%。

表 2.15　2001 年和 2020 年中国在不同国家和地区汽车整车进口值及进口值比重变化　　　　单位:亿美元、%

序号	国家和地区	2001 年		序号	国家和地区	2020 年	
		中国整车进口值	比重			中国整车进口值	比重
1	日本	6.11	34.40	1	德国	142.28	29.99
2	德国	5.60	31.51	2	日本	102.65	21.64
3	美国	1.92	10.80	3	美国	86.94	18.33
4	韩国	1.12	6.28	4	斯洛伐克	53.44	11.26
5	瑞典	0.79	4.43	5	英国	36.00	7.59
6	法国	0.32	1.83	6	泰国	15.77	3.32
7	中国台北	0.25	1.41	7	瑞典	12.05	2.54
8	罗马尼亚	0.23	1.30	8	奥地利	7.94	1.67
9	奥地利	0.23	1.28	9	意大利	4.82	1.02
10	加拿大	0.19	1.06	10	荷兰	3.70	0.78
11	捷克共和国	0.15	0.82	11	匈牙利	2.40	0.51
12	波兰	0.14	0.78	12	墨西哥	1.28	0.27
13	英国	0.13	0.76	13	加拿大	0.99	0.21

序号	国家和地区	2001 年		序号	国家和地区	2020 年	
		中国整车进口值	比重			中国整车进口值	比重
14	意大利	0.11	0.60	14	芬兰	0.85	0.18
15	俄罗斯	0.07	0.42	15	比利时	0.75	0.16
16	土耳其	0.06	0.32	16	中国台北	0.57	0.12
17	比利时	0.06	0.32	17	越南	0.42	0.09
18	泰国	0.05	0.29	18	法国	0.40	0.08
19	荷兰	0.05	0.27	19	印尼	0.24	0.05
20	芬兰	0.04	0.24	20	印度	0.22	0.05
21	墨西哥	0.03	0.15	21	菲律宾	0.21	0.04
22	白俄罗斯	0.03	0.15	22	韩国	0.14	0.03
23	西班牙	0.02	0.12	23	西班牙	0.11	0.02
24	巴西	0.02	0.12	24	波兰	0.06	0.01
25	中国香港	0.01	0.06	25	马来西亚	0.05	0.01
26	丹麦	0.01	0.05	26	中国香港	0.04	0.01
27	瑞士	0.01	0.05	27	南非	0.04	0.01
28	葡萄牙	0.01	0.04	28	挪威	0.02	0.01
29	菲律宾	0.01	0.03	29	丹麦	0.02	0.00
30	澳大利亚	0.01	0.03	30	柬埔寨	0.01	0.00
31	新加坡	0.01	0.03	31	俄罗斯	0.01	0.00
32	乌克兰	0.00	0.02	32	巴西	0.01	0.00
33	哈萨克斯坦	0.00	0.01	33	土耳其	0.00	0.00
34	中国台北	0.00	0.01	34	孟加拉国	0.00	0.00
35	斯洛伐克	0.00	0.00	35	伊朗	0.00	0.00
36	马来西亚	0.00	0.00	36	阿拉伯联合酋长国	0.00	0.00
37	匈牙利	0.00	0.00	37	保加利亚	0.00	0.00
38	印度	0.00	0.00	38	希腊	0.00	0.00
39	印尼	0.00	0.00	39	葡萄牙	0.00	0.00
40	塞尔维亚和黑山	0.00	0.00	40	澳大利亚	0.00	0.00
合计		17.76	100.00	合计		474.44	100.00

数据来源:根据联合国国际贸易中心(ITC)数据库整理计算。

表 2.16　2001 年和 2020 年中国在不同国家和地区汽车
零部件进口值及进口值比重变化　　　单位:亿美元、%

序号	国家和地区	2001 年		序号	国家和地区	2020 年	
		中国零部件进口值	比重			中国零部件进口值	比重
1	德国	11.46	41.58	1	德国	84.16	31.72
2	日本	8.49	30.79	2	日本	62.73	23.65
3	中国台北	1.66	6.03	3	美国	21.94	8.27
4	加拿大	1.13	4.12	4	韩国	13.06	4.92
5	巴西	0.95	3.46	5	墨西哥	12.61	4.75
6	美国	0.83	3.01	6	捷克共和国	6.65	2.51
7	法国	0.60	2.17	7	葡萄牙	5.88	2.22
8	韩国	0.59	2.13	8	法国	5.19	1.96
9	英国	0.32	1.17	9	匈牙利	4.96	1.87
10	瑞典	0.23	0.82	10	波兰	4.93	1.86
11	意大利	0.21	0.78	11	泰国	4.74	1.79
12	新加坡	0.18	0.65	12	中国台北	4.17	1.57
13	马来西亚	0.17	0.63	13	罗马尼亚	3.70	1.39
14	西班牙	0.15	0.55	14	奥地利	3.17	1.19
15	匈牙利	0.14	0.50	15	越南	3.14	1.18
16	泰国	0.07	0.27	16	西班牙	2.89	1.09
17	澳大利亚	0.06	0.20	17	瑞典	2.12	0.80
18	墨西哥	0.05	0.17	18	意大利	2.09	0.79
19	中国香港	0.04	0.16	19	英国	1.80	0.68
20	白俄罗斯	0.04	0.13	20	印尼	1.73	0.65
21	荷兰	0.02	0.07	21	马来西亚	1.54	0.58
22	印尼	0.02	0.07	22	斯洛伐克	1.52	0.57
23	印度	0.02	0.06	23	比利时	1.13	0.43
24	捷克共和国	0.01	0.05	24	荷兰	0.95	0.36
25	比利时	0.01	0.04	25	加拿大	0.92	0.35
26	波兰	0.01	0.03	26	瑞士	0.85	0.32
27	葡萄牙	0.01	0.03	27	印度	0.67	0.25
28	奥地利	0.01	0.02	28	挪威	0.58	0.22
29	菲律宾	0.00	0.01	29	土耳其	0.46	0.17

续表

序号	国家和地区	2001 年		序号	国家和地区	2020 年	
		中国零部件进口值	比重			中国零部件进口值	比重
30	斯洛伐克	0.00	0.01	30	新加坡	0.45	0.17
31	阿根廷	0.00	0.01	31	斯洛文尼亚	0.45	0.17
32	新西兰	0.00	0.01	32	菲律宾	0.38	0.14
33	土耳其	0.00	0.01	33	保加利亚	0.35	0.13
34	丹麦	0.00	0.01	34	塞尔维亚	0.12	0.05
35	俄罗斯	0.00	0.01	35	巴西	0.12	0.05
36	芬兰	0.00	0.01	36	北马其顿	0.11	0.04
37	爱尔兰	0.00	0.00	37	波斯尼亚和黑塞哥维那	0.10	0.04
38	瑞士	0.00	0.00	38	澳大利亚	0.09	0.03
39	南非	0.00	0.00	39	丹麦	0.09	0.03
合计		27.56	99.99	合计		264.76	99.80

数据来源:根据联合国国际贸易中心(ITC)数据库整理计算。

2. 中国汽车产业全球价值链地位判断

不难发现,美国、德国和日本是全球汽车零部件贸易的核心国和控制国,涌现出一批大型和国际领先的汽车零部件集团,三个国家基本可以代表全球汽车产业发展的最高水平。随着汽车产业全球资源配置模式日渐成熟,跨国汽车集团的生产经营开始由传统纵向一体化、追求大而全的生产模式向以开发整车项目为主的专业化生产模式转变,在扩大生产规模的同时逐渐降低汽车零部件自制率,采用零部件全球采购策略,与外部零部件生产企业形成配套供应关系。据前瞻产业研究院数据显示,全球前十大汽车零部件企业拥有的生产基地数量多在 100 个以上,例如德国博世和采埃孚分别在 60 个国家和 40 个国家拥有生产基地数量 440 个和 230 个,美国德尔福在 46 个国家拥有 126 个生产基地,全球零部件生产正呈现出组织集团化、技术高新化、供货系统化以及经营全球化等特点。国际汽车零部件企业加速到中国合资或者独资设厂的进程,在加剧竞争的同时也带动和促进了中国汽车零部件工业发展,中国在全球汽车零部件贸易中的地位不断上升。同时,中国零部件生产企业纷纷在全球范围内寻求合作,例如 2017 年中国中信戴卡、德昌电机和敏实集团在全球 32 个国家拥有 123 个生产基地,不断实现产业布局与技术实力对外扩张,以拓展汽车零部件产业国际市场空间,与美国和德国形成"三足鼎立"局面。

虽然中国汽车产业取得长足发展,但研发能力薄弱、核心技术缺乏依然是制约中国汽车生产企业发展的问题所在,尤其汽车零部件技术与发达国家存在较大差距。拥有外资背景的汽车零部件制造厂商在规模以上企业的数量方面无法与中国本土企业抗衡,但却占据中国汽车零部件大部分市场份额,在汽车电子和发动机关键零部件等高科技含量领域以及发动机管理系统等核心零部件领域,外资企业市场份额甚至高达 90% 以上。温李强和李伟利(2013)认为,作为世界第一大汽车生产国,中国具有真正国际影响力和拥有自主品牌的汽车零部件制造厂商较少,整体实力无法与全球领先汽车零部件企业匹敌,多停留在低技术含量、低附加值、高耗能、高耗材、劳动密集型和来料加工型产品生产状态,处在全球价值链中游环节,欧美、日本等发达国家大型跨国汽车集团处在研发设计和核心技术等上游环节,并通过其拥有的汽车品牌提供高附加值服务占据全球汽车产业全球价值链下游环节。从出口技术复杂度观察,李焱(2018)等认为,目前汽车产业出口技术复杂度最高的是德国、日本、美国等传统汽车工业强国,中国汽车产业处在全球价值链增加值"微笑曲线"的原料、零部件和整车组装环节。从全球价值链长度观察,中国汽车产业全球价值链的国内部分长度要长于国外部分长度,表明中国汽车产业在国际范围内对全球价值链分工的参与和融入程度不够深入。刘会政和朱光(2018)进一步指出,中国燃气轮机、发动机及零附件等技术含量较高的核心产品的国际竞争力仍然处于劣势地位,这正是中国装备制造业落后于其他发达国家的关键。

四、本 章 小 结

从上述发展历程来看,中国汽车产业发展经历了萌芽、起飞、调整和迅速发展四个阶段,从开放初期提出了"市场换技术",开始开放市场、引入外资,但存在着简单重视招商引资、忽视技术消化吸收及创新,从制度层面去保障和强化技术的转移和自主创新政策较少或较弱,虽然中国汽车产销量和进出量在世界汽车产业中占有重要地位,但民族自主品牌的汽车竞争力较弱,其市场占有率也不高,且近几年呈现逐年下降的趋势。

目前中国汽车产业体系现状体现在三个方面:一是汽车产业结构进一步优化,二是汽车产业竞争力逐步提高,三是汽车产业作为支柱性产业的作用需要加强。这些方面还需要进一步完善。

　　结合欧洲、美国、日本、韩国、印度以及巴西汽车产业的发展历程和现状,将我国汽车产业发展情况与其他国家进行对比,可以进一步借鉴其发展经验,如发挥政府在法规、制度层面的扶植以及市场引领作用,强化国家力量在自主创新中的作用,通过制度制定与科研创新体系设计,对其先进技术引进、扩散和吸收进行有效引导,最大限度发挥跨国公司的技术转移效应,最终实现自主创新目标。

第3章 汽车产业国际竞争力的评价 体系构建与评价模型

一、产业国际竞争力评价体系

(一) 评价指标体系

1. WEF 和 IMD 竞争力评价体系

两大权威影响力较大的机构,世界经济论坛(WEF)和瑞士洛桑国际管理发展学院(IMD)从全球竞争关系的整体出发,分别设计了权威的国际竞争力评估体系,其系统设计着重于国家层面。

世界经济论坛(WEF)按照开放程度、政府、金融、劳动、基础设施、技术、管理和法规制度等八大因素来分类反映指标和世界排名位次。WEF 的《全球竞争力报告》所公布的指标和内容每年都有较大变化。2003 年,由增长竞争力指数和企业竞争力指数两大指数系统组成,并进行了具体阐述,增长竞争力指数由技术指数(包含技术创新、技术转移、信息和通讯技术三个子指数)、公共机构指数(包含合同与法律、腐败两个子指数)和宏观经济环境指数(包括宏观经济稳定、国家/地区信用评级、政府浪费占 GDP 比重三个子指数);企业竞争力指数由企业运行与战略和国家/地区商业环境两个子指数构成。

瑞士洛桑国际管理发展学院(IMD)运用和借鉴经济、管理和社会发展理论,设置竞争力成长目标,建立国际竞争力评价体系,对各国或各地区国际竞争力的发展过程与趋势进行测度,并分析其国际竞争力的优劣势,从而提出国际竞争力提升的发展战略与政策。2001 年提出了新的竞争力评价指标体系,将八大要素指标调整为四大要素指标,包括 10 多个子要素,分别为经济运行竞争力、企业效率竞争力、政府效率竞争力和基础设施竞争力。其中经济运行竞争力包括国内经济实力、国际投资、国际贸易、就业和价格子要素;企业效率竞争力包括生产效率、企业管理、劳动市场、金融和价值系统子要素;政府效率竞争力包括公共财政、财政政策、企业法规、组织机构和社会结构子要素;基础设施竞争力包括基本基础设施、科学基础设施、技术基础设施、健康与环境基础设施、教育基础设施子要素。10 多个子要素又分为 300 多个指标,这些指标根据来源和统计方法不同分为硬指标和软指标两大类。

综上比较,世界经济论坛(WEF)和瑞士洛桑国际管理发展学院(IMD)在评价体系上存在较大的差异,体现在理论原则、指标体系、评价方法、指标结构等不同。在指标体系上,WEF 评价体系由四大指标调整为两大指标;IMD 国际竞争力要素由八大指标调整为四大指标。在评价方法上,WEF 更多体现的是动态分析,注重从国际竞争力的来源评价;IMD 更多体现的是静态分析,侧重于从一国竞争力的结果来评价。在指标结构上,WEF 大量使用软指标,其数量占全部指标的绝对多数;IMD 评价体系中,硬指标的权重大于软指标,即硬指标占 2/3,软指标占 1/3。这都为后续研究开展提供良好的基础。

2. 波特—邓宁钻石模型评价体系

1990 年,迈克尔·波特提出了产业国际竞争力的钻石模型(如图 3.1),指出一国的特定产业是否具有竞争力,主要取决了六个要素,即生产要素、需求条件、相关与支持性产业、企业策略、结构与竞争对手、政府和机会等。具体解释为生产要素,强调"要素创造",包括自然资源、人力资源、知识资源、资本资源、基础设施等;需求条件,指对某个行业产品或服务的国内需求性质,包括市场需求的量和质,其中市场需求的质主要是消费者的行为、需求结构等特点;相关与支持性产业,指的是具有国际竞争力的供应商和关联辅助行业;企业策略、结构与竞争对手,主要是指企业的形成与组织管理方式、创新与企业家才能、竞争激烈程度;政府,指的是宏观经济政策、政治政策,以及政府的其他因素;机会,包括投入成本的剧变、重大的技术变化、重要的新发明、外汇汇率的重要变化、突然出现的需求和战争等。

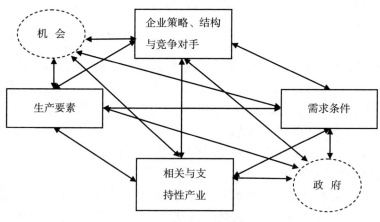

图 3.1　波特的钻石模型

英国学者邓宁对波特的"钻石模型"进行了批评与补充。随着经济全球化的发展,20 世纪 90 年代以后,跨国公司的行为和国际资本流动对世界各国经济发展的影响日显突出,他认为波特没有充分讨论跨国公司与"国家钻石"之间的关系,而仅仅集中在"国家基地"这个概念上。由于跨国公司的经营活动日益增加,从而影响了波特钻石模型中的各个互动的关键要素。他认为在波特的"钻石模型"中应引入跨国公司的活动作为另一个外生变量,这一理论就是"波特—邓宁模型"。

此外,穆恩、鲁格曼和沃柏克在波特钻石模型的基础上,引入了跨国经营活动,把政府作为影响钻石模型的重要变量,提出了一般双钻石模型。而在波特的钻石模型中仅仅把政府作为一个外部变量,茜(Cho)在钻石模型基础上,形成了新的理论——九要素模型理论,强调人的要素,包括工人、政客与官僚、企业家、职业经理人与工程师等。通过比较发现,尽管学者们提出的指标体系构成不同,但从中可以提取出出现频率较高的指标为:出口数据中有贸易竞争指数、市场占有率等;生产率有关的指标有产业利润率、劳动生产率、技术水平;与市场结构相关的指标有规模经济、集中度等。在一定程度上说明这些因素是分析产业竞争力的关键要素,同时也为本书汽车产业竞争力评价指标体系构建提供了重要参考。

(二) 评价方法与模型

从研究文献及使用的评价方法来看,常用的产业国际竞争力综合评价方法主要有以下几种。

1. 层次分析法

20 世纪 70 年代,美国决策理论学家萨蒂提出层次分析法,该方法是将与一个复杂的多目标决策有关的元素分解成目标、准则、方案等层次,在此基础之上,通过定性指标模糊量化和定量分析,把定性判断和定量计算有效结合起来的决策方法。根据研究目的,充分了解问题、分析问题内在因素间的联系,建立递阶层次结构模型。该方法简单、实用,具有较高的科学性,不足之处是定量数据较少,定性成分多,评价对象因素不能太多,仍以主观判断为主。

2. 模糊评价法

模糊评价法是一种用于涉及模糊对象的系统评价方法,该方法以模糊集对理论为基础,一种基于模糊数学的综合评价方法。它具有结果清晰、系统性强的特点,能较好地解决难以量化、模糊的问题,适合各种非确定性问题的解决。不足之处是不能解决评价指标间相关造成的信息重复问题,隶属函数、模糊相关矩阵等确定方法有待研究。

　　3. 加权综合法

　　加权综合法的总体思路:设计评价指标,根据影响力大小赋予相应的权重,最后综合加权运算。这种方法操作简单,思路容易理解,因而被广为使用。不足之处在于,主观赋权法由于确定指标权重具有主观性或随机性,因此,难以保证评价结果的客观性和准确性。熵值赋权法、主成分分析等客观赋权法就能很好地克服这一问题。

二、汽车产业国际竞争力评价指标体系的构建

　　根据上节对竞争力评价体系范式及评价方法,并结合汽车产业数据获取的难易程度,试图构建本书的汽车产业国际竞争力评价指标体系。

(一) 构 建 原 则

　　1. 系统性

　　产业竞争力评价指标首先应体现系统性,不能用单一或某几个指标来简单衡量,其评价指标将结构评价与总体评价相结合。根据产业国际竞争力的定义“在国际间自由贸易条件下(或在排除了贸易壁垒因素的假设条件下),一国特定产业以其相对于他国的更高生产力,向国际市场提供符合消费者(包括生产性消费者)或购买者需求的更多产品,并持续地获得盈利的能力”,因此,反映产业竞争力的指标中,既要反映产业的生产能力,也要体现其开拓市场的能力和产业最终创造价值的能力;又要反映产业在成本价格竞争或在差异化竞争、领先一步方面的非价格竞争上的实力。因此,产业竞争力评价指标体系中应包括多个层次的衡量和比较。同时,评价指标的层次性也可体现在现实竞争力和持久竞争力等不同层面。

　　2. 针对性

　　由于竞争力的表现与原因有很多,不可能包括每一种因素,所以产业竞争力指标设计应具有针对性,需要对各因素进行筛选。一是针对研究产业的技术经济特性进行设计。如对于资本密集型产业,资本实力则是重要指标;对于劳动密集型产业,劳动力成本等是重要指标。二是针对研究目的进行设计。如要全面了解所评产业的竞争地位,就应该采用综合指标进行评价;如果为特定的研究提供数据支持,指标设计就应剔除间接的、相对次要指标,选择与研究主题相适应的指标。

3. 可操作性

理论上,指标越多越能全面客观反映产业竞争力,但在实际评价过程的操作中会有很大困难,首先,多因素评价指标的数据的可获得性难以保证,特别是对于汽车产业国际竞争力的评价,定量指标中,存在数据统计口径不一致和滞后性的问题;定性指标的量化,需要对专家评价后进行统计处理,在实际操作中难以组织和获取。二是产业国家竞争力是一种比较能力,需要全球各国/地区汽车产业的可比数据,难以保证获取所有因素指标的数据。因此,在设计指标体系时应考虑可实现的条件和能力。

（二）指 标 选 取

汽车产业是衡量一个国家工业社会进程及技术发展水平的重要指标。本书从不同维度综合考虑,建立由价值创造竞争力、价值实现竞争力和价值分配竞争力等 3 个准则层 11 个指标层构成的汽车产业竞争力指标体系,对选取的汽车产业出口值排名靠前的 20 位国家进行测度和评价比较,指标体系见表 3.1。数据来自联合国工业发展组织的工业统计数据库。

表 3.1　汽车产业竞争力指标体系构建

目标层	准则层	指标层	变化方向
汽车产业竞争力评价指标体系	价值创造竞争力	劳动生产效率	+
		劳动要素贡献	+
		资本要素贡献	+
	价值实现竞争力	显示性比较优势	+
		国际市场占有率	+
		贸易竞争力指数	+
		出口集中力程度	
		品牌影响力程度	+
	价值分配竞争力	价值链分配率	−
		产业集中程度	
		工业增加值率	+

（三）指 标 解 释

1. 价值创造竞争力

该指标主要从劳动生产效率、劳动要素贡献、资本要素贡献等三个角度来考察在价值创造过程中中国汽车产业的生产效率以及要素成本等方面是否具有竞争力。

一是劳动生产效率。劳动生产效率是衡量一个国家生产力发展水平的核心指标，在产业和企业层次上被称为投入产出效率，美国经济学家克鲁格曼认为竞争力从本质上讲就是劳动生产率。劳动生产率的变化往往是由某一方面或多方面的变化引起的，如企业组织、管理能力、战略决策、技术进步、宏观经济政策等。劳动生产率可以作为解释影响产业竞争力变化的主要和次要因素，可以用它来说明产业竞争力的变化。劳动生产率作为衡量产业国际竞争力的指标，在一定程度上，劳动生产率的高低与产业的技术进步密切相关。技术进步推动劳动生产率提高，产业竞争力就得到增强。因此，劳动生产率反映了产业技术进步情况，进而影响产业的国际竞争力状况。制造业全员劳动生产率反映的是劳动者的生产效率，在计量分析中，一般采用各行业的劳动者一年内生产出来的产品价值额或增加值，用制造业增加值与制造业就业人数之比来计算，即每年人均创造的增加值。计算公式为：全员劳动生产率＝工业增加值／从业人员数。该指标是产业竞争力形成中价值创造阶段的重要指标，也是产业竞争力的主要来源之一。

二是劳动要素贡献。劳动力成本主要体现在产业的薪酬水平上，而薪酬水平的高低对产业竞争力则具有双向影响作用，其影响效果如何主要看考察的角度是什么。若从生产成本投入来考察，薪酬作为构成产品价值的一部分，薪酬越低，生产成本就越低，产品就越具有价格竞争力，相应地产业竞争力也就会提高。从这个意义上可以说，薪酬水平与产业竞争力存在着负相关的关系；而这种关系在更加明显地体现于劳动密集型产业中，而在资本密集型产业和技术密集型产业中则不是那么明显。若从吸引人才的环境和条件来考察，那么，薪酬水平越低，越不利于吸引高层次人才，即缺乏人力资本竞争力，而人才的素质高低又会直接关系到技术进步和管理水平的提高，进而影响到劳动生产率。在这个意义上可以说，薪酬水平与产业竞争力又存在正相关关系，即薪酬水平越高，产业竞争力越强。所以，在使用薪酬水平分析产业竞争力的影响因素时，应注意区分产业的特性，不能一概而论地就认为，低薪酬水平就能增强产业竞争力，这在产业竞争力的研究中需要引起足够的重视。计算公式为：劳动力贡献度＝薪酬工资／工业总产值。

　　三是资本要素贡献。资本要素贡献主要用于衡量产业的资本实力。一国产业竞争力的强弱除了取决于技术进步以外,充足的资本是其竞争力增强的必要保证;因此,考察产业的人均资本旨在衡量产业的资本贡献度。一国产业从产生到发展,以致最终形成竞争优势,其整个过程都离不开资本的支持。从发达国家产业发展的历程也可以看出,资本在其产业竞争优势的确立中起到了关键性的决定作用。如果没有资本主义发展初期的资本积累,也不会出现工业化大生产的蓬勃发展。从这个角度考察,资本对产业竞争力的贡献是不可或缺的。从中国改革开放的历程也可以得出类似的结论,改革开放初期大力招商引资的初衷除了引进先进的技术和管理经验外,其中更主要的目的是为了解决国内产业发展所缺的资金问题。由此看来,资本作为产业发展必需的要素之一,成为产业竞争力形成的关键要素。本书在衡量资本要素的主要作用中采用人均资本作为汽车产业资本主要指标,其计算公式为:人均资本=资本存量/从业人员数。

　　2. 价值实现竞争力

　　一是显示性比较优势。1965 年,美国经济学家巴拉萨提出了显示性比较优势指数(RCA)。RCA 用于衡量一国产品或产业在进出口贸易中的比较优势,在一定程度上反映了该产品或产业在国际市场上的竞争力。通过 RCA 指数可以判定一国的哪些产品更具出口竞争力,从而揭示一国产品或产业在国际贸易中的比较优势。RCA 旨在定量地描述一个国家内各个产业相对出口的表现。基本含义是指一国某产品或产业的出口额占其出口总额的比重与世界该类产品或产业出口额占世界出口总额比重的比例,用公式表示:

$$RCA = (X_{ij}/X_{jt})/(X_{iw}/X_{wt}) \tag{3.1}$$

　　上式中, X_{ij} 是 j 国家 i 产品或产业的出口额, X_{jt} 是 j 国家在 t 时期所有产品或产业的出口总额, X_{iw} 是 i 产品或产业的世界出口额, X_{wt} 是 t 时期的世界出口总额。这一指标反映了一个国家某一产品或产业的出口额与世界平均出口额水平比较来看的相对优势,它剔除了国家总量波动对世界总量波动的影响,较好地反映了该产品或产业的相对优势。因此,显示性比较优势自 20 世纪 80 年代以来被广泛采用。一般来说,若 $RCA > 1$,则该国在该产业或产品上具有比较优势,比值越大其比较优势就越大;反之, $RCA < 1$,则该国在该产业或产品上处于比较劣势。将上式稍做变换,可以得到下式:

$$RCA = (X_{ij}/X_{iw})/(X_{jt}/X_{wt}) \tag{3.2}$$

　　该式表示一国某产品或产业出口额占该产业世界出口额的比重与该国出口总额占世界总出口额比重的比例。反映的是一国某产品或产业相对于该国其他出口产品或产业来说所具有的比较优势,因此,该指标是反映产业的相对竞争力。

二是国际市场占有率。该指标反映一国出口的整体竞争能力,是一国出口总额占世界出口总额的比例,可表示为:国际市场占有率＝出口总额/世界出口总额。该指标反映一国出口总额在世界市场上所占的份额。用于研究产业国际竞争力时,是指一国特定产业或者产品的出口总额与世界该特定产业或产品的出口总额之比,反映该国该产业或产品的出口在世界市场上所占的份额。

$$MS_{ij} = X_{ij}/X_{iw} \tag{3.3}$$

上式中,MS_{ij} 是 j 国家 i 产业或产品的世界市场占有率,X_{ij} 是 j 国家 i 产业或产品的出口总额,X_{iw} 是世界 i 产业或产品的出口总额。

在使用该指标进行产业国际竞争力比较研究时,应该注意,某产业的国际市场占有率发生变化的原因是什么。如果是由于货币贬值使得某产业出口额增加,导致国际市场占有率也相应增加,这并不意味着该产业的国际竞争力就增强了。再者,有些情况下国际市场占有率反映了一国产业结构的调整或者升级。比如,一国产业结构由劳动密集型向资本密集型转变,那么,劳动密集型产业的国际市场占有率就会出现下降,而资本密集型产业则会出现市场占有率的上升。因此,除了分析贸易数据所反映的现象外,还要考察数据背后的影响原因和因素。

三是贸易竞争力指数。贸易竞争指数(Trade Specialization Coefficient,TSC)(也被称为"贸易专业化指数"或"贸易分工指数")是指一国产业或产品的净出口占其进出口总额的比重,用来说明产品或产业的国际竞争力。在国外,大多数学者将其称为"可比净出口指数"(Index of Normalized Trade Balance,NTB)。用公式表示为:

$$NTB_{it} = (X_{it} - M_{it})/(X_{it} + M_{it}) \tag{3.4}$$

上式中 X_{it} 和 M_{it} 分别代表一国 i 产业的出口和进口总额。该指标表示某个国家的产业或产品是净出口还是净进口,以及净进口或净出口的相对规模。该指标作为一个贸易总额的相对值,它剔除了通货膨胀等宏观总量方面波动的影响,即无论进口总额和出口总额的绝对量是多是少,它均介于-1 和+1 之间;因此,实现了对于不同时期、不同国家之间的可比性。由于不同国家产业之间或产品之间的贸易,该指标是按照比较优势原则在国家之间进行的分工。贸易竞争指数为正,表示该国是 i 产业的净出口国,处于出口专业化状态,该国 i 产业的生产效率高于国际水平,具有较强的出口竞争力;贸易竞争指数为负,处于进口专业化状态,表示该国 i 产业的生产效率低于国际水平,出口竞争力较弱;该指标以 0 为界,介于-1 和+1 之间,越接近于 1 表示出口专业化程度越高,其国际竞争力越强;反之,越接近于-1 表示进口专业化程度越高,其国际竞争力弱。在两个贸易伙伴国之间贸易分工指数为-1 或+1,表示两个国家之间该产品或产业是完全垂直分工;该指数为 0 时表示两个国家间完全是产品交换,在产业层次上为产业内水平分工。

四是出口集中力程度。出口集中力程度是指一国出口商品集中于某国或者某些地区的程度。在研究出口集中力程度时,借用产业经济学上的市场集中度指标赫芬达尔指数(HH 指数)来表示。赫芬达尔指数主要用于判断产品的市场集中度和垄断程度,它通过把同一行业中各个企业市场份额的平方相加而得。具体公式是:

$$HH = S1^2 + S2^2 + S3^2 + \cdots + Sn^2 = ESi^2 \qquad (3.5)$$

本书将赫芬达尔指数扩展至汽车产品出口市场的结构分析,称之为汽车产品出口市场的市场集中度指数。该指数的含义和市场集中度的含义相似,其值代表各个出口市场在中国汽车产品出口总额中所占比重的平方和。如果 HH 指数变小,说明中国汽车产品出口市场结构趋于优化,即前若干个出口份额较大的国家或地区的出口份额在下降,其他国家或地区的出口份额在上升。相反,HH 指数变大,则说明中国汽车产品出口更加集中于出口份额较大的前若干个国家或地区,结构恶化。

五是品牌影响力程度。品牌影响力是指品牌在开拓市场、占领市场并获得利润的能力。同时也是一个国家经济发展的缩影,折射着经济实力的增长和各个产业的发展趋势。品牌影响力已成为左右顾客选择商品的重要因素。企业的品牌力、创新力是品牌影响力的源泉;品牌力是品牌影响力的基础。品牌影响力是核心影响力和外延影响力的综合反映,是影响力在更高层次上的提升和最集中体现。当前,品牌消费习惯在消费者中正在形成,发行和广告资源形成向强势品牌媒体集中的趋势。打造品牌影响力,实施品牌战略成为品牌影响力营造的关键点。评价品牌影响力的基本指标包括品牌知名度、品牌认知度、品牌满意度、品牌偏好度、品牌美誉度、品牌占有率、品牌忠诚度等,其中,核心指标是品牌忠诚度,这些指标来源于消费者对品牌的直接评价和认可。在本书中主要采用定性指标分析。

3. 价值分配竞争力

一是价值链分配率。采用方法是根据 Abd-el-Rahman(1991)提出,又被 Greenaway, Hine 和 Milner (1994), Fontagne et al.(1997), Aturupane et al.(1999)学者进一步完善的"门限指数",参见表 3.2。

表 3.2　产业内贸易类型划分的"门限指数"

贸易类型	贸易重叠程度	产品相对单位价格
产业间贸易	$\dfrac{Min(X_{it}, M_{it})}{Max(X_{it}, M_{it})} \leqslant 10\%$	
高品质垂直产业内贸易（HVIIT）	$\dfrac{Min(X_{it}, M_{it})}{Max(X_{it}, M_{it})} > 10\%$	$\dfrac{UV_{it}^{X}}{UV_{it}^{M}} > 1 + \alpha$
水平产业内贸易（HIIT）	$\dfrac{Min(X_{it}, M_{it})}{Max(X_{it}, M_{it})} > 10\%$	$1 - \alpha \leqslant \dfrac{UV_{it}^{X}}{UV_{it}^{M}} \leqslant 1 + \alpha$
低品质垂直产业内贸易（LVIIT）	$\dfrac{Min(X_{it}, M_{it})}{Max(X_{it}, M_{it})} > 10\%$	$\dfrac{UV_{it}^{X}}{UV_{it}^{M}} < 1 - \alpha$

注:表中 X_{it} 和 M_{it} 分别指 t 时期 i 产品或产业的出口额和进口额;UV_{it}^{X} 和 UV_{it}^{M} 分别指 t 时期 i 产品的出口单价和进口单价,本报告中 α 取值为 0.25。

　　根据上表,传统的产业内贸易指数就可以分为三个部分:

$$IIT = HIIT + HVIIT + LVIIT$$

　　鉴于本书主要研究中国汽车产业在价值链中所处的位置,而不是针对某个具体产品的研究,因此,本书将采取平均出口单价和进口单价,即按照某产业出口额与出口数量之比得出平均出口单价,该产业进口额与进口数量之比得出平均进口单价,进而根据"门限指数"来判断该产业总体处于产业内贸易中的哪种贸易类型。虽然这种计算方法并不是很准确,但是它能够反映出一国汽车产业在全球价值链中的大体地位,所以本书采用的这种处理方法基本上能够反映一国产业在全球产业价值链中的地位。

　　二是产业集中程度。产业集中度指数反映了一个产业的市场结构和市场竞争状况;对于出口产业而言,产业集中度指数还影响到该产业在出口贸易中定价权的强弱,进而影响到在各国产业间价值的分配。产业集中度指数是以产业内规模最大的前 n 家企业的相关数值占整个产业的份额来表示产业的集中程度,这些数值包括销售额、增加值、职工人数、资产总额等。根据美国经济学家贝恩和日本通产省对产业集中度的划分标准,将产业市场结构粗分为寡占型($CR_8 \geqslant 40\%$)和竞争型($CR_8 < 40\%$)两类。其中,寡占型又细分为低集中寡占型($40\% \leqslant CR_8 < 70\%$)和极高寡占型($CR_8 \geqslant 70\%$);竞争型又细分为分散竞争型($CR_8 < 20\%$)和低集中竞争型($20\% \leqslant CR_8 < 40\%$)。表 3.3 是美国经济学家贝恩对市场结构进行的分类。

表 3.3　贝恩对市场结构进行的分类

集中度 市场结构	CR_4 值	CR_8 值
寡占 I 型	$CR_4 \geqslant 85\%$	
寡占 II 型	$75\% \leqslant CR_4 < 85\%$	$CR_8 \geqslant 85\%$
寡占 III 型	$50\% \leqslant CR_4 < 75\%$	$75\% \leqslant CR_8 < 85\%$
寡占 IV 型	$35\% \leqslant CR_4 < 50\%$	$45\% \leqslant CR_8 < 75\%$
寡占 V 型	$30\% \leqslant CR_4 < 35\%$	$40\% \leqslant CR_8 < 45\%$
竞争型	$CR_4 < 30\%$	$CR_4 < 40\%$

一般情况下,产业集中度指数的计算有两种方法:

第一种方法,已知该产业排名前 n 个企业市场份额的情况下,其计算公式为:

$$CR_n = \sum_{i=1}^{n} S_i \tag{3.6}$$

其中, S_i 是第 i 个企业所占的市场份额, n 是所要计算的前几个企业的数量。

但是,在实践中,由于企业的市场份额数据获取较为困难,一般采用第二种计算方法:在已知该行业的企业的产值、产量、销售额、销售量、职工人数、资产总额等数据的情况下,其计算公式为:

$$CR_n = \frac{\sum_{i=1}^{n} X_i}{\sum_{i=1}^{N} X_i} \tag{3.7}$$

其中, CR_n 是规模最大的前 n 家企业的行业集中度; X_i 表示第 i 家企业的产值、产量、销售额、销售量、职工人数、资产总额等; n 是产业内规模最大的前几家企业数; N 是产业内的企业总数。考虑到数据的可获得性,本书采取第二种计算方法。采用 CR_8 的标准通过计算汽车产业中的企业销售收入或资产总额占整个产业销售收入或总资产比重来反映汽车产业市场结构和市场竞争状况。

三是工业增加值率。工业增加值率是国家或地区的工业企业盈利能力和发展水平的综合体现,其大小直接反映企业降低中间消耗的经济效益,反映投入产出的效果。工业增加值率越高,企业的附加值越高、盈利水平越高,投入产出的效果越佳。工业增加值率(%)=工业增加值(现价)/工业总产出(现价)×100%。

(四) 对 象 选 取

本书根据联合国商品贸易数据库贸易统计,选取2013年世界汽车产业出口前30位国家,考虑到衡量汽车产业国际竞争力的其他数据获取难易程度,最终从前30位国家里面选取20个国家作为中国汽车产业国际竞争力的比较对象,分别为英国、波兰、墨西哥、印度、俄罗斯、意大利、美国、德国、加拿大、日本、韩国、法国、巴西、比利时、匈牙利、捷克、印度尼西亚、中国、荷兰和西班牙。

(五) 数 据 来 源

本书在研究中,从多方面收集权威的国内外汽车行业相关数据。《中国汽车工业年鉴》《中国汽车产业发展年度报告》、联合国工业发展组织、《中国统计年鉴》、世界贸易组织《国际贸易统计数据库》、联合国贸发会议海关大数据、中国汽车工业统计信息网、"中经网汽车行业统计数据库"中的统计数据与行业分析报告。

三、汽车产业国际竞争力评价方法与模型选取

(一) 评价方法选取

本书选用层次分析法,主要是通过建立层次模型、构造判断矩阵、同层次求单权重等步骤计算确定各层次构成要素对于总目标的权重。具体步骤如下:

第一步:建立层次模型。根据条理化、层次化,将问题构造出一个层次分析的结构模型,将复杂问题分解成各个元素,这些元素又按其属性分成若干组,形成不同层次,同一层次元素作为准则对下一层次的某些元素起支配作用,同时它又受上一层次元素支配。根据层次模型,第一层为目标层,即汽车产业国际竞争力;第二层为准则层,即价值创造竞争力、价值实现竞争力、价值分配竞争力;第三层为网络层,由11个具体指标组成。

第二步:构造两两判断矩阵。在确定指标之间的层次结构模型之后,运用层次分析法对每一个层次的指标进行两两比较,判断其优先程度,即要确定某一层次目标A中各元素相对重要性,从而构造判断矩阵,如表3.4所示。

表 3.4　构造判断矩阵

A	B_1	B_2	B_3	...	B_n
B_1	b_{11}	b_{12}	b_{13}	...	b_{1n}
B_2	b_{21}	b_{22}	b_{23}	...	b_{2n}
B_3	b_{31}	b_{32}	b_{33}	...	b_{3n}
...	...	...	...	...	...
B_n	B_{n1}	B_{n2}	B_{n3}	...	B_{nn}

本步骤,采用专家咨询法来求得判断矩阵,专家按照 b_{ij} 的评价规则反复地回答问题,即相对于上层的指标,下层的元素两两相比,哪个更为重要,重要多少,其评价规则如表 3.5 所示。因为该判断矩阵具有依据阵对角线对称性质,所以,只需判断上三角的元素,矩阵中 $b_{ij} > 0$;$b_{ji} = 1/b_{ij}$。例如,相对价值实现竞争力之下的国际市场占有率和显示性比较优势的重要性,相关专家认为,国际市场占有率比显示性比较优势介于相当重要和略微重要之间,可以评价为 4,则显示性比较优势与国际市场占有率相比则为 1/4。为得到切合实际的评分,本书咨询了研究汽车产业领域专家以及汽车企业相关管理人员作为参考。

表 3.5　标度及其描述

相对重要程度 b_{ij}	定义	解释
1	同等重要	两个属性同等重要时取值
3	略微重要	稍感重要
5	相当重要	确认重要
7	明显重要	确证重要
9	绝对重要	重要无疑
2,4,6,8	两相邻判断中间值	两相邻判断值难以确定时取折中

第三步:求权重。对于表 3.4 中 n×n 阶的判断矩阵 $B = (b_{ij})$,可以求解判断矩阵 $BW = \lambda_{max} W$ 的最大特征值 λ_{max} 和特征值对应的特征向量 $W = (W_1, W_2, \ldots, W_n)^T$,其分量即为 n 个元素或指标的权重。求解该计算判断矩阵的特征向量 W 多种方法,这里用近似求法:

$$\overline{w_i} = \sqrt[n]{\prod_{j=1}^{n} b_{ij}} \ , i=1,2,\ldots,n \tag{3.8}$$

$$w_i = \frac{\overline{w_i}}{\sum_{j=1}^{n} \overline{w_i}} \tag{3.9}$$

这里的 w_i 即特征向量 W 的第 i 个分量,即权重。

第四步:进行一致性检验。设一致性指标 C.I. 为

$$C.I. = (\lambda_{\max} - n)/(n-1) \tag{3.10}$$

其中, $\lambda_{\max} = \sum_{i=1}^{n} \frac{(BW)_i}{nw_i}$,为判断矩阵的最大特征值。

用该指标与平均随机一致性指标 RI 进行比较,得出检验系数 CR,即 $CR = CI/RI$。其判断标准是:只要 $CR<0.1$,就可以认为判断矩阵具有满意的一致性。经过一致性检验,我们确定了各指标的权重。

(二) 评价模型选取

一是指标层指数无纲量化处理。比较过程中,由于三级指标单位不同,为使各指标具备比较分析基础,需要对其进行无纲量化处理。当三级指标变化对二级指标变化产生积极作用时,为正向指标,值越大,显示性比较优势指数越高,公式为:

$$\ln x_i' = \ln(x_i - \min(x_i)) - \ln(\max(x_i) - \min(x_i)) \tag{3.11}$$

当三级指标的变化对二级指标的变化产生消极作用时,为逆向指标,值越大,显示性比较优势指数越低,公式为:

$$\ln x_i' = \ln(\max(x_i) - x_i) - \ln(\max(x_i) - \min(x_i)) \tag{3.12}$$

其中, x_i 表示 i 国原始数据, $\min(x_i)$ 表示原始数据中所有样本的最小值, $\max(x_i)$ 表示原始数据中所有样本的最大值,这样经过变换后的 x_i' 有着统一的量纲,所有数据位于[0,1]之间。

二是对指标层的赋权。面板数据逐年熵值法简要步骤如下:

(1)首先对于 m 个样本,n 个评价指标的初始值数据矩阵 $[X_{ij}]_{m \times n}$ 作标准化处理: $y_{ij} = x_{ij} / \sum_{i=1}^{m} x_{ij}$ 。

(2)计算指标 j 的熵值: $e_j = -k \sum_{i=1}^{m} y_{ij} \ln y_{ij}$,其中 $k = (\ln m)^{-1}$,$0 \leqslant e \leqslant 1$。

(3)将熵值与 1 做差值 d_j:对于给定的指标 j , x_{ij} 的差异性越小,则 e_j 越大;当指标完全无序时, $e_j = 1$,此时 e_j 的信息对综合评价的效用值为零。

因此就要定义差异性因素向量 $w = (w_1, w_2, \ldots, w_n)$，即为各指标的权重值，其中 $w_j = d_j / \sum\limits_{j=1}^{n} d_j$。

（4）最后加权求和得到某年度的综合评分：$S_i = \sum\limits_{j=1}^{n} w_j y_{ij} \times 100$。

四、本　章　小　结

本章在产业竞争力评价指标范式及研究方法基础上，结合汽车产业数据获取的难易程度，从价值创造竞争力、价值实现竞争力和价值分配竞争力三个层面 11 个指标构建了中国汽车产业国际竞争力评价指标体系。

第4章 中国汽车整车国际竞争力水平测度及其比较分析

中国汽车整车行业发展起点是 1957 年长春第一汽车制造厂的建成投产(第一辆解放牌卡车)。伴随着第一汽车制造厂发展,中国汽车制造业开始走独立自主道路,在产业培育和发展方面积极探索和自主创新(贺正楚、王姣和曹文明,2018)。特别是进入 21 世纪以来,中国汽车产业快速发展,基本上形成了多品种、全系列的各类整车和零部件生产及配套体系,产业集中度不断提高,产品技术水平明显提升,已成为世界汽车生产大国,在产业规模、产品开发、结构调整、市场开拓、对外开放及法制化管理等多个方面都取得较大成绩,并在 2009 年超过日本成为全球汽车产量最大国家。

中国汽车行业"十三五"(2015 年)规划指出,中国要以构建汽车强国为核心,以做强、做优中国品牌汽车为主题,由汽车制造向汽车创造转变,逐步奠定汽车强国的基础。汽车整车作为汽车行业的核心组成部分,其竞争力强弱对中国经济具有重大影响。研究分析汽车整车企业国际竞争力,可以使国际竞争力较弱的整车企业产生紧迫感,进而促使汽车行业进入良性循环模式(蔡维睿,2018),对中国汽车产业国际竞争力的评价显得尤为重要。对汽车产业国际竞争力的评价包括分解为整车和其他汽车零部件两部分的分析以及综合汽车产业的分析。其中,其他汽车零部件的研究包括车身、其他零配件以及上游整个电子元件和上游整个电池行业。由于新能源汽车行业已经成为中国汽车出口增长的新动能,可能是提振中国汽车国际竞争力的关键所在,因此,本书也选取这两个新能源汽车的关键上游行业展开进一步研究。本章首先对中国汽车整车制造业的国际竞争力展开对比分析。

从已有研究成果来看,有关汽车整车国际竞争力评价指标体系的文献较少,即使现有文献也并不能够反映多个时间维度汽车整车国际竞争力状况。因此,在构建汽车产业国际竞争力评价指标体系的基础上,本章从静态和动态两个角度对世界汽车出口前 20 位国家和地区的汽车整车国际竞争力进行多维定量分析和定性分析。

对照国际标准行业分类(ISIC Rev 4.0),编码"2910"涵盖了公共汽车、长途汽车、客车和其他各种类型汽车的制造,区别于"29"大类中其他零配件的制造,可以很好衡量整车的制造。根据第 3 章所述模型分别构造整车相关的价值创造竞争力、价值实现竞争力、价值分配竞争力分指数和国际竞争力总指数,并进行一一分析。

最后,运用双重差分模型对汽车产业相关政策效应做出较准确的评估。因此,以中国为处理组,样本中其他国家为对照组,2011 年"十二五"发展规划起始年作为后续系列支持政策出台的节点,考察 2011 年前后中国汽车整车制造竞争力的动态变化。

一、汽车整车价值创造竞争力

(一) 静 态 比 较

首先依据前文,对所述指标层运用面板熵值法计算出 2005—2018 年分年度的指标层各指标的权重,再乘以相应的权重合成分年度价值创造竞争力指数。最后,通过对所有年度取均值处理形成静态价值创造竞争力指数(如图 4.1 所示)。

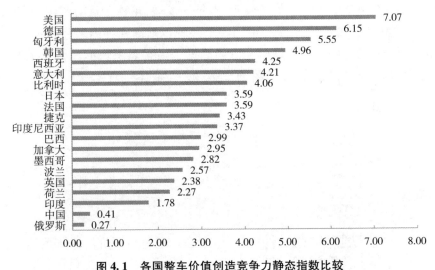

图 4.1　各国整车价值创造竞争力静态指数比较

如图 4.1 所示,在所选取的 20 个国家样本中,中国的价值创造竞争力静态指数仅为 0.41,排名倒数第 2,与排名第 1 位的美国 7.07 相差 17 倍之多。这表明中国在整车劳动生产效率、劳动和资本贡献等表征的价值创造方面的竞争力相对来说较低。中国虽然是全球第一大汽车市场,汽车销量和产量都是世界之最。以 2018 年为例,世界汽车销售量首次微降至 9505.59 万辆,中国汽车销售则为 2808.06 万辆,占比高达 29.54%,汽车制造业增加值高达 80484.6 亿元。但是从生产制造的源头来看,发动机、变速箱、底盘等高附加价值零部件还几乎完全依赖于进口或进口技术和设计,因此在价值增值、为从业者创造薪资和为资本创造利润上相较于其他国家较为不足。2018 年,中国汽车制造业规模以上工业企业利润总额 0.6 万亿元,占全国规模以上工业企业利润总额比重为 9.2%。绝对总额虽然可观,但一旦以从业人员数和工业总产值为分母,则相对于样本其他国家,展现出中国汽车整车制造的整体技术水平和附加价值较低的现实。

如图 4.2 所示,中国整车劳动生产效率为 7.73 万美元/人·年,排名倒数第 4,而第 1 位的美国则可创造高达 38.92 万美元/人·年的价值增值,其平均整车劳动生产效率是中国的 5 倍之多。图 4.3 展示了以劳动薪酬工资与工业总产值之比的各国整车行业劳动力要素贡献的静态比较,中国劳动要素贡献仅占总产值的 2.57%,与第一名相差 5 倍多。图 4.4 为以固定资本形成额与从业人员数之比的资本要素贡献的静态比较,中国同样居于末位,和第一名相差 9 倍,说明中国整车制造的人均资本还相对处在较低水平。中国汽车产业经过改革开放 40 多年的发展,正稳步迈向产业链高端,取得了增量提质的长足进步。中国汽车品牌也渐渐在国内站稳脚跟,走向"国产出海"的广阔天地。整车价值创造竞争力排名末位的原因应主要受累于从业人员和产业规模基数的庞大,使得整体呈现出"大而不强"的现状。

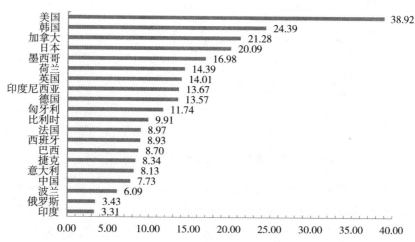

图 4.2　各国整车劳动生产效率静态比较(单位:万美元/人·年)

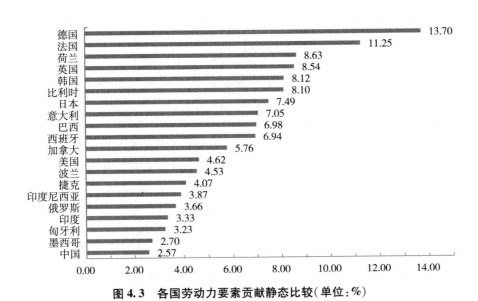

图 4.3　各国劳动力要素贡献静态比较（单位：%）

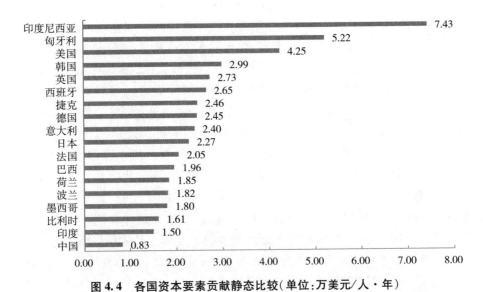

图 4.4　各国资本要素贡献静态比较（单位：万美元/人·年）

美国、德国作为汽车制造业强国也是紧随其后的主要汽车销售市场，在整车价值创造方面呈现出很强的竞争力，因而排在整车价值创造的第一梯队。其中体现出三个含义：其一，美国和德国由于本土汽车制造产业体量在世界上仍名列前茅，而且身为发达国家人均薪酬较高，因此除以工业总产值后的劳动要素贡献与其他样本国家相比，仍能突显出优势。其二，美国、德国整车制造的产业资本丰厚,生产效率和技术水平较高,使得与从业人数比值后的劳动生产效率和人均资本方面优势明显。其三,由于品牌影响力巨大而产生品牌溢价,而且在美国本土和德国本土所销售的汽车主要都由本地公司完成生产,这表现出增加值与从业人数比表示的劳动生产效率更高,因而汽车零部件组装成整车后价值创造能力更强。因此,综合三个指标的价值创造竞争力排名较高。

英国、俄罗斯、印度和中国等全球汽车产业重要国家在整车价值创造的竞争力排在末位。以 2018 年为例,英国虽然是欧洲重要的汽车需求国和产销国,但汽车产量仅为 175 万辆,即使完全在本土销售,也难以覆盖 273 万辆汽车的销量,意味着相当一部分依赖于进口。而且,随着英国汽车产业的衰落和演变,以 1998 年劳斯莱斯被出售为标志,英国具有全球影响力的汽车品牌逐渐凋零,英国汽车制造整体规模和影响力衰败的同时,仍保留了汽车技术研发、高端汽车零部件和系统的设计生产。因此,英国的整车价值创造竞争力指数仅为 2.38,排名倒数。俄罗斯 2018 年汽车产量达到 155 万辆,销量达到 180 万辆,市场规模依然相对较小。此外,自 20 世纪 90 年代苏联解体后,计划经济下高度集中的综合性生产模式弊端显现,难以满足注重品质和性价比的民用消费品需求,使得汽车制造业日益萎缩,本土市场已主要为外国品牌所占据。据联合国商品贸易统计数据,俄罗斯汽车零配件主要进口国为德国、日本和中国,进口汽车零部件的市场占有率高达 60%以上,因此其整车价值创造竞争力为倒数第二位。印度同样是汽车产销大国,2018 年产量为 479.22 万辆,仅在中国、美国和德国之后,销量则为 440万辆,仅在中国、美国和日本之后,是名副其实的全球汽车产销大国之一。但是,印度面临与中国一样的"大而不强"的情形,甚至犹有甚之。印度政府并没有对汽车行业进行限制而允许外资厂商 100%控股,而且合作模式较少进行技术交流而以出资引进外国厂商为主,这导致印度汽车产业也主要被外资占据。虽然塔塔和马辛德拉等少数印度本土品牌在当地占有相当市场份额,但本身整个产业链并未取得长足的进步。例如,发动机、冲压件和电子设备等关键零部件在中国存在完整供应链,甚至有一些中国厂商进入第一、二梯队,但印度的外资品牌零部件国产化率较低,国产品牌高附加价值的零部件和工艺技术还依赖于外国。此外,从结构上来看,印度汽车销售多以中低端小型和微型车为主。这些都是印度整车价值创造竞争力排名靠后的原因。

（二）动 态 比 较

从"十二五"发展规划开始,中国的汽车产业政策出现了较大的变化。此时,中国汽车产业已初具规模,开始致力于零部件的自主化和国产化以及发展电动汽车,努力通过提质增效实现汽车强国,并且在新能源汽车的赛道上加大投入。因此,本章动态比较一般以"十二五"开局 2011 年为分水岭。由于部分年份数据存在缺失,而本书重在对中国和各国的汽车产业进行比较,因此,必须优先保证中国汽车产业数据的可得性。对于整车价值创造竞争力而言,2013 年为首次中国相关数据可获得的年份,因此,本节以 2013 年为节点,考察 2005—2013 年和 2014—2018 年两个时间区间内各国汽车整车价值创造竞争力的动态变化(如图 4.5 所示)。

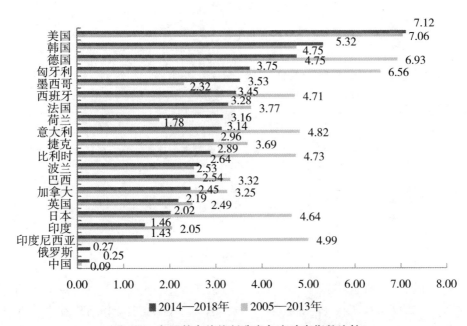

图 4.5 各国整车价值创造竞争力动态指数比较

中国整体价值创造竞争力在 2014—2018 年有略微提升,但仍处于末位。受到全球经济增速放缓的影响,2014 年后全球汽车产销量普遍迎来增速放缓,2018 年全球汽车销量共 9505.59 万辆,相对前一年减少 60.47 万辆,同比下降 0.6%。此外,除了规模因素,世界经济正处于长期经济波动康德拉季耶夫周期的萧条阶段。传统经济动能面临失速,新科技、产业革命方见黎明破晓。如图 4.6 所示,据 BVD-EIU 各国宏观经济指标数据库统计和计量,以全要素生产率代表的世界主要国家生产效率在后金融危机时代都经历持续下降。因此,德国、匈牙利、西班牙、法国、意大利、捷克、比利时、巴西、加拿大、英国、日本、印度和印度尼西亚等大多数样本国家都迎来汽车整车价值创造竞争力的下滑。中国则由于 2005—2014 年价值创造竞争力数值基础较小的原因,获得了一定的进步。此外,2014—2018 年中国汽车产量总体上仍保持了正增速,仅 2018 年当年同比增速为−6.5%,与世界总体产销量收敛的趋势较为一致,这是中国整车价值创造竞争力获得稳步提升的重要原因。

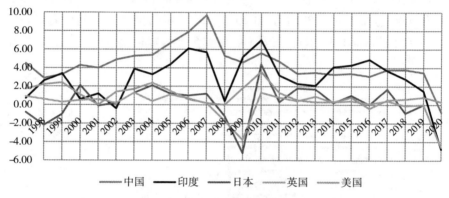

图 4.6　1998—2020 年主要国家全要素生产率(单位:%)

二、汽车整车价值实现竞争力

(一) 静 态 比 较

如图 4.7 所示,在所选取的 20 个国家样本中,中国的价值实现竞争力静态指数仅为 0.85,排名倒数第 3,与排名第 1 位的美国 16.83 相差近 20倍。这表明中国在整车显示性比较优势、国际市场占有率和贸易竞争力指数表征的价值实现方面的竞争力相对来说较低。图 4.8 展示了整车国际市场占有率的比较,中国在国际市场的份额仅占 1.14%,与第一名美国33.10%相差甚远,说明我国广大的汽车产业和销量市场均主要为满足国内市场,而在国际市场上较缺乏竞争力。如图 4.9 所示,中国显示性比较优势排名也为倒数第 3,说明中国汽车整车行业相对于中国其他产业的贸易竞争力较低,并非本国的优势贸易产业。

从整车价值实现竞争力指数排名来看,美国、巴西、德国、加拿大和印度

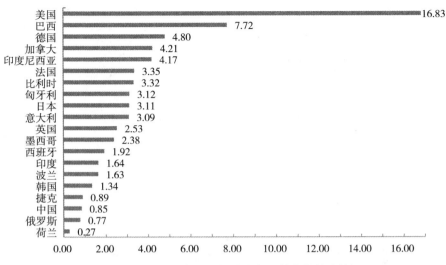

图 4.7　各国整车价值实现竞争力静态指数比较

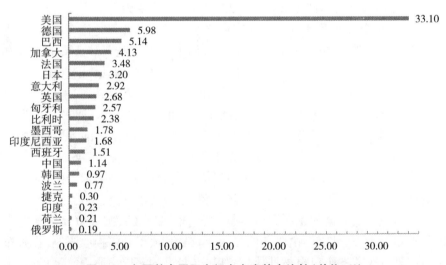

图 4.8　各国整车国际市场占有率静态比较(单位:%)

尼西亚名列前茅。美国和德国整车的贸易竞争力和国际市场占有率较为大众所知。巴西整车价值实现竞争力指数能超越德国并不代表其在国际市场上的绝对影响力大于德国,究其深层次原因,显示性比较优势达 3.17,排名第 1,将德国 1.13 拉开较大差距。这说明德国诸多工业产品在国际市场上都具有竞争力优势,汽车产业相对自身其他产业而言并未展现出一枝独秀的优势。此外,巴西国际市场占有率高达 5.14%,仅次于德国 5.98%。以

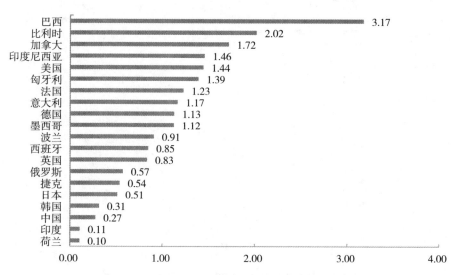

图 4.9　各国整车显示性比较优势静态指数比较

2018 年为例,巴西位列"金砖四国"之一,汽车总产量为 274 万辆,位居全球汽车生产前列,是世界十大汽车生产国之一。虽然其并不是汽车强国,所生产的汽车仍以外资品牌和国外车型为主,但是作为南美洲最重要的市场和产销基地,各汽车强国均以其作为生产、研发和销售基地,因此,在国际市场尤其是区域市场占有率上占据了一席之地。加拿大 2018 年汽车总产量为219.40 万辆,总销量为 204 万辆,是汽车产销的重要国家。加之其坐拥北美自由贸易区,依靠美国的巨大消费市场,成为汽车出口大国,国际市场占有率也达 4.13%。印度尼西亚是东南亚地区最重要的汽车市场,2018 年生产 122 万辆,销售达 105 万辆,汽车市场成长潜力巨大,是紧随中国、印度之后的第三大新兴经济体汽车消费市场。整车显示性比较优势指数是其价值实现竞争力排名较高的主要原因,说明其整车出口在其国际贸易中相对来说占据重要地位。此外,由于印度尼西亚较早开放了外资控股限制,在整车出口中外资企业的出口也被计入,是其排名较高的深层次原因。最后,其国家数据存在一定程度的缺失情况,也是导致其结果违反常识印象的可能原因。

　　韩国、捷克、中国、俄罗斯和荷兰等国家在样本国家中整车价值实现竞争力相对较低。韩国是世界汽车消费大国,2018 年汽车保有量约为 2000万辆,销量为 181 万辆,同时产量也十分可观,达 411.49 万辆。韩国汽车品牌如现代、起亚等在国际市场上也占据了一定的影响力。但是一方面,中国是韩国汽车出口的主要目的地,出口集中度较高;另一方面,美国、东欧和南美洲等韩国汽车销售市场上韩国汽车工厂在逐步增加,导致韩国汽车出口量下降,最终影响了其整车价值实现竞争力。俄罗斯国内经济长期低迷,加之汽车制造的研发技术和生产工艺渐渐落后于世界知名汽车厂商,因此汽车整车制造和出口都被其他国家拉开差距。捷克和荷兰虽然是汽车出口导向型国家,但由于经济体和汽车市场体量相对较小,因此在世界市场份额和显示性比较优势指数等价值实现竞争力方面较低。

（二）动 态 比 较

同样出于中国汽车产业政策出现较大的变化,加之部分年份数据存在缺失的原因,本节以 2012 年为节点,考察 2005—2011 年和 2012—2018 年两个时间区间之间各国汽车整车价值实现竞争力的动态变化(如图 4.10 所示)。

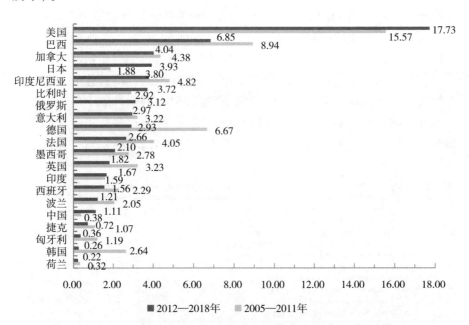

图 4.10　各国整车价值实现竞争力动态指数比较

中国整体价值实现竞争力在 2012—2018 年略微提升,也仍处于较落后阶段。同样受到全球经济增速和增长动能放缓的影响,2012 年后大多数样本国家如巴西、加拿大、印度尼西亚、意大利、德国、法国、墨西哥、英国、西班牙和波兰等都面临汽车整车价值实现竞争力的下降压力。中国 2005—2011 年价值实现竞争力起步数值较低,此外,本国汽车品牌开始逐步走向国际市场,在一些非主要汽车消费市场如俄罗斯、东南亚市场逐渐取得一定市场份额,甚至近些年欧美等发达国家也渐渐看到了中国汽车品牌的身影。这些原因使得中国整车国际市场占有率和显示性比较优势指数等都获得一定提升。在整车价值实现竞争力头部国家行列里,美国和日本是对比两个时间区间仍能保持正增长的唯二国家,这充分说明这两个国家在汽车国际市场上举足轻重的地位和竞争力。

三、汽车整车价值分配竞争力

(一) 静 态 比 较

如图 4.11 所示,在所选取的 20 个国家样本中,中国的价值分配竞争力静态指数为 3.38,排名第 2,与排名第 1 位的印度尼西亚 3.68 仅差 0.30。这表示从 2005—2018 年全时间区间内看,中国在整车价值链分配率、产业集中度和工业增加值率表征的价值分配方面的竞争力名列前茅。如图 4.12 所示,中国整车工业增加值率为 25.39%,也排到第一梯队。这说明中国不仅是全球第一大汽车产量和销量市场,在整车的价值链分配上也有优异的表现。从人均意义上的价值增值、资本和劳动报酬都显示出较缺乏竞争力的一面,但是,随着这些年中国经济的腾飞,中国汽车产销量都在迅速攀升。中国汽车产业虽然在核心零部件上受制于人,利润相当一部分也为

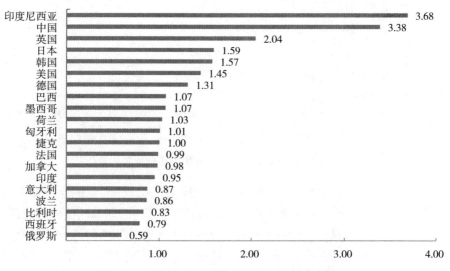

图 4.11　各国整车价值分配竞争力静态指数比较

外资所分享,一辆汽车整车的生产也能创造 25.39% 的价值增值。这一方面得益于中国整体工业协作和技术水平的提升,得益于大量整车制造投资和从业者劳动的投入。另一方面得益于中国经济的成长,让汽车市场规模获得迅速成长,才能使投入的资本和劳动实现价值增值。据《中国汽车工业蓝皮书》显示,2009 年,中国汽车产销量就已超过美国,跃居世界首位。此后一直蝉联全球第一,过去 10 年间的复合增长率达到 12.6%,远高于全球汽车产量平均增长率的 2.8%,在全球市场的份额也由 20% 上升到 30%。

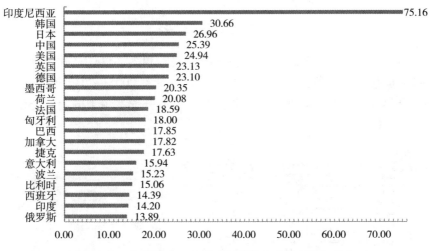

图 4.12　各国整车工业增加值率静态比较(单位:%)

　　从各国整车价值分配竞争力指数排名来看,除中国外,印度尼西亚、英国、日本、韩国、美国和德国排名第一梯队。英国、日本、韩国、美国和德国整车技术工艺水平和品牌影响力在世界上都属知名,此外,上述国家自身汽车市场体量也殊为可观,就算是最小体量的英国,2018 年产量也达 174.94 万辆,是世界主要汽车产销中心之一,而且发达国家人均购买力强,更容易实现汽车制造的价值增值。对于印度尼西亚能以整车价值分配竞争力 3.68 高居榜首的原因,主要在于其以工业增加值占总产值比重衡量的工业增加值率高达 75.16%,远远超出第二名韩国 30.66% 的两倍以上。究其深层次原因,印度尼西亚不小的汽车市场体量、外资主导市场和人均收入较低等原因综合作用产生了这一结果。其一,印度尼西亚是东南亚最大的汽车销售市场,2018 年产量为 121.81 万辆,仅次于泰国的 198.88 万辆。其二,自 1997 年,在日本和欧美国家的围攻下,印尼的"先锋计划"案在 WTO 败诉,印尼政府振兴国产汽车的计划自此遭遇重大挫折。迫于压力,印尼政府调整了对汽车产业"本地化含量"的要求,取消了外资投资所持股份的要求,外资可以独资控股,并且放松了汽车进口的要求。市场化的竞争机制最终导致印尼市场几乎为外资所垄断,整个汽车产业沦为高度依赖进口零部件完成组装成车的模式,外资企业所创造的价值增值也被计入其价值增值。其三,印度尼西亚虽然幅员辽阔,人口接近 3 亿人,陆地加海洋面积达 500 万平方公里以上,而且 2019 年国民生产总值为 1.12 万亿美元,居世界第 16 位,但人均 GDP 仅为 4000 美元,刚刚进入中等收入国家门槛。因此其劳动力薪酬和资本、土地等汽车制造成本较低。

（二）动 态 比 较

鉴于中国汽车产业政策开始关注电动汽车和零部件国产化,同时部分年份数据存在缺失的原因,以 2013 年为节点,考察 2005—2012 年和 2013—2018 年两个时间区间内世界各国汽车整车价值分配竞争力的动态变化(如图 4.13 所示)。

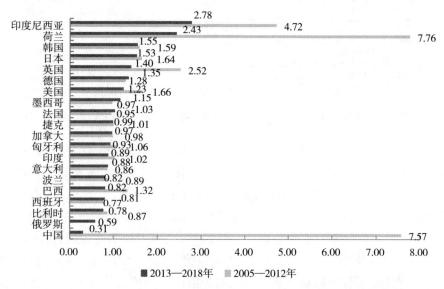

图 4.13 各国整车价值分配竞争力动态指数比较

中国整车价值分配竞争力在 2005—2012 年为 7.57,在样本国家中排名第 2 位,但在 2013—2018 年出现大幅度下降的异常现象。详细考察细分指标动态比较情况,可以发现结果主要受到产业集中程度指标的驱动。图4.14 展示了各国整车工业增加值率的动态指数比较,可以发现,2013—2018 年区间内,工业增加值率从 19.22 成长到 28.48,在样本国家中排名第

4。这说明中国汽车整车价值增加值在总产值中的分配比重获得了更大的成长。而 2005—2012 年间中国汽车整车制造行业的集中程度有明显提升,拉低了总体价值分配竞争力。但是另一方面,随着中国汽车市场的发展成熟,中国汽车市场份额被包括国产的一众品牌所分享,自由竞争迈向垄断竞争发展阶段是产业发展的一般规律。因此,总体上说,中国汽车产业在价值链中的地位得到了提升。

同样受到全球经济增速和增长动能放缓以及汽车产业发展呈收敛趋势的影响,2013 年后除了墨西哥、法国等绝大多数样本国家都面临汽车整车价值分配竞争力的下降压力。这说明不仅汽车整车制造总产值增长速度下降,世界整车制造的分工也在深化,使得各个国家单独所取得的增加值空间进一步收窄。此外,更重要的原因是随着汽车消费市场成长空间见顶,汽车整车制造的企业逐渐集中到几大知名厂商,因此,产业集中度的提高同样对样本国家价值分配竞争力下滑产生了深远影响。

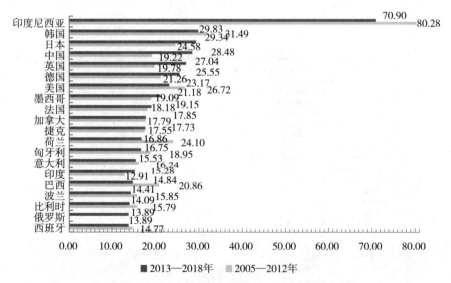

图 4.14　各国整车工业增加值率动态比较(单位:%)

四、汽车整车国际竞争力评价

(一) 静 态 比 较

如图 4.15 所示,在所选取的 20 个国家样本中,中国汽车整车的总体国际竞争力静态指数为 4.39,排名倒数第 3,与排名第 1 位的美国的 25.36 相差近 6 倍。从汽车整车价值创造、价值实现和价值分配三个竞争力分指数的静态比较来看,中国整车制造业在价值创造和价值实现上的竞争力表现较差,是导致总体国际竞争力静态指数较低的原因。整车价值分配竞争力名列第 2 位,处于领先地位。究其细分指数的深层次原因,从 2005—2018 年全区间静态来看,中国在整车价值链分配率、产业集中度和工业增加值率表征的价值分配方面的竞争力表现优异,然而以国际市场占有率、显示性比较指数、贸易竞争力和出口集中度衡量的价值实现竞争力与以劳动生产效率、劳动要素贡献和资本要素贡献表示的价值创造竞争力较低。这说明中国整车制造业通过投资和劳动力等要素投入在价值链分配上占据了重要地位,然而从人均方面来看,由于发动机、变速箱、底盘等高附加价值的核心零部件还几乎完全依赖于进口或进口技术和设计,总体上还呈现出"大而不强"的特点。此外,我国汽车整车制造主要满足于国内市场的消费,在国际市场上以市场份额占有率和贸易竞争力等表示的价值实现竞争力还处于较低水平。

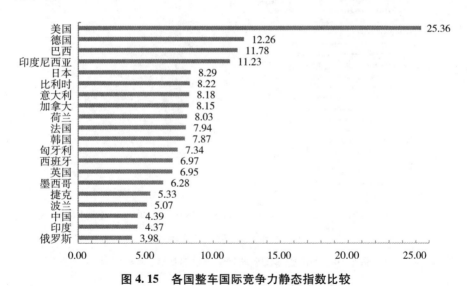

图 4.15　各国整车国际竞争力静态指数比较

　　从整车总体国际竞争力的静态比较来看,美国、德国和日本等老牌汽车产业强国以及巴西、印度尼西亚属于第一梯队。美国、德国和日本在价值创造、价值实现和价值分配竞争力指数上均有不俗的表现,奠定了其总体国际竞争力的领先地位。印度尼西亚汽车产业虽然在国际上声名不彰,但是凭借价值实现和价值分配竞争力的亮眼表现,整车制造总体国际竞争力也名列第四名。综合来看,其价值创造竞争力指数乏善可陈恰好说明了印度尼西亚汽车制造业发展程度较低,在高附加价值核心零部件上缺乏竞争力的现实。价值实现和价值分配竞争力上的优异表现则主要源于其向外资开放汽车产业的政策所致,换句话说,已沦为外资控股汽车厂商价值实现的市场和东南亚地区的产销中心。巴西整车制造的国际竞争力指数为 11.78,排名高达第 3 位。观察其分指数情形可以发现,其价值创造和价值分配竞争力均属中游水平,这主要得益于其显示性比较优势指数和国际市场占有率的高排名,价值实现竞争力为 7.72,排在样本国家中第 2 位。究其深层次原因,和印度尼西亚的情况有些相似,巴西以可观的汽车市场体量和南美洲产销中心地位取胜,使得价值实现竞争力较为突出,但是价值创造竞争力仅为 2.99,说明以整车制造总产值和劳动人数为分母的价值创造效率上,巴西汽车整车市场在高端零部件和品牌价值上都缺乏竞争力。

(二) 动 态 比 较

鉴于中国汽车产业政策以“十二五”规划和《节能与新能源汽车产业发展规划(2012—2020 年)》为代表,产生了大力发展电动汽车和零部件国产化的重大变化。以 2012 年为节点,考察 2005—2011 年和 2012—2018 年两个时间区间之间世界各国汽车整车国际竞争力的动态变化(如图 4.16 所示)。

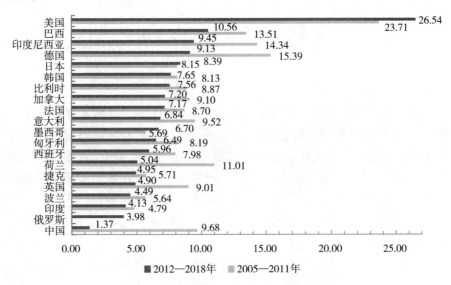

图 4.16　各国整车国际竞争力动态指数比较

中国整车国际竞争力在 2005—2011 年区间高达 9.68,在样本国家中排名尚属前列,但在 2012—2018 年却呈现大幅度下滑的现象。详细考察分指数动态比较情况,可以发现价值创造和实现分指数在两个区间动态变化均较小,而且在样本国家中竞争力相对排名均稳定在末游水平,2005—2011年国际竞争力的优势主要体现在价值分配竞争力尤其是工业增加值率上。即使是 2012—2018 年区间,中国的整车工业增加值率仍稳步提升,处于世界前列。但是 2012—2018 年时间段内,汽车整车制造产业集中度的提升大幅拉低了该时段价值分配竞争力,导致价值分配竞争力指数出现明显下降的动态变化,从而总国际竞争力指数也因此呈现出这一趋势。在前文中,虽然从指数构建和结果呈现上中国汽车产业集中度对价值分配竞争力产生了较强的负面作用,但是汽车产业作为集合了海量零部件和对应工艺的工业"明珠",需要天量的资本投入和长期相关科技专业人员的培养,发展的客观规律是集中度逐渐提高。同时,产业集中度指标提升所掩盖的是中国汽车市场工业增加值率的大幅提升,反映了中国汽车整车制造在全球价值链上的攀升和汽车产业总体上取得了长足的发展进步。而对于价值创造和价值实现竞争力上排名靠后所体现出的不足,则主要归因于从人均意义上,劳动生产效率、劳动报酬、资本存量等表征的价值创造竞争力指数表现不佳,以及中国汽车产业缺乏海外市场品牌认可度导致价值实现竞争力同样表现偏弱。

五、双重差分模型的实证分析

(一) 模 型 构 建

鉴于分时间区间动态变化的简单对比可能忽略了时间发展的一般趋势,也并未控制其他因素的影响。双重差分(DID)模型可以以对照组国家政策前后的变化差异表征处理组国家政策前后的变化差异,在消除政策前后变化的时间趋势后,处理组国家和对照组国家的国际竞争力差异则更接近政策实施带来的变化。此外,还能控制许多其他可能影响汽车产业国际竞争力的因素。因此,借鉴余东华等(2018)和 Giorcelli(2019)的研究,构建双重差分模型:

$$S_{i,t} = \alpha_0 + \alpha_1 \cdot DID_{i,t} + \alpha_2 \cdot Treat_i + \alpha_3 \cdot Post_t + \Sigma \alpha \times Controls_{i,t} + \mu_i + \lambda_t +$$
$$\varepsilon_{i,t} \tag{4.1}$$

其中,被解释变量 $S_{i,t}$ 表示汽车整车制造业的国际竞争力。$Treat_i$ 表示若国家为中国,则所有年度均赋值为1,其余均赋值为0。$Post_t$则对2011年前的年度赋值为1,2015年后(含2015年)的年度赋值为0。$DID_{i,t}$自然为二者交互的双重差分项,α_1则是双重差分估计量,也是政策处理效应的系数项。$Controls_{i,t}$为控制变量。μ_i代表国家个体固定效应,λ_t代表时间固定效应,$\varepsilon_{i,t}$代表误差项。

(二) 变 量 说 明

第一,被解释变量:为本章所测量的汽车整车制造业国际竞争力指数。

第二,核心解释变量:政策处理虚拟变量($Treat_i$),将中国在所有年度均赋值为1,其他国家均赋值为0。

第三,控制变量。参考余东华等(2018)和康淑娟(2018)的研究,选择可能影响产业国际竞争力的其他重要解释变量,包括物质资本(capital)、劳动力(labor)、研发强度(rd)、外商直接投资(fdi)和对外开放程度(openness)。

(三) 数 据 来 源

控制变量均来源于世界银行 Worldwide Governance Indicators(WGI)数据库。

(四) 描述性统计结果

如表4.1所示,各变量描述性统计特征均未出现异常值,启示可进行常规模型的实证研究。

表4.1　主要变量的描述性统计结果

变量	均值	标准差	最小值	中值	最大值	样本量
S	0.085	0.057	0.007	0.070	0.330	249
capital	26.318	1.119	23.791	26.470	29.169	239
labor	59.985	5.626	47.980	59.905	72.830	238
rd	1.729	0.859	0.083	1.660	4.292	243
fdi	4.758	11.286	-40.081	2.310	86.479	249
openness	26.891	0.815	24.983	26.900	28.608	249

(五) 实证模型结果分析

依据模型,将中国与其他样本国家进行对照,运用 DID 模型考察政策实施带来的处理效应。第(1)列展示了 OLS 基准回归结果,双重差分项(DID)的系数显著为负,说明平均来说,2011 年"十二五"规划以及《节能与新能源汽车产业发展规划(2012—2020 年)》等相关汽车产业政策实施后,中国汽车整车制造业竞争力相对于其他国家来说下降了 0.0896。第(2)列控制了相关国家特征变量。进一步运用双向固定效应模型的结果见第(3)列(同时控制国家特征会导致共线性而无法估计 DID 项)。以 2012 年为节点的双重差分双向固定效应模型结果见第(4)列,结果均保持了良好的一致性。说明我国虽然出台了许多利好汽车产业发展的政策,但是受到汽车产业发展遭遇瓶颈的客观规律,以及汽车核心零部件还依赖进口、品牌影响力还未形成尤其是产业集中度提升等的主观因素,导致汽车整车制造的国际竞争力没能得到有效提升。

表 4.2　双重差分模型结果

	(1) OLS	(2) OLS	(3) FE	(4) FE
	S	S	S	S
DID	−0.0896 *** (0.0099)	−0.1351 *** (0.0150)	−0.1001 *** (0.0100)	−0.0652 ** (0.0291)
国家固定效应	No	No	Yes	Yes
年份固定效应	No	No	Yes	Yes
国家特征变量	No	Yes	No	No
观测值	249	224	249	249
R^2	0.0725	0.3067	0.8090	0.7959

注:表中括号中的值均为稳健标准误。*** 、** 和 * 分别表示在 1%、5% 和 10% 水平上显著。

接下来以 2011 年为零点,展示了政策实施前后中国和样本国家国际竞争力差异的动态变化情况。其中,虚线表示 95% 的置信区间,回归模型如下:

$$Z_{i,t} = \alpha_0 + \alpha_1 \cdot \sum_{k=2005}^{2018} \beta_k \times d_{ikt} + \Sigma\, \alpha \times Controls_{i,t} + \mu_i + \lambda_t + \varepsilon_{i,t} \quad (4.2)$$

其中,d_{ikt} 为国家 i 在 k 年度是否接受政策处理的虚拟变量,这里仅考察中国的政策实施,因而仅视中国为处理组。中国在 2011 年及以后年份均值为 1,其他均取值为 0。系数 β_k 表示中国与其他样本国家整车国际竞争力的差异。因此,$\beta_k = 0$ 即表示在该年度整车国际竞争力无显著差异。其他变量与模型(5.1)一致。

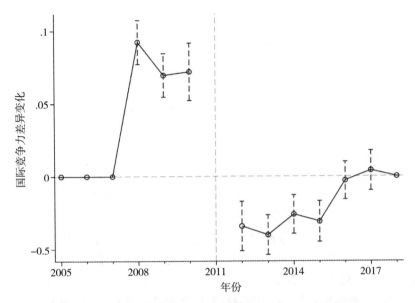

图 4.17 中国与其他样本国家整车国际竞争力差异的动态变化

首先需要注意的是,DID 方法可能不是最佳的选择,因为其假设在没有处理的情况下,处理组和对照组的趋势是平行的。这可能在所有情况下都不成立。而且,处理组仅为中国的汽车制造行业,受到的相关影响因素较多,结果可能并不能仅反映为政策的效应。但是基于方法和数据限制,本书尽可能采用前沿方法丰富研究结果,挖掘潜在的发现。因此,进一步将双重差分模型的结果解释为动态变化情况,这一结果并不违反政府政策对汽车行业国际竞争力提升的重要作用这一常识。

图 4.17 中系数正负号代表了中国整车竞争力比其他样本国家平均值相对更高抑或更低。观察发现,中国整车制造业的国际竞争力在 2008 年金融危机后开始大幅上升,这得益于中国经济在政策强力刺激下的逆势繁荣。2011—2015 年间,随着中国经济逐渐步入新常态,汽车产业发展遭遇瓶颈,与样本国家国际竞争力平均水平的差距呈现出相对扩大趋势。2016 年后,随着供给侧改革成为政策主基调,一系列汽车支持政策的出台以及技术革新等因素对于整车制造业竞争力的提升收效明显,逐渐追平样本国家平均水平。近些年更是由于新能源汽车的蓬勃发展使得中国汽车整车制造业呈现新的增长点。

六、本 章 小 结

本章对国际标准行业分类(ISIC Rev 4.0)中编码"2910"代表的整车制造行业进行了国际竞争力总指数及价值创造、价值实现和价值分配分指数及细分指标的测算。并且通过样本国家分指数和细分指标的静态与动态排名的方式比较分析了中国和样本其他国家整车制造行业的国际竞争力及其细分维度和指标的发展现状。

主要研究发现如下:一是中国整体国际竞争力指数排名较低。其主要原因首先在于以劳动从业人数和工业总产值为分母拉低了价值创造竞争力指数排名,其次综合设计、技术和工艺等的品牌国际影响力还不足以与老牌汽车强国竞争导致较低的价值实现竞争力指数,再次产业集中度的快速提升使 2013—2018 年时间段内价值分配竞争力出现较大程度的下滑。二是中国整车价值创造竞争力指数排名较低,细分指标的劳动生产效率、劳动要素报酬和资本要素报酬均表现较差。结合工业增加值率排名靠前且依然呈现出增长趋势的现实,这说明中国整车价值创造总量可观,但在人均和工业总产值平均意义上较低,背后是劳动生产效率和人均资本投入不足,关键技术和高附加价值核心零部件的生产制造还掌握在外资手中,呈现出典型"大而不强"的特征。三是中国整车价值实现竞争力在样本国家中排名较低,细分指标显示性比较优势、国际市场占有率和贸易竞争力指数等均排在下游水平。这说明中国整车制造主要为满足国内消费市场,加之缺乏有国际影响力的品牌,在国际市场上竞争力相对较弱。四是中国整车价值分配竞争力排名第二,这主要得益于工业增加值率指标的优异表现。动态变化分析发现 2013—2018 年时间段比 2005—2012 年产业集中度出现大幅上升的负面表现,而工业增加值率依然保持了良好的增长率。这说明汽车产业随着经济社会的发展取得了较好的成长,在国际产业价值链上不断提升。对比许多样本国家顺应世界汽车产业发展放缓和停滞大背景下表现出负增长的趋势,中国的表现殊为难得。需要保持警惕的是产业集中度的上升,中国汽车市场被几大品牌瓜分了市场份额,如不能诞生有国际影响力的民族品牌,产业集中度上升的负面效应将逐渐呈现,势必影响整体汽车产业竞争力。五是从样本其他国家的对比分析发现,长期制造技术工艺能力和品牌影响力是老牌汽车强国在整车国际竞争力及其分指数上取得优异表现的原因。印度尼西亚、巴西等发展中国家汽车产业虽然在国际上声名不显,核心零部件的技术工艺能力更是乏善可陈,但是也能通过着力对外开放成为区域加工制造和产销中心。此外,数据缺失也是其指标稍显异常的原因。六是运用双重差分模型代替简单时间前后对比的分析,强化了 2013—2018 年时间段平均来说比 2005—2012 年时间段出现国际竞争力显著下滑现象。此外,国际竞争力的动态变化趋势显示,2008 年金融危机后伴随着中国强力的刺激政策,汽车整车制造业竞争力在资本投入和市场规模快速增长的驱动下显著高于样本国家平均水平。此后,随着经济下行和汽车消费市场的逐渐饱和,竞争力也与样本国家平均水平拉开差距。2015 年后,以供给侧改革和"中国制造 2025"为大背景,中国汽车产业政策不再专注于规模扩大而致力于提振国际竞争力和核心零部件的自主可控,显著的政策效应使得中国整车制造的国际竞争力追平样本国家平均水平。

第5章 中国汽车零部件国际竞争力 水平测度及其比较分析

汽车零部件生产是全球经济中的一个大产业,是汽车产业发展的重要基础(于焱、李京文和赵树宽,2008),是国家长期重点支持发展的产业。据前瞻产业研究院数据显示,2017年全球汽车零部件100强企业中,日本以其汽车制造业独特优势,汽车零部件制造业上榜全球百强企业数量最多,达到28家;美国紧随其后,达到22家;德国汽车工业带动16家企业跻身汽车零部件制造全球100强。从营业收入看,2017年日本28家企业总体营业收入达到2206.69亿美元,平均每家企业盈利达79亿美元;德国16家企业营业收入达2015.6亿美元,企业盈利达到126亿美元,居于汽车零部件制造业全球企业平均营收能力首位;中国4家企业共实现汽车零部件营业收入190.07亿美元,平均每家企业营业收入不足50亿美元。由此可见,以德国为代表的汽车高端零部件生产企业其产品附加值较高,而现阶段中国汽车零部件企业竞争实力较弱,有较大提升空间。中国作为汽车制造业发展的后起之秀,制造能力正在不断增强,在全球汽车配套市场扮演了越来越重要的角色,成为全球最主要的汽车零部件制造与出口国之一,但是汽车零部件供应企业规模效应较小,相对全球其他国家老牌的汽车零部件生产企业竞争实力较弱。诸如产业结构不合理、自主开发能力弱、缺乏名牌产品,企业规模专业化程度低(陈丽娜、胡树华和郭海涛,2002)。2017年全球汽车零部件百强企业中,中国仅有4家企业跻身汽车零部件制造全球100强,远低于美国、德国和日本的企业数量。

如何提高中国汽车零部件产业国际竞争力,以及如何评价汽车零部件产业竞争力对中国汽车产业发展具有重要意义(陈丽娜、胡树华和郭海涛,2002)。在运用汽车产业国际竞争力评价指标体系,对中国汽车整车国际竞争力进行比较后,有必要对中国汽车零部件产业国际竞争力作进一步的深入分析,提出提高中国汽车零部件产业国际竞争力的方向(熊伟,2009)。此外,从中国汽车产业发展的现实看,新能源汽车是全球竞争力提升的重要原因。受到数据限制,本书尽最大努力地对新能源汽车行业进行分析,将联合国工业发展组织和联合国贸发会议海关大数据进行合并清洗,根据相应的分类编码提取出近似表示芯片等电子元器件、电池和包括发动机在内的其他零部件等与新能源汽车联系紧密的上游行业,以考察新能源汽车的相关产业。

因此,在构建汽车产业国际竞争力评价指标体系的基础上,本章从静态和动态两个角度对世界汽车出口前 20 位国家和地区的汽车零部件相关产业的国际竞争力进行多维定量分析和定性分析。

对照国际标准行业分类(ISIC Rev 4.0),编码"2920"涵盖了公共汽车、长途汽车、客车和其他各种类型汽车的车身制造,可以用以衡量车身部件的制造。编码"2930"为各式汽车除整车和车身以外的零配件,包括刹车、齿轮、轴承、车轮、减震器、散热器、消声器、排气管、离合器、方向盘、转向柱、转向箱、安全带、保险杠和座椅,以及包括发电机、交流发电机、火花塞、点火线束、电动门窗系统、仪表板和稳压器等在内的一系列电气设备。除了国际标准行业分类中汽车直接相关的零部件,本书还考察汽车上游的芯片和电池产业。以编码"2610"半导体和其他电子元器件类大致考察包括汽车芯片在内的整个芯片产业,以编码"2720"可充电和不可充电电池类考察包括汽车电池在内的整个电池产业。根据前文所述模型分别构造汽车零部件相关的价值创造竞争力、价值实现竞争力、价值分配竞争力分指数和国际竞争力总指数,并进行一一分析。

最后,运用双重差分模型对汽车产业相关政策效应做出较准确的评估。因此,以中国为处理组,样本中其他国家为对照组,2011 年"十二五"发展规划起始年作为后续系列支持政策出台的节点,考察 2011 年前后中国汽车各零部件制造业国际竞争力的动态变化。

一、汽车零部件价值创造竞争力

(一) 静 态 比 较

1. 车身

同样对所述指标层运用面板熵值法进行赋权加权计算出 2005—2018 年分年度的指标层各指标权重,再乘以相应的权重合成分年度价值创造竞争力指数。最后,通过对所有年度取均值处理形成静态价值创造竞争力指数(如图 5.1 所示)。

车身是汽车的基体,其作用是承受来自汽车内外部的所有压力,为乘客和货物提供保护,而且还要兼具外观的审美要求,具有承力、保护和美学三大基本的功能。而这三大功能的强弱主要取决于车身焊装工艺水平。车身

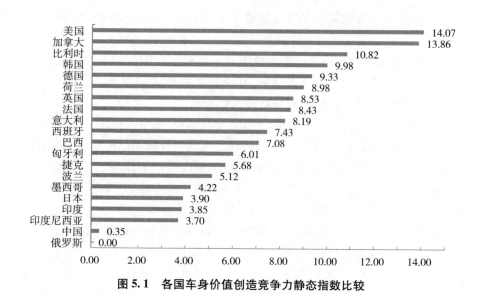

图 5.1　各国车身价值创造竞争力静态指数比较

焊装工艺水平直接决定了汽车产品的外观美感和使用性能。中国以劳动生产效率、劳动要素贡献和资本要素贡献衡量的车身价值创造竞争力仅为0.35,排在样本国家倒数第 2 位,与排名第 1 位的美国的 14.07 相差 40 倍之多。这也反映了中国汽车车身制造的整体技术工艺水平和附加价值较低。中国车身劳动生产效率缺乏数据而无法进行对比,但劳动要素贡献和资本要素贡献均位列倒数第一。图 5.3 展示了以劳动薪酬工资与工业总产值之比的各国车身行业劳动力要素贡献的静态比较,中国劳动要素贡献仅占总产值的 4.96%,与第一名相差 4 倍多。图 5.4 为以固定资本形成额与从业人员数之比的资本要素贡献的静态比较,中国同样以 0.08 居于末位,和第一名相差 30 多倍,说明中国车身制造的人均资本还相对处在较低水平。车身价值创造竞争力排名倒数的原因一方面受累于从业人员和产业规模基数的庞大,使得整体呈现出"大而不强"的现状。另一方面,目前,焊接生产线对于不同品种和车型的车身焊接通用性较差,每更新换代一种车型均需要更新大额投资的专用设备。因此,高柔性的焊装线已在欧美、日韩等汽车公司普遍应用。而国内主要设备厂商柔性焊装线的相关技术水平还较低,难以满足汽车厂家的技术要求。此外,国外一些先进的企业也将最重要的核心技术与装备进行了垄断。这些都是导致车身价值创造竞争力相对较低的原因。

2. 其他零配件

图 5.5 展示了除整车和车身以外的其他汽车零配件价值创造竞争力静

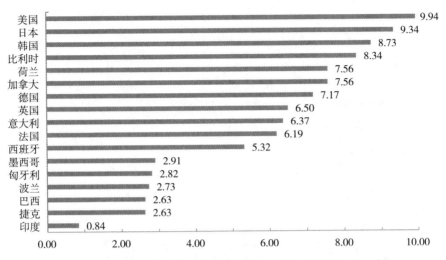

图 5.2　各国车身劳动生产效率静态比较(单位:万美元/人·年)

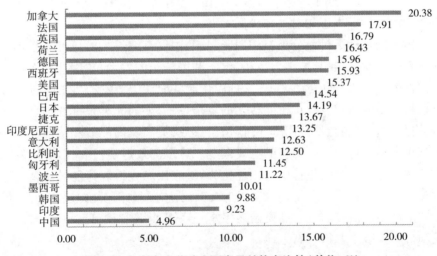

图 5.3　各国车身劳动力要素贡献静态比较(单位:%)

态指数比较。中国以仅 0.64 的得分排在倒数第 2 位,与第一名的美国相差甚远。从细分指标来看,中国劳动生产效率缺乏数据而无法进行对比,但劳动要素贡献和资本要素贡献均处于样本国家末游水准。图 5.7 展示了以劳动薪酬工资与工业总产值之比的各国其他零配件行业劳动力要素贡献的静态比较,中国劳动要素贡献仅占总产值的 5.18%,与第一名相差 3 倍多。图 5.8 为以固定资本形成额与从业人员数之比的资本要素贡献的静态比较,

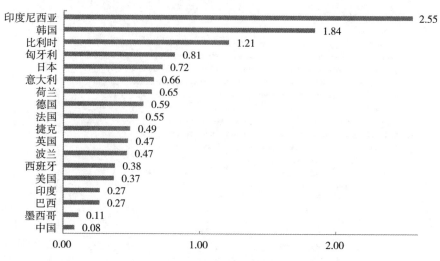

图 5.4　各国车身资本要素贡献静态比较(单位:万美元/人·年)

中国同样以 0.52 处于倒数第 4 位,和第一名相差 7 倍多,说明中国零配件制造业的人均资本也相对处在较低水平。

由于国际标准行业分类(ISIC Rev 4.0)中仅有编码"2811"涵盖发动机和涡轮机的制造,且其不包含飞机、汽车和摩托车的发动机,因此汽车核心零部件的发动机被包含在编码"2930"其他零配件中。发动机工作过程涉及燃料化学能向内能及机械能转化的复杂过程,如何充分发挥燃油燃烧热能转化潜力,提高能量利用率,降低污染排放,提高其高能效和清洁性是全球汽车发动机行业当前面临的主要问题。除了高效燃烧控制技术外,发动机复杂系统还涉及到包括压缩比优化、高膨胀比燃烧控制等能量流精细化调控技术,在这些方面,发达国家仍走在前列,中国虽然也能跟进和生产,但是并未掌握前沿技术导致品质始终相差一筹,因此品牌认可度不高,难以在发动机产业链中取得一席之地。

随着先进智能制造业、电器化、智能化以及大数据技术等的发展,发动机作为发展了一百多年的传统科技产品,正迎来新的发展方向。新能源汽车的电机驱动总成系统是新能源汽车的动力来源,由驱动电机、电机控制器通过集成变速器、离合器等机械器件而形成,其性能直接决定了汽车启动加速、爬波和最高时速等能力。不同于燃油发动机,电机利用电磁感应原理实现电能向机械能的转换。电机控制器则是由控制器软件、控制器硬件(如功率模块、控制电路板、驱动电路板和电流传感器)以及结构件等部件组成,是不同于传统汽车发动机的新赛道。中国在这一领域基本保持了与国外同时起步和发展。

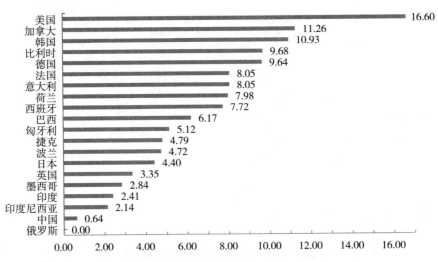

图 5.5　各国其他零配件价值创造竞争力静态指数比较

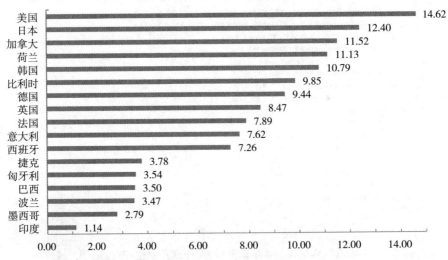

图 5.6　各国其他零配件劳动生产效率静态比较(单位:万美元/人·年)

3. 芯片等电子元件

图 5.9 展示了芯片等电子元件制造业价值创造竞争力的静态指数比较。中国以仅 0.27 的得分排名最末位,与第一名的美国相差 34 倍之多。从细分指标来看,中国芯片等电子元件劳动生产效率缺乏数据而无法进行对比,但劳动要素贡献和资本要素贡献均处于样本国家末游水准。图 5.11

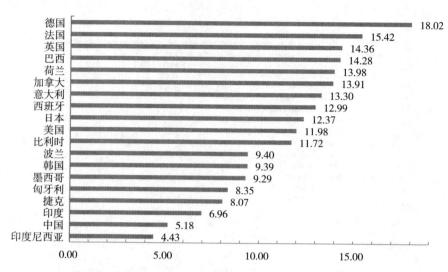

图5.7　各国其他零配件劳动力要素贡献静态比较(单位:%)

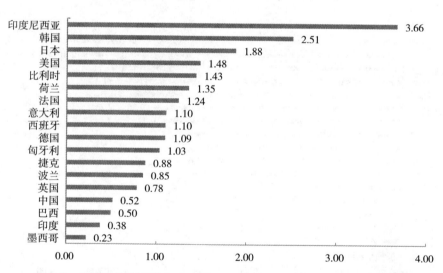

图5.8　各国其他零配件资本要素贡献静态比较(单位:万美元/人·年)

展示了以劳动薪酬工资与工业总产值之比的各国芯片等电子元件行业劳动要素贡献的静态比较,中国劳动要素贡献仅占总产值的 6.10%,与第一名相差 5 倍多。图 5.12 为以固定资本形成额与从业人员数之比的资本要素贡献的静态比较,中国同样以 0.22 处于倒数第 4 位,和第一名相差十分悬殊,说明中国芯片等电子元件制造业的人均资本也处在相对较低水平。汽车制造业不仅是国家的支柱型产业,也因为所需要支撑和配套的产业链庞大和多样而被视作反映国家整体工业能力的核心产业。

自中兴事件后,芯片对于汽车产业的重要性越发突显,芯片是否短缺直接决定了汽车的产量和提质升级。对于中国汽车产业而言,更大的风险在于中国本土缺乏高阶车载核心芯片的自主研发能力,一旦外资对中国汽车实施技术封锁和芯片断供,中国汽车就只能聚焦于智能化程度较低的低端车型,甚至严重的短缺将造成减产和停产。汽车电子化和智能化主要依赖于芯片等半导体器件,是汽车感知、计算和执行等功能实现的保障。伴随着汽车的电动化、智能化和网联化快速发展,芯片等电子器件已成为未来发展的主要方向。新一代的汽车系统将各控制单元具备更高的整合度和智能化,以便能够对汽车内外的通信设备进行及时响应。人机交互界面的可视化对于提升用户体验至关重要。这些均对高端车载芯片产生了极大的需求。从 2005—2018 年时间段的表现来看,与世界领先水平还有相当大差距。具体来说,车载芯片包括作为汽车大脑的微处理器(MCU)、电子装置和电路控制的功率半导体、智能网联汽车处理内外部环境信息的 AI 芯片以及电子装置的车规级芯片等。而除了 IGBT 等功率半导体借着新能源汽车有望弯道超车的发展机遇而逐渐有国内厂商进行布局和追赶,其他芯片均主要依赖于进口。构建中国的智能网联汽车芯片及系统、算法、数据等核心技术共同组成产业链生态闭环仍任重道远。

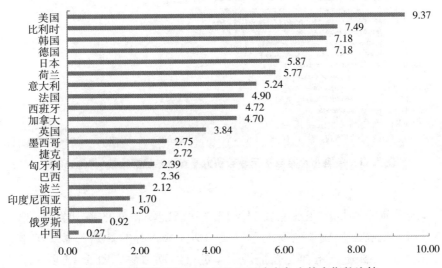

图 5.9　各国芯片等电子元件价值创造竞争力静态指数比较

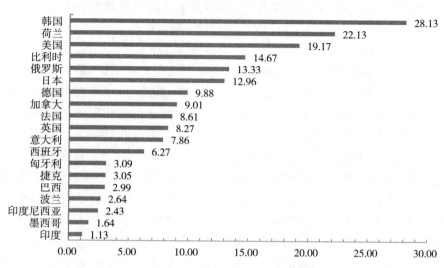

图5.10　各国芯片等电子元件劳动生产效率静态比较(单位:万美元/人·年)

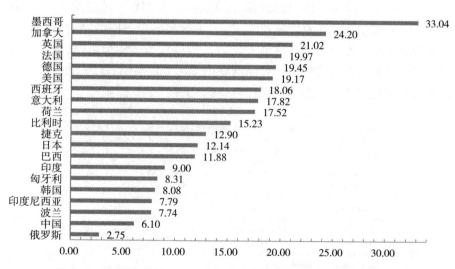

图5.11　各国芯片等电子元件劳动力要素贡献静态比较(单位:%)

4. 电池和蓄电池

随着碳中和目标在各主要国家树立和新能源汽车的蓬勃发展,电池技术与充电技术构成了电动汽车发展的两大最核心的基础。对于纯电动汽车而言,可充电蓄电池是新能源汽车的唯一动力源。图5.13展示了电池制造业价值创造竞争力的静态比较。中国以仅0.32的得分排名倒数第2,仅高于俄罗斯,与第一名的美国相差40多倍。从细分指标来看,中

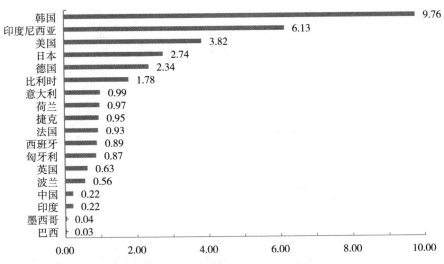

图 5.12 各国芯片等电子元件资本要素贡献静态比较(单位:万美元/人·年)

国电池劳动生产效率缺乏数据而无法进行对比,但劳动要素贡献和资本要素贡献均处于样本国家末游水准。图 5.15 展示了以劳动薪酬工资与工业总产值之比的各国电池制造业劳动要素贡献的静态比较,中国劳动要素贡献仅占总产值的 5.77%,与第一名相差近 5 倍。图 5.16 为以固定资本形成额与从业人员数之比的资本要素贡献的静态比较,中国同样处于倒数第 2 位,和第一名差距悬殊,说明中国电池制造业的人均资本也处

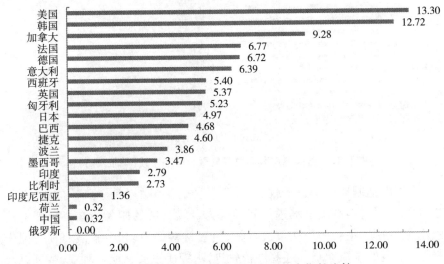

图 5.13 各国电池价值创造竞争力静态指数比较

在相对较低水平。

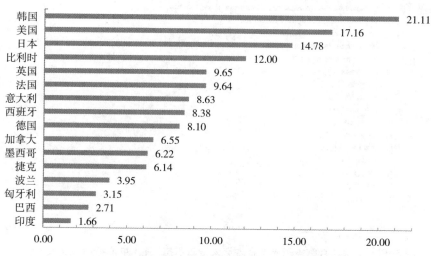

图 5.14　各国电池劳动生产效率静态比较（单位：万美元/人・年）

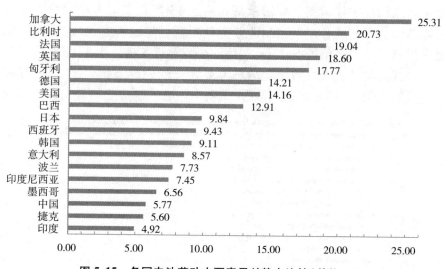

图 5.15　各国电池劳动力要素贡献静态比较（单位：%）

中国电池制造业受益于政府十多年持续的补贴得到了飞速成长，但是技术薄弱、原材料高度依赖进口问题成为继续发展的瓶颈所在。以锂电池为例，制造成本主要体现在正极材料、负极材料、隔膜和电解液。其中锂金属或锂合金的正极原材料还高度依赖进口，锂矿主要从澳大利亚、智利以及阿根廷进口，对外依赖度高于 70%，且其占锂电池材料成本达 30%—40%。

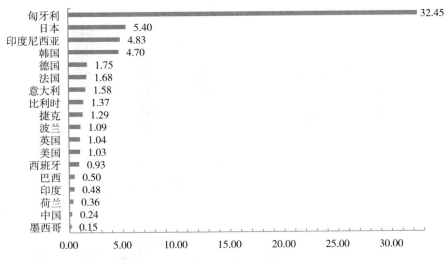

图 5.16　各国电池资本要素贡献静态比较(单位:万美元/人·年)

此外,锂电池装配、循环、高电压、高比能和延长寿命等相关技术相对落后,研发投入还很不够,是价值创造、实现和分配竞争力低下的另一大重要原因。

目前,中国锂电产业处于稳步发展阶段,但是增速在逐渐下降。如图 5.17 和图 5.18 所示,据权威锂电池行业网站高工锂电的数据显示,锂电设备产量和产值均呈现稳步上升趋势,但是年增速稳定在 30% 左右。这反映了受到政策大力支持的新能源汽车业的迅猛发展,以及作为战略支

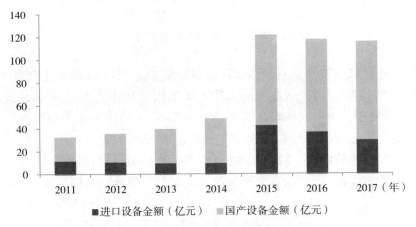

图 5.17　2011—2017 年中国锂电设备产值(单位:亿元)

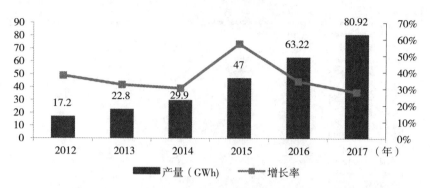

图 5.18　2012—2017 年中国锂电设备产值(单位:亿元)

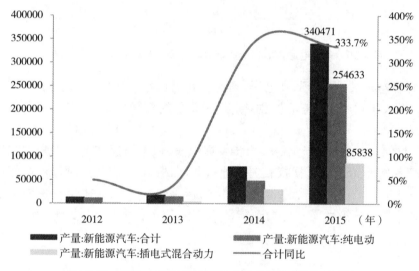

图 5.19　2012—2015 年中国锂电设备产值(单位:亿元)

持性产业在取得飞速成长后,政策红利消失后逐渐回归市场化新常态。根据图 5.19 中汽协的数据显示,2014 年中国新能源汽车呈现爆发式增长,普遍被定义为中国新能源汽车商业化元年,也是中国电动和混合电动汽车快速追赶新能源汽车产业领先的欧盟和美国的起点(图 5.20)。在进入稳定成长的新常态后,不仅电池的产销量,其质量和技术工艺水平均得到不断的改善,已经成为中国新能源汽车参与国际竞争的重要领域。

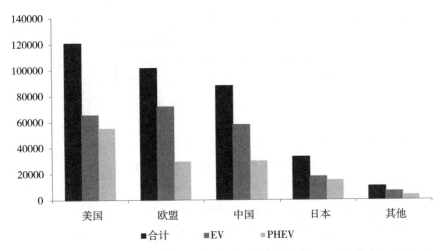

图 5.20　2014 年主要国家和地区电动(EV)和混合动力(PHEV)汽车销量统计

(二) 动 态 比 较

1. 车身

本节动态比较也同样一般以"十二五"开局 2011 年为分水岭,同时必须优先保证中国汽车产业数据的可得性。对于车身价值创造竞争力而言,2013 年为首次中国相关数据可获得的年份,因此,本节以 2013 年为节点,考察 2005—2013 年和 2014—2018 年两个时间区间之间各国汽车车身价值创造竞争力的动态变化。如图 5.21 所示,除了印度尼西亚、日本和俄罗斯

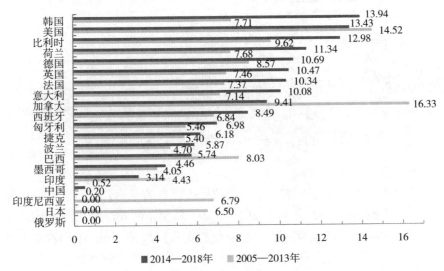

图 5.21　各国车身价值创造竞争力动态指数比较

由于数据大量缺失致使 2014—2018 年甚至两个区间的数值为 0 以外,中国车身制造业价值创造竞争力排名倒数第 1。这同样展现出人均和总产值规模平均下价值增值、劳动薪酬工资和资本存量相对较低的现实。虽然 2014—2018 年取得了一定的进步,但是对比 2005—2013 年,样本国家在 2014—2018 年这一时间段大都取得了较大的成长空间,差距并未有明显缩小。

2. 其他零配件

同样出于优先保证中国汽车产业数据可得性的原因,本节选择 2013 年为节点。考察 2005—2013 年和 2014—2018 年两个时间区间之间各国汽车其他零配件价值创造竞争力的动态变化(如图 5.22 所示)。除了印度尼西亚、日本和俄罗斯由于数据大量缺失致使 2014—2018 年甚至两个区间的数值为 0 以外,中国汽车其他零配件制造业价值创造竞争力也排名倒数第 1。这同样展现出人均和总产值规模平均下价值增值、劳动薪酬工资和资本存量相对较低的现实。虽然 2014—2018 年取得了一定的进步,但是对比 2005—2013 年,样本国家在 2014—2018 年这一时间段也大都取得了较大的成长空间,相对差距并没有缩小。

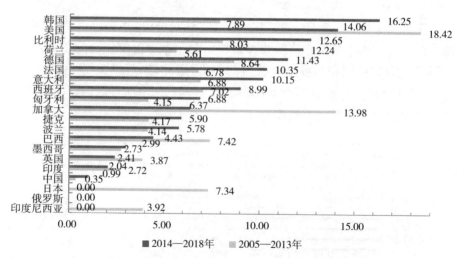

图 5.22　各国其他零配件价值创造竞争力动态指数比较

3. 芯片等电子元件

同样出于优先保证中国汽车产业数据可得性的原因,本节选择 2013 年为节点。考察 2005—2013 年和 2014—2018 年两个时间区间之间各国芯片等电子元件价值创造竞争力的动态变化(如图 5.23 所示)。中国汽车芯片等电子元件制造业价值创造竞争力也排名倒数第 1。这同样展现出人均和总产值规模平均下价值增值、劳动薪酬工资和资本存量相对较低的现实。虽然中国在 2014—2018 年这一时间段比 2005—2013 年取得了一定的进步,但是许多样本国家即使受到汽车产业发展瓶颈的影响,却仍有不俗表现。

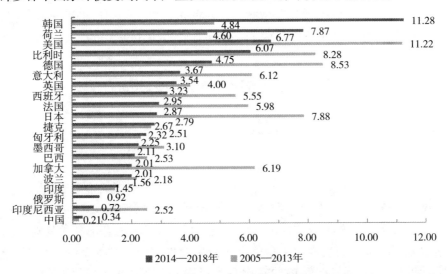

图 5.23 各国芯片等电子元件价值创造竞争力动态指数比较

4. 电池和蓄电池

同样出于优先保证中国汽车产业数据可得性的原因,本节选择 2013 年为节点。考察 2005—2013 年和 2014—2018 年两个时间区间之间各国汽车电池价值创造竞争力的动态变化(如图 5.24 所示)。除了印度尼西亚、印

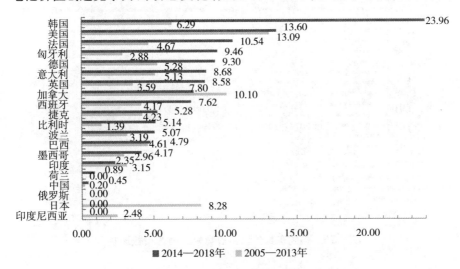

图 5.24 各国电池价值创造竞争力动态指数比较

度和俄罗斯由于数据大量缺失致使 2014—2018 年甚至两个区间的数值为 0 以外,中国汽车电池制造业价值创造竞争力也排名倒数第 1。这同样展现出人均和总产值规模平均下价值增值、劳动薪酬工资和资本存量相对较低的现实。虽然 2014—2018 年取得了微小的进步,但是对比 2005—2013 年,样本国家在 2014—2018 年这一时间段也大都取得了较大的成长空间。

二、汽车零部件价值实现竞争力

(一)静 态 比 较

1. 车身

如图 5.25 所示,在所选取的 20 个国家样本中,中国的价值实现竞争力静态指数仅为 1.79,排名倒数第 1,与排名第 1 位的美国的 26.34 相差近 15 倍。这表明中国在车身的显示性比较优势、国际市场占有率和贸易竞争力指数表征的价值实现方面的竞争力相对来说也较低。图 5.26 展示了车身国际市场占有率的比较,中国在国际市场的份额仅占 0.04%,与第一名美国的 39.57% 相差甚远,说明我国广大的汽车产业和销量市场均主要为满足国内市场,而在国际市场上较缺乏竞争力。如图 5.27 所示,中国显示性比较优势排名也为倒数第 1,说明中国汽车整车行业相对于中国其他产业的贸易竞争力较低,并非本国的优势贸易产业。

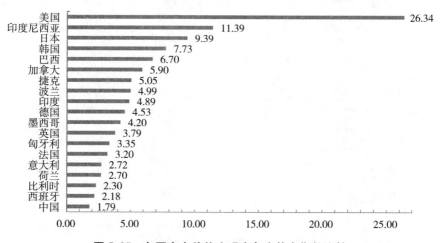

图 5.25　各国车身价值实现竞争力静态指数比较

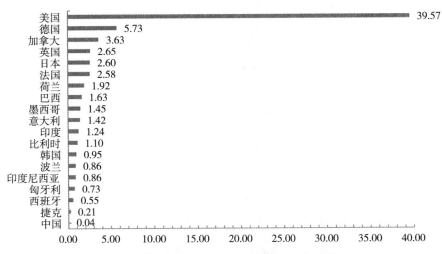

图 5.26　各国车身国际市场占有率静态比较(单位:%)

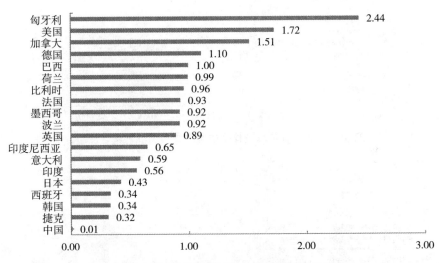

图 5.27　各国车身显示性比较优势静态比较

2. 其他零配件

如图 5.28 所示,在所选取的 20 个国家样本中,中国的价值实现竞争力静态指数为 5.09,排在中游水平,但依然与排名第 1 位的美国相差 5—6 倍。这表明对比车身和整车制造业,中国在其他零配件的显示性比较优势、国际市场占有率和贸易竞争力指数表征的价值实现方面的竞争力较好。图 5.29 展示了其他零配件国际市场占有率的比较,中国在国际市场的份额仅占 1.06%,与第一名美国的 42.17%相差甚远,说明我国广大的零配件产业和销量市场均主要为满足国内市场,而在国际市场上较缺乏竞争力。如图 5.30 所示,中国显示性比较优势排名为倒数第 2,说明中国汽车整车行业相对于中国其他产业的贸易竞争力较低,并非本国的优势贸易产业。此外,对比整车和车身制造业,汽车其他零配件的价值实现竞争力有更好的表现,但是与美国为首的绝对数还有较大差距。这展现出中国较强的整体工业能力,但是在高附加价值的核心零配件上还较缺乏竞争力,导致市场占有率、出口额及其衡量的相关指数值偏低。

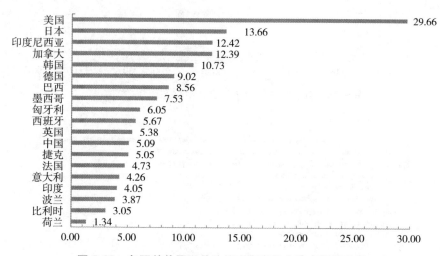

图 5.28　各国其他零配件价值实现竞争力静态指数比较

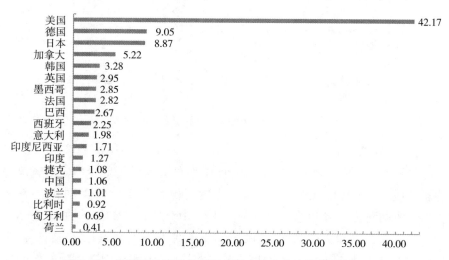

图 5.29　各国其他零配件国际市场占有率静态比较(单位:%)

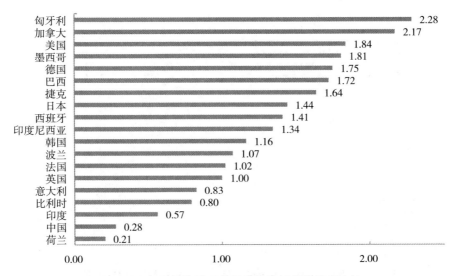

图 5.30　各国其他零配件显示性比较优势静态比较

3. 芯片等电子元件

如图 5.31 所示,在所选取的 20 个国家样本中,中国的价值实现竞争力静态指数为 14.12,排在第一名。这表明中国在包括芯片在内的所有电子元件和电子板领域上,由显示性比较优势、国际市场占有率和贸易竞争力指数表征的价值实现方面的竞争力较好。图 5.32 展示了各国芯片等电子元

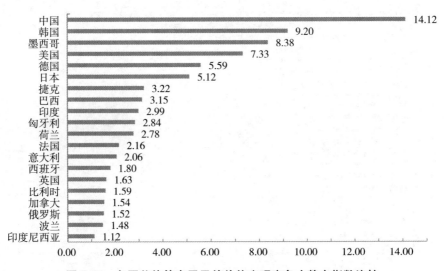

图 5.31　各国芯片等电子元件价值实现竞争力静态指数比较

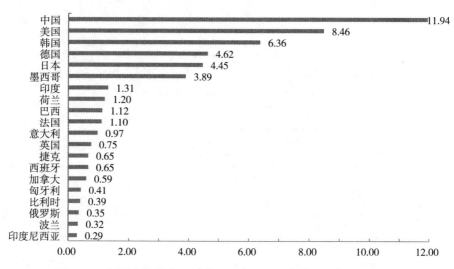

图 5.32　各国芯片等电子元件国际市场占有率静态比较(单位:%)

件国际市场占有率的比较,中国在国际市场的份额也占到 11.94%。这说明除了高精尖的电子元件如高端芯片领域,我国广大的电子元件和电子板是世界主要的制造中心,在国际市场上竞争力较强。如图 5.33 所示,中国显示性比较优势排名也为第 1,说明中国芯片等电子元件和电子板行业相对于中国其他产业的贸易竞争力较高,属于本国的优势贸易产业。这主要

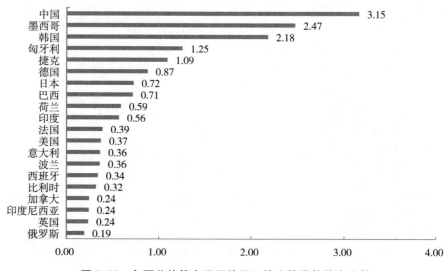

图 5.33　各国芯片等电子元件显示性比较优势静态比较

得益于蓬勃发展的计算机、手机、电视等数字行业,对包括芯片在内的电子元件产生了大量需求。此外,中兴事件后,我国高端电子元件,尤其是高端芯片还重度依赖于进口,虽然芯片设计领域已处于国际先进水平,但是前沿制造工艺技术(例如 5nm 级制造技术)的缺乏导致芯片行业仍处于相对中低端徘徊,这也是不争的事实,上述原因限制了中国汽车行业迈向高端制造和发展新能源汽车新赛道的前进步伐。

　　4. 电池和蓄电池

　　如图 5.34 所示,在所选取的 20 个国家样本中,中国的价值实现竞争力静态指数为 0.93,排在倒数第 1,与排名第 1 位的美国相差 12 倍。这表明中国在电池制造业的显示性比较优势、国际市场占有率和贸易竞争力指数表征的价值实现方面的竞争力较差。图 5.35 展示了电池国际市场占有率的比较,中国在国际市场的份额仅占 1.41%,与第一名美国的 18.59%差距较大,也说明我国广大的电池产业和销量市场均主要为满足国内市场,虽然在国际市场上占据了一席之地,但仍较缺乏竞争力。如图 5.36 所示,中国显示性比较优势排名也为倒数第 1,说明中国电池行业相对于中国其他产业的贸易竞争力较低,并非本国的优势贸易产业。据中国化学与物理电源行业协会的数据,2011 年中国电池出口已达 89.71 亿元,此后预计将稳定上升,随着在宁德时代、比亚迪等为代表的新能源汽车电池厂商的带动下,中国汽车电池业在国际市场的影响力与日俱增,有望在这一新赛道上提升整体电池和蓄电池行业的价值实现竞争力。

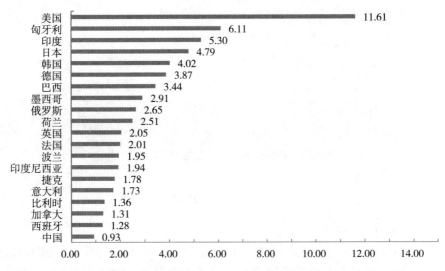

图 5.34　各国电池价值实现竞争力静态指数比较

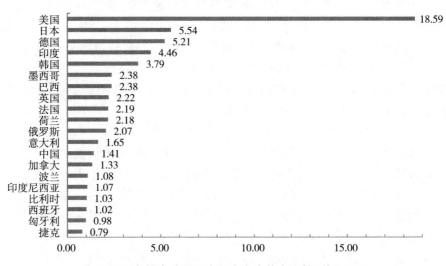

图 5.35　各国电池国际市场占有率静态比较(单位:%)

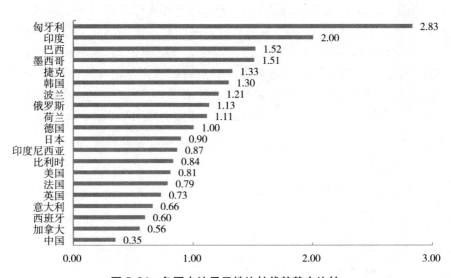

图 5.36　各国电池显示性比较优势静态比较

(二) 动 态 比 较

1. 车身

本节动态比较也同样一般以"十二五"开局 2011 年为分水岭,同时优先保证中国汽车产业数据的可得性。对于车身价值创造竞争力而言,2013 年为中国相关数据首次可获得的年份,因此,本节以 2013 年为节点,考察

单位：亿美元

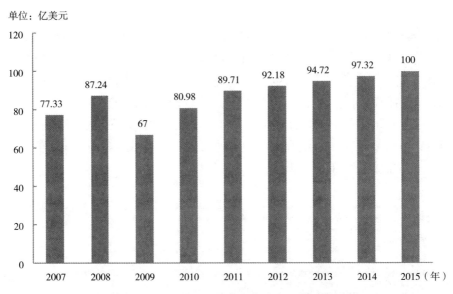

图 5.37　2007—2015 年我国电池出口情况及预测

2005—2013 年和 2014—2018 年两个时间区间之间各国汽车车身价值实现
竞争力的动态变化。如图 5.38 所示,中国车身制造业价值实现竞争力静态
指数虽然排名倒数第一,但在 2014—2018 年时间区间内取得了飞速发展,
排名第 4 位。

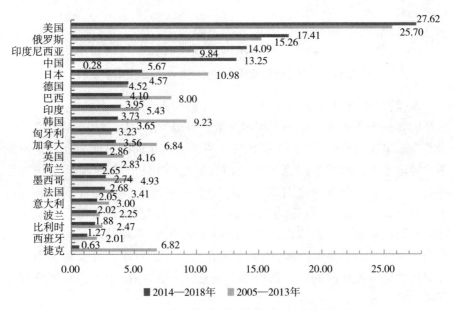

图 5.38　各国车身价值实现竞争力动态指数比较

2. 其他零配件

同样出于优先保证中国汽车产业数据可得性的原因,本节选择 2012 年为节点。考察 2005—2011 年和 2012—2018 年两个时间区间之间各国汽车其他零配件价值创造竞争力的动态变化(如图 5.39 所示),虽然在 2005—2011 年时间区间内,中国汽车其他零配件制造业价值实现竞争力处于末游水平,但是 2012—2018 年区间内取得了飞速的发展,并在所选样本国家中跻身第 6 位。这反映了随着经济的飞速发展和人均收入的提升,汽车整体工业制造能力获得了较大提升。

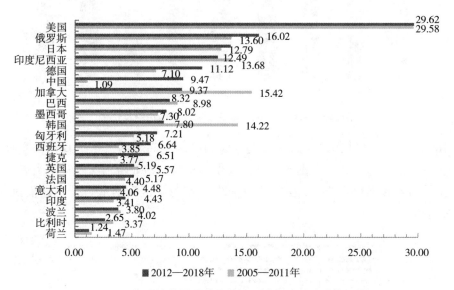

图 5.39　各国其他零配件价值实现竞争力动态指数比较

3. 芯片等电子元件

同样出于优先保证中国汽车产业数据可得性的原因,本节选择 2012 年为节点。考察 2005—2011 年和 2012—2018 年两个时间区间之间各国汽车芯片等电子元件价值实现竞争力的动态变化(如图 5.40 所示),中国芯片等电子元件制造业在两个时间区间内的价值实现竞争力均展现出领先水平。但是,2012—2018 年区间比前一时间段有一定程度的下降。这反映了随着世界汽车制造业整体普遍进入缓慢发展阶段,芯片等电子元件作为汽车制造业的尖端和头部领域,也触及天花板。中国在芯片等高精尖电子元件制造领域需要长期的投入和积累才能有所突破,因此竞争力短期反复和下降在所难免。

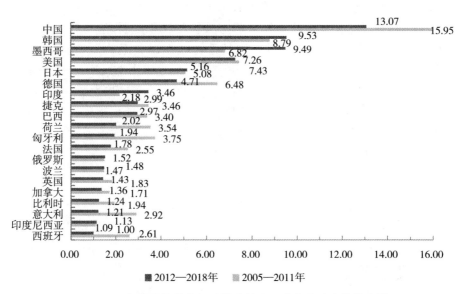

图 5.40　各国芯片等电子元件价值实现竞争力动态指数比较

4. 电池和蓄电池

同样出于优先保证中国汽车产业数据可得性的原因,本节选择 2012 年为节点。考察 2005—2011 年和 2012—2018 年两个时间区间之间各国电池价值实现竞争力的动态变化(如图 5.41 所示),中国汽车电池在两个时间

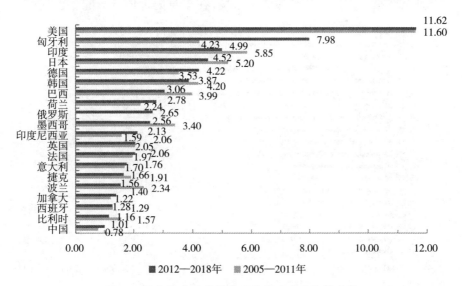

图 5.41　各国电池价值实现竞争力动态指数比较

区间内的价值实现竞争力均处于较低水平。但是,2012—2018年区间比前一时间段取得了一定的进步。结合静态分析的结果来看,这主要是受到显示性比较优势指数的拖累,以及中国其他行业在出口上的强势地位影响。但是,电池和蓄电池在国际市场上的占有率仍能处于中游水平,这说明中国电池和蓄电池整个行业发展在国际市场上已经占据了一席之地。此外,中国在新能源汽车电池行业技术优势明显,趁着汽车电动化进程加速和动力电池市场方兴未艾的契机,未来有望带动整个电池行业在价值实现竞争力方面进一步提升。

三、汽车零部件价值分配竞争力

(一)静 态 比 较

1. 车身

如图5.42所示,在所选取的20个国家样本中,中国的价值分配竞争力静态指数为4.88,排名第4,与排名第1位的日本的7.13仅差0.30倍。这表示从2005—2018年全时间区间内看,中国在车身价值链分配率、产业集中度和工业增加值率表征的价值分配方面的竞争力名列前茅。如图5.43所示,中国车身工业增加值率为31.32%,也能排到第一梯队。这说明中国不仅是全球第一大汽车产量和销量市场,在车身的价值链分配上也取得优

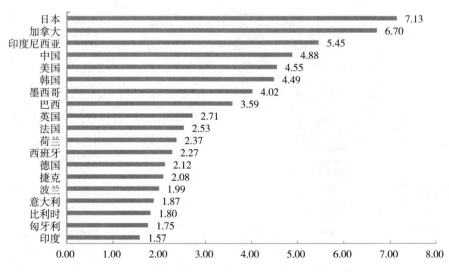

图5.42　各国车身价值分配竞争力静态指数比较

异的表现。结合价值创造竞争力的结果来看,虽然发动机、变速箱、底盘等高附加价值的核心零部件还几乎完全依赖于进口或进口技术和设计,从人均意义上的价值增值、资本和劳动报酬都显示出较缺乏竞争力的一面,但是,车身的生产也能创造 31.32% 的价值增值,意味着车身生产中的价值增值有相当一部分为中国所分享。

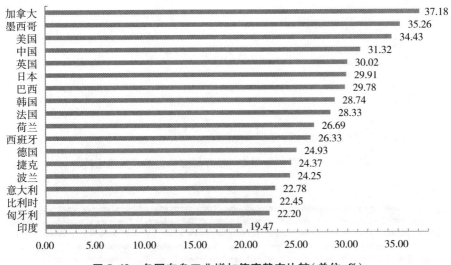

图 5.43　各国车身工业增加值率静态比较(单位:%)

2. 其他零配件

如图 5.44 所示,在所选取的 20 个国家样本中,中国的价值分配竞争力静态指数为 5.51,排名第 4,跻身第一梯队。这表示从 2005—2018 年全时间区间内看,中国在其他零配件价值链分配率、产业集中度和工业增加值率表征的价值分配方面的竞争力名列前茅。如图 5.45 所示,中国其他零配件工业增加值率为 31.12%,也能排到第一梯队。结合价值创造竞争力的结果来看,虽然高附加价值的核心零部件还几乎完全依赖于进口或进口技术和设计,从人均意义上的价值增值、资本和劳动报酬都显示出较缺乏竞争力的一面,但是,车身外其他零配件的生产也能创造 31.12% 的价值增值,意味着价值增值有相当一部分为中国所分享,这体现了中国总体汽车制造业的工业能力和水平。

3. 芯片等电子元件

如图 5.46 所示,在所选取的 20 个国家样本中,中国的价值分配竞争力静态指数为 4.03,排名第 3,位列第一梯队。这表示从 2005—2018 年全时间区间内看,中国在芯片等电子元件价值链分配率、产业集中度和工业增加

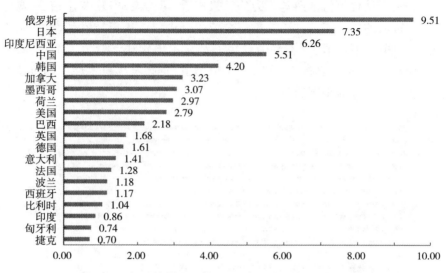

图 5.44　各国其他零配件价值分配竞争力静态指数比较

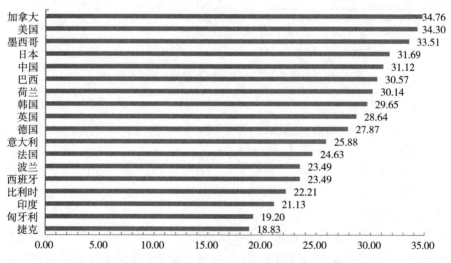

图 5.45　各国其他零配件工业增加值率静态比较(单位:%)

值率表征的价值分配方面的竞争力名列前茅。如图 5.47 所示,中国芯片等电子元件工业增加值率为 52.57%,也能处于第一梯队。结合价值创造竞争力的结果来看,虽然高附加价值的核心零部件还几乎完全依赖于进口或进口技术和设计,从人均意义上的价值增值、资本和劳动报酬都显示出较缺乏竞争力的一面,但是,芯片等电子元件的生产也能创造大半(52.57%)的价值增值,意味着价值增值有相当一部分为中国所分享,这体现了中国在芯片等电子元件领域价值链中的地位。

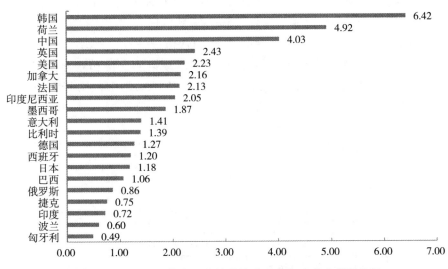

图 5.46　各国芯片等电子元件价值分配竞争力静态指数比较

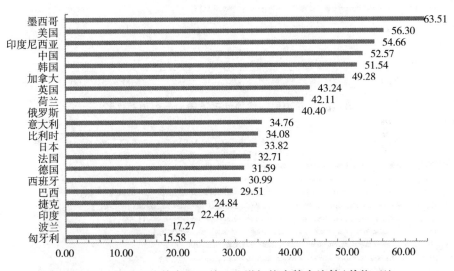

图 5.47　各国芯片等电子元件工业增加值率静态比较(单位:%)

4. 电池和蓄电池

如图 5.48 所示,在所选取的 20 个国家样本中,中国的价值分配竞争力静态指数为 2.98,排名最末,与第一名美国的差距还较大。这表示从 2005—2018 年全时间区间内看,中国电池价值链分配率、产业集中度和工业增加值率表征的价值分配方面的竞争力欠乏。如图 5.49 所示,中国电池工业增加值率为 14.61%,在样本国家中处于末尾。结合价值创造竞争力的结果来看,不仅从人均意义上的价值增值、资本和劳动报酬都显示出较缺乏竞争力的一面,而且高附加价值的核心零部件还几乎完全依赖于进口或进口技术和设计,因此相当大一部分的价值增值被外资所分享。即便如此,受益于中国新能源汽车市场的扩张、国家利好政策的支持和差异化产品的布局,中国动力电池产业正迎来迅猛发展,有望带动整个汽车行业提质增效、转型升级,从而提振国际竞争力。

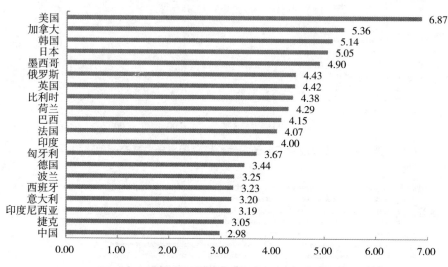

图 5.48　各国电池价值分配竞争力静态指数比较

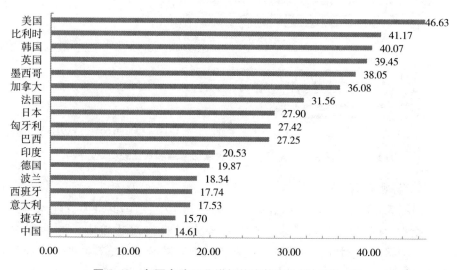

图 5.49　各国电池工业增加值率静态比较(单位:%)

（二）动态比较

1. 车身

同样兼顾中国汽车产业政策重大变化和数据可得性,以 2012 年为节点,考察 2005—2011 年和 2012—2018 年两个时间区间之间世界各国汽车车身价值分配竞争力的动态变化(如图 5.50 所示)。

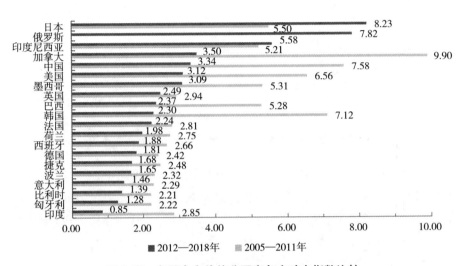

图 5.50　各国车身价值分配竞争力动态指数比较

中国车身价值分配竞争力在 2005—2011 年为 7.58,在样本国家中排名第 2 位,但在 2012—2018 年出现一定程度的下降,至第 5 位。详细考察细分指标动态比较情况,可以发现结果也是主要受到产业集中程度指标的驱动。这说明 2012—2018 年间中国汽车车身制造行业的集中程度有明显提升,拉低了总体价值分配竞争力。但是另一方面,自由竞争迈向垄断竞争发展阶段是产业发展的一般规律。因此,总体上说,中国汽车车身制造业在价值链中占据了重要地位。

2. 其他零配件

同样兼顾中国汽车产业政策重大变化和数据可得性,以 2012 年为节点,考察 2005—2011 年和 2012—2018 年两个时间区间之间世界各国汽车其他零配件价值分配竞争力的动态变化(如图 5.51 所示)。

中国汽车其他零配件价值分配竞争力在 2005—2011 年为 7.87,在样本国家中排名第 1 位,但在 2012—2018 年出现一定程度的下降,至第 4 位。详细考察细分指标动态比较情况,可以发现结果也是主要受到产业集中程

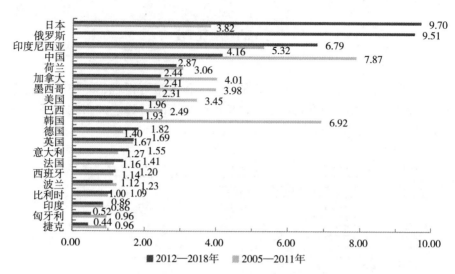

图 5.51 各国其他零配件价值分配竞争力动态指数比较

度指标的驱动。这说明 2012—2018 年间中国汽车其他零配件制造行业的集中程度有明显提升,拉低了总体价值分配竞争力。但是另一方面,自由竞争迈向垄断竞争发展阶段是产业发展的一般规律。因此,总体上说,中国汽车其他零配件制造业在价值链中占据了重要地位。

3. 芯片等电子元件

同样兼顾中国汽车产业政策重大变化和数据可得性,以 2012 年为节点,考察 2005—2011 年和 2012—2018 年两个时间区间之间世界各国汽车芯片等电子元件价值分配竞争力的动态变化(如图 5.52 所示)。

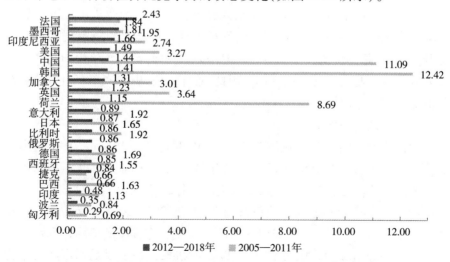

图 5.52 各国芯片等电子元件价值分配竞争力动态指数比较

中国芯片等电子元件价值分配竞争力在 2005—2011 年为 11.09,在样本国家中排名第 2 位,但在 2012—2018 年出现一定程度的下降,至第 5 位。详细考察细分指标动态比较情况,可以发现结果也是主要受到产业集中程度指标的驱动。这说明 2012—2018 年间中国汽车芯片等电子元件制造行业的集中程度有明显提升,拉低了总体价值分配竞争力。但是另一方面,自由竞争迈向垄断竞争发展阶段是产业发展的一般规律。因此,总体上说,中国汽车芯片等电子元件制造业在价值链中占据了重要地位。

4. 电池和蓄电池

同样兼顾中国汽车产业政策重大变化和数据可得性,以 2012 年为节点,考察 2005—2011 年和 2012—2018 年两个时间区间之间世界各国汽车电池和蓄电池价值分配竞争力的动态变化(如图 5.53 所示)。

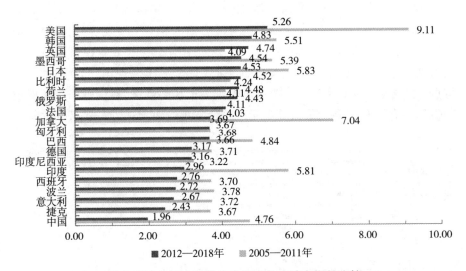

图 5.53　各国电池价值分配竞争力动态指数比较

中国电池价值分配竞争力在 2005—2011 年为 4.76,在样本国家中排名第 8 位,但在 2012—2018 年出现一定程度的下降,至末位。详细考察细分指标动态比较情况,可以发现结果也是主要受到产业集中程度指标的驱动。这说明 2012—2018 年间中国电池制造行业的集中程度有明显提升,拉低了总体价值分配竞争力。但是另一方面,自由竞争迈向垄断竞争发展阶段是产业发展的一般规律。因此,总体上说,中国电池制造业在价值链中占据了重要地位。

四、汽车零部件国际竞争力评价

（一）静 态 比 较

1. 车身

如图 5.54 所示,在所选取的 20 个国家样本中,中国汽车车身的总体国际竞争力静态指数为 10.22,排名倒数第 2,与排名第 1 位的美国的 44.96 相差 4 倍。从汽车车身价值创造、价值实现和价值分配三个竞争力分指数的静态比较来看,中国车身制造业在价值创造和价值实现上的竞争力表现较差,是导致总体国际竞争力静态指数较低的原因。车身价值分配竞争力名列第 4 位,处于第一梯队。究其细分指数的深层次原因,从 2005—2018 年全区间静态来看,中国在车身价值分配方面的竞争力表现优异,然而价值实现竞争力与价值创造竞争力较低,这说明中国车身制造业在价值链分配上占据了重要地位,然而从人均方面来看,总体上还呈现出"大而不强"的特点。此外,我国车身制造主要满足于国内市场的消费,在国际市场上以市场份额占有率和贸易竞争力等表示的价值实现竞争力还处于较低水平。

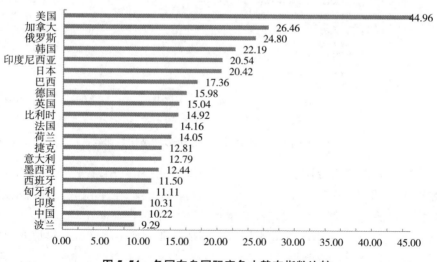

图 5.54 各国车身国际竞争力静态指数比较

2. 其他零配件

如图 5.55 所示,在所选取的 20 个国家样本中,中国汽车其他零配件的总体国际竞争力静态指数为 11.82,排名倒数第 5,与排名第 1 位的美国的

49.05 相差 4 倍多。从汽车其他零配件价值创造、价值实现和价值分配三个竞争力分指数的静态比较来看,中国其他零配件制造业在价值创造的竞争力表现较差,是导致总体国际竞争力静态指数较低的原因。价值实现竞争力排名处于中等水平,而价值分配竞争力名列第 4 位,处于第一梯队。究其细分指数的深层次原因,从 2005—2018 年全区间静态来看,中国在价值分配方面的竞争力表现优异,然而价值实现竞争力与价值创造竞争力较低,这说明中国汽车其他零配件制造业在价值链分配上占据了重要地位,然而从人均方面来看,总体上还呈现出"大而不强"的特点。此外,我国汽车其他零配件制造一方面满足于国内市场的消费,在国际市场上以市场份额占有率和贸易竞争力等表示的价值实现竞争力也占据了一席之地。

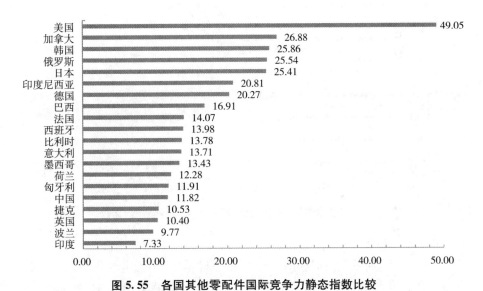

图 5.55　各国其他零配件国际竞争力静态指数比较

3. 芯片等电子元件

如图 5.56 所示,在所选取的 20 个国家样本中,中国芯片等电子元件的总体国际竞争力静态指数为 18.42,排名第 3 位,与排名第 1 位的美国的 22.80 差距并不大。据国际半导体协会(SEMI)最新发布的报告显示,虽然美国企业占到半导体销售额的近一半,但在 2020 年,美国芯片制造仅占全球的 12%,这一数字在 30 年前(1990 年)的占比达到 37%。在全球晶圆产能排名中,2015 年至 2019 年中国份额位居前四,占比已超过美国。美国虽然在高端芯片和 EUV 光刻机等技术设备上对中国进行"卡脖子",但是中低端芯片制造和产能还广泛依赖于中国等亚洲国家。从汽车芯片等电子元件价值创造、价值实现和价值分配三个竞争力分指数的静态比较来看,中国芯片等电子元件制造业在价值创造的竞争力表现较差,是拉低总体国际竞争力静态指数的原因。价值实现竞争力名列第一,而价值分配竞争力名列第3位,处于第一梯队。究其细分指数的深层次原因,从2005—2018年全区间静态来看,中国在价值分配方面的竞争力表现优异,然而价值实现竞争力与价值创造竞争力较低,这说明中国汽车芯片等电子元件制造业在价值链分配上占据了重要地位,然而从人均方面来看,总体上还呈现出"大而不强"的特点。

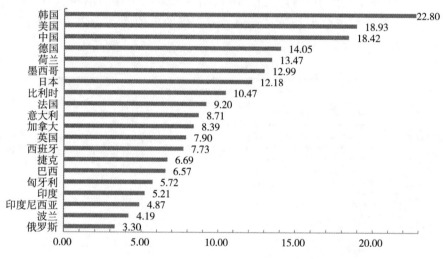

图 5.56　各国芯片等电子元件国际竞争力静态指数比较

4. 电池和蓄电池

如图5.57所示,在所选取的20个国家样本中,中国电池业的总体国际竞争力静态指数为4.22,排名末位,与排名第1位的美国的31.78差距较大。从汽车电池业价值创造、价值实现和价值分配三个竞争力分指数的静态比较来看,中国电池制造业竞争力排名均处于末游水平。这说明不仅从人均方面来看,中国总的电池业的价值创造竞争力还较弱,而且在价值链分配上未占据重要地位,总体上呈现出明显的"大而不强"的特点。

（二）动 态 比 较

1. 车身

以中国汽车产业政策重大变化2012年为节点,考察2005—2011年和2012—2018年两个时间区间之间世界各国汽车车身国际竞争力的动态变

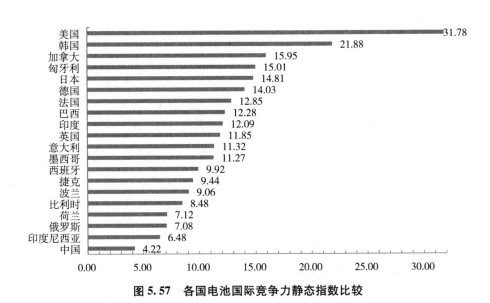

图 5.57　各国电池国际竞争力静态指数比较

化,如图 5.58 所示,2012—2018 年时间段内,中国车身制造国际竞争力取得了稳步增长,因而在样本国家中的排名也得到了一定的提升,这主要得益于价值实现竞争力指数的大幅提升。

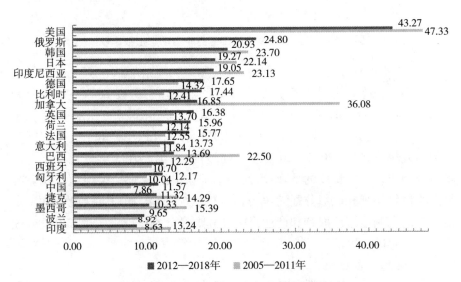

图 5.58　各国车身国际竞争力动态指数比较

2. 其他零配件

以中国汽车产业政策重大变化 2012 年为节点,考察 2005—2011 年和 2012—2018 年两个时间区间之间世界各国汽车其他零配件国际竞争力的动态变化,如图 5.59 所示,2012—2018 年时间段内,中国其他零配件制造国际竞争力取得了稳步增长,因而样本国家中的排名也得到了一定的提升,这主要得益于价值实现竞争力指数的大幅提升。

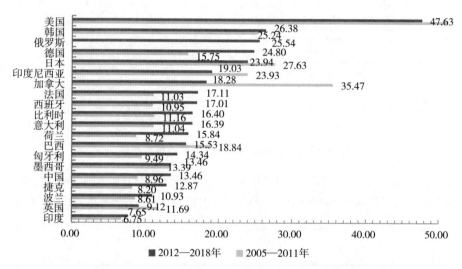

图 5.59　各国其他零配件国际竞争力动态指数比较

3. 芯片等电子元件

以中国汽车产业政策重大变化 2012 年为节点,考察 2005—2011 年和 2012—2018 年两个时间区间之间世界各国汽车芯片等电子元件国际竞争力的动态变化,如图 5.60 所示,2005—2011 年中国芯片等电子元件国际竞争力名列第一,但在 2012—2018 年时间段内,中国芯片等电子元件制造国际竞争力出现较大幅度的下降,因而样本国家中排名下落至第四位,这主要是因为价值实现和价值分配竞争力指数的大幅下降。究其深层次原因,产业迈向高端制造遭遇瓶颈和产业集中度的上升分别是价值实现和价值分配竞争力下降的动因。

4. 电池和蓄电池

以中国汽车产业政策重大变化 2012 年为节点,考察 2005—2011 年和 2012—2018 年两个时间区间之间世界各国汽车电池国际竞争力的动态变化,如图 5.61 所示,中国电池在两个时间区间国际竞争力均排名倒数第一,且在 2012—2018 年时间段内,国际竞争力出现一定幅度的下降,这主要受

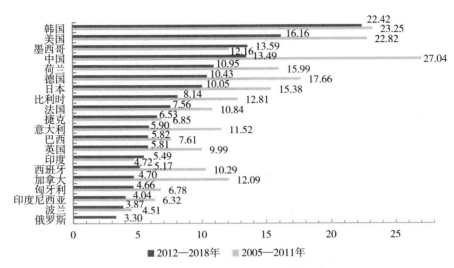

图 5.60　各国芯片等电子元件国际竞争力动态指数比较

到价值分配竞争力指数下降的影响。说明中国电池业无论价值创造、价值实现还是价值分配竞争力在样本国家中均相对较低,此外,尤其价值链中地位的下降更需要警惕。

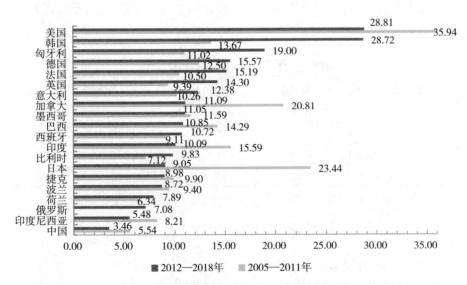

图 5.61　各国电池国际竞争力动态指数比较

五、双重差分模型的实证分析

（一）模 型 构 建

双重差分（DID）模型的构建参照前文。

（二）变 量 说 明

被解释变量为本章所测算的汽车各零部件制造业国际竞争力指数,分别为车身国际竞争力（S1）、其他零配件（S2）、芯片等电子元件（S3）和电池（S4）。其余变量均保持一致。

（三）数 据 来 源

控制变量均来源于世界银行 Worldwide Governance Indicators（WGI）数据库。

（四）描述性统计结果

如表 5.1 所示,各变量描述性统计特征均未出现异常值,启示可进行常规模型的实证研究。

表 5.1　主要变量的描述性统计结果

变量	均值	标准差	最小值	中值	最大值	样本量
S1	0.166	0.106	0.001	0.150	0.674	249
S2	0.171	0.113	0.011	0.147	0.712	249
S3	0.101	0.061	0.017	0.080	0.333	249
S4	0.124	0.092	0.005	0.111	0.593	249

（五）实证模型结果分析

依据模型,将中国与其他样本国家进行对照,运用双重差分（DID）模型考察政策实施带来的处理效应。由于同时控制国家固定效应会导致共线性而无法估计 DID 项,故表 5.2 展示了控制时间固定效应和国家特征变量的DID 模型结果,第（1）—（4）列分别表示车身、其他零配件、芯片等电子元件和电池制造业国际竞争力的双重差分（DID）估计结果。除芯片等电子元件

DID 项的系数不显著以外,其他均为显著负相关,说明平均来说,2011 年"十二五"规划以及《节能与新能源汽车产业发展规划(2012—2020 年)》等相关汽车产业政策实施后,中国汽车车身、其他零配件和电池制造业竞争力相对于其他国家来说出现显著下降趋势,而芯片等电子元件制造业竞争力则无显著变化。中国动力电池制造业可能在技术创新方面取得了重大突破,使其在国际竞争中处于领先地位。而车身和其他零配件制造业可能在技术创新方面由快速模仿创新转变为原创性创新,叠加规模和从业人员基数大的原因,导致相对竞争力下滑。

表 5.2　双重差分模型结果

	（1）车身	（2）其他零配件	（3）芯片等电子元件	（4）电池
	S1	*S2*	*S3*	*S4*
did	− 0. 2816 *** (0. 0295)	− 0. 2646 *** (0. 0284)	0. 0078 (0. 0127)	− 0. 1565 *** (0. 0271)
国家固定效应	No	No	No	No
年份固定效应	Yes	Yes	Yes	Yes
国家特征变量	Yes	Yes	Yes	Yes
观测值	224	224	224	224
R^2	0. 4242	0. 4927	0. 5980	0. 4172

注:表中括号中的值均为稳健标准误。*** 、** 和 * 分别表示在 1%、5% 和 10% 水平上显著。

接下来以 2011 年为零点,展示了政策实施前后中国和样本国家芯片等电子元件国际竞争力差异的动态变化情况。其中,虚线表示 95% 的置信区间,回归模型与模型保持一致。

图 5. 62 中系数正负号代表了中国芯片等电子元件竞争力比其他样本国家平均值相对更高抑或更低。观察发现,中国芯片等电子元件的国际竞争力在整个样本区间内与其他样本国家均未出现显著差异,即保持了很好的平行发展趋势,这得益于中国飞速发展的互联网经济。

六、本 章 小 结

本章对国际标准行业分类(ISIC Rev 4. 0)中编码"2920"衡量车身部件的制造,编码"2930"衡量除整车和车身以外的零部件,以编码"2610"考察包括芯片产业在内的电子元件,以编码"2720"考察整个电池产业,进行了

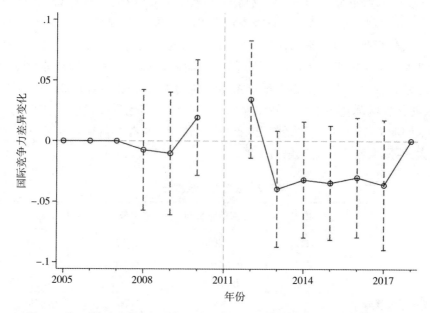

图 5.62　中国与其他样本国家芯片等电子元件国际竞争力差异的动态变化

国际竞争力总指数及价值创造、价值实现和价值分配分指数及细分指标的测算。并且通过样本国家分指数和细分指标的静态与动态排名的方式比较分析了中国和样本其他国家在车身、其他零配件、芯片等电子元件和电池制造行业的国际竞争力发展现状。主要研究发现如下。

1. 中国车身制造业国际竞争力的分析

国际竞争力总指数排名较低,其主要原因,一是以劳动从业人数和工业总产值为分母拉低了价值创造竞争力指数排名;二是综合设计、技术和工艺水平等造成品牌国际影响力还不足以与老牌汽车强国竞争,导致较低的价值实现竞争力指数;三是产业集中度的快速提升使 2012—2018 年时间段内价值分配竞争力出现较大程度的下滑。

中国汽车车身价值创造竞争力指数排名较低,细分指标除了劳动生产效率数据缺失严重以外,劳动和资本要素报酬均排在最后一位。结合工业增加值率表现较好的事实,同样说明了车身制造业人均和总产值平均意义上"大而不强"的现状。

中国汽车车身价值实现竞争力指数受显示性比较优势、国际市场占有率和贸易竞争力等细分指标表现不佳的拖累而名列末位。说明中国汽车车身柔性焊装等工艺水平还达不到国际前沿水平,价值创造效率和竞争力较低。

中国汽车车身价值分配竞争力在样本国家中位列第 4 位,工业增加值率等细分指标表现也较好。与汽车整车的情况类似,这说明车身制造业在国际价值链中占有重要地位,虽然其主要服务于国内市场,但是总量劳动力和资本的投入获得了相应的价值分配。而与此同时,在 2012—2018 年时间段内价值分配竞争力同样出现较大程度的下滑、产业集中度大幅提升的动态变化是价值分配竞争力动态下降的动因,成为价值分配竞争力持续提升的重要隐患。

2. 中国其他零配件制造业国际竞争力的分析

国际竞争力总指数排名较低,但是相对于整车和车身的排名更高,其主要原因,一是在于以劳动从业人数和工业总产值为分母拉低了价值创造竞争力指数排名;二是大规模分工协作的综合工业能力较强导致价值实现竞争力指数相比于整车和车身的排名更高,位于接近中游的水平;三是产业集中度的快速提升使 2012—2018 年时间段内价值分配竞争力出现较大程度的下滑。

中国汽车其他零配件价值创造竞争力指数排名较低,细分指标除了劳动生产效率数据缺失严重以外,劳动和资本要素报酬均排在最后一位。结合工业增加值率表现较好的事实,同样说明了汽车其他零配件制造业人均和总产值平均意义上"大而不强"的现状。

中国汽车其他零配件价值实现竞争力指数相对于整车和车身的排名也更高。说明中国汽车综合工业能力较强,除车身以外的零配件在国际市场上具备一定的出口竞争力,但依然有较大的成长空间。

中国汽车其他零配件价值分配竞争力在样本国家中位列第 4 位,工业增加值率等细分指标表现也较好。与汽车整车和车身的情况类似,这说明其他零配件制造业在国际价值链中占有重要地位,虽然其主要服务于国内市场,但是总量劳动力和资本的投入获得了相应的价值分配。同时值得注意的是,在 2012—2018 年时间段内价值分配竞争力同样出现一定程度的下滑、产业集中度快速上升的动态变化也是价值分配竞争力动态下降的原因。另一方面,汽车产业资本投入巨大,自然发展的规律是产业积聚和集中,但进一步价值链的攀升如果难以突破,则会是价值分配竞争力持续提升的隐患。

3. 新能源汽车重要上游行业——中国芯片等电子元件制造业国际竞争力的分析

国际竞争力总指数排名第三,仅次于韩国和美国,其主要原因,一是大规模分工协作的完整产业链和工业制程,使得由国际市场占有率价值实现竞争力名列第一。二是价值分配竞争力名列第三。拉低总指数的原因一方面在于产业集中度的快速提升使 2012—2018 年时间段内价值分配竞争力出现较大程度的下滑。另一方面在于以劳动从业人数和工业总产值为分母拉低了价值创造竞争力指数排名。

中国芯片等电子元件的价值创造竞争力指数排名较低,细分指标除了劳动生产效率数据缺失严重以外,劳动和资本要素报酬均排在最后一位。结合工业增加值率表现较好的事实,同样说明了芯片等电子元件人均和总产值平均意义上"大而不强"的现状。

中国芯片等电子元件价值实现竞争力指数名列世界第一,这说明中国经济、市场和工业能力的成长,芯片等电子元件行业已形成完整产业链,成为全球芯片供应的主要产能所在地。

中国芯片等电子元件价值分配竞争力在样本国家中位列第三位,工业增加值率等细分指标表现也较好,这说明中国在价值链上的地位十分重要,在成为全球芯片等电子元件主要产能基地的同时也能分享较大的价值增值。同时值得注意的是,在 2012—2018 年时间段内价值分配竞争力同样出现一定程度的下滑、产业集中度快速上升的动态变化也是价值分配竞争力动态下降的原因。此外,高端芯片等电子元件进一步价值链的攀升如果难以突破,也会是价值分配竞争力持续提升的隐患。

4. 新能源汽车重要上游行业——中国电池制造业国际竞争力的分析

对中国锂电、动力电池的分析发现,在电动汽车高速增长的带动下,我国锂电池、动力电池产业呈现持续快速增长态势,产品和技术创新也在不断加速,有望成为支持中国电池产业弯道超车的关键板块。

中国电池制造业国际竞争力及其各分指数在样本国家中均排名末尾,这说明劳动生产效率等表征的价值创造竞争力、显示性比较优势等衡量的价值实现竞争力以及工业增加值率等构造的价值分配竞争力在样本国家中的样本期内属于末游水平。

中国电池制造业的价值创造竞争力指数排在倒数第二,细分指标除了劳动生产效率数据缺失严重以外,劳动和资本要素报酬均排在最后一位。而且工业增加值率也位于末位,这说明中国整体电池制造业发展还处于较低水平,价值创造效率和总量与样本国家均有较大差距。

中国电池制造业价值实现竞争力指数名列最后一位,这说明中国电池制造业在国际上出口规模及竞争力较弱,电池生产还主要为满足国内所需。

中国电池制造业价值分配竞争力在样本国家中也处于最末位,这主要受到产业集中度和显示性比较优势等指标表现较差的影响,国际市场占有率指标表现相对较好,说明在全球价值链分配中占据了一定的地位。同时值得注意的是,在 2012—2018 年时间段内价值分配竞争力同样出现一定程度的下滑、产业集中度快速上升的动态变化也是价值分配竞争力动态下降的原因。

　　运用双重差分模型代替简单时间前后对比的分析发现,除了芯片等电子元件与样本其他国家保持平行的发展趋势外,车身、其他零配件和电池制造业在 2011 年后均出现国际竞争力的较大下滑。通过进一步年度动态变化趋势分析发现,芯片等电子元件制造业保持与样本国家平均值高度同步的趋势。

第6章 中国汽车产业综合国际竞争力水平测度及其比较分析

对汽车整车和零部件的分析发现价值创造、价值实现和价值分配竞争力指数以及国际竞争力总指数的国际排名并不一致,甚至差别较大。因此,需要进一步考察汽车整体产业的国际竞争力指数及其各分指数排名情况,以进一步确定综合汽车产业中各细分行业的国际竞争力处境,探究哪一细分行业对整体汽车产业制造的国际竞争力提升产生更为重要的作用。

具体来说,这将带来以下几方面的优势:一是综合性视角:将整车制造和汽车零部件制造合并在一起,能够提供一个更全面的视角来评估中国汽车产业的竞争力。汽车整车制造和汽车零部件制造是紧密相关的领域,它们之间存在着协同作用和相互依赖关系。综合考虑整车制造和零部件制造的竞争力,有助于揭示两者之间的互动关系和对整体产业竞争力的影响。二是市场竞争的综合性:在实际市场中,汽车整车制造和汽车零部件制造企业往往是相互竞争的一部分。竞争激烈的整车市场需要高质量、高性能的零部件供应,而优秀的零部件制造企业也需要找到有竞争力的整车厂商作为其客户。比如整车制造业价值实现竞争力排名相对较低,但是零部件价值实现竞争力排名较高。因此,将整车和零部件合在一起考察,能够更好地理解整个汽车产业的竞争态势。三是数据可获得性:在实际研究中,整车制造和汽车零部件制造的数据存在一定的缺失,尤其是涉及汽车零部件的细分行业。将两者合并考察可以降低数据获取的困难,并提高比较和分析的可行性。同时,合并考察还能够减少在数据比对和校准上的误差,使研究结果更具可靠性。四是综合性分析的价值:综合考察整车和零部件的竞争力可以提供更全面、更综合的研究结论。通过综合分析整车和零部件制造领域的竞争力,我们可以更好地理解产业链的协同效应、资源的配置效率以及整体产业的竞争地位。

下面以国际标准行业分类(ISIC Rev 4.0)中包括编码"2910""2920"和"2930"在内的"29"所代表的综合汽车产业进行国际竞争力总指数及价值创造、价值实现和价值分配分指数及细分指标的测算和比较分析。

一、汽车产业价值创造竞争力

（一）静 态 比 较

1. 劳动生产率

由于车身和其他零部件缺乏劳动生产率的数据,故用整车劳动生产率替代汽车产业的劳动生产率指标。在考察的 20 个样本国家中,2001—2018 年,中国汽车制造业的平均劳动生产率为 7.73 万美元/人·年,排名倒数第 4 位,仅高于波兰、俄罗斯和印度。排名前 5 位的国家有美国(38.92 万美元/人·年)、韩国(24.39 万美元/人·年)、加拿大(21.28 万美元/人·年)、日本(20.09 万美元/人·年)和墨西哥(16.98 万美元/人·年)。意大利、波兰、俄罗斯和印度汽车制造业的劳动生产率相对较低,分别为 8.13 万美元/人·年、6.09 万美元/人·年、3.43 万美元/人·年和 3.31 万美元/人·年(如图 6.1 所示)。中国汽车制造业劳动生产率表现较低的主要原因是劳动从业人员较多,人均意义上工业增加值率较低。

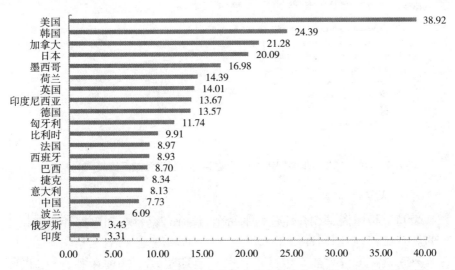

图 6.1　2001—2018 年各国汽车制造业劳动生产率比较(单位:万美元/人·年)

2. 劳动力要素贡献度

从全球范围看,2001—2018 年,汽车制造业平均劳动要素贡献率排名前 5 位的国家分别是德国、英国、法国、荷兰和巴西,平均劳动要素贡献度分别为 15.25%、11.06%、10.90%、10.60% 和 9.72%。中国的平均劳动力要素贡献率仅为 3.79%,仅高于印尼(3.46%),排名第 19 位(如图 6.2 所示)。2001—2018 年,中国汽车制造业的平均工业总产值达到 40288.06 亿美元,排名世界第 4 位,次于韩国(1379404.60 亿美元)、日本(507911.71亿美元)和印尼(1558990.31 亿美元)。可见,与如此规模的中国汽车工业相比,中国汽车制造业从业人员的薪酬水平并不相称,换言之中国汽车制造业的劳动力报酬的增长速度远远落后于汽车工业的扩张速度。不过,较低的劳动力薪酬水平也是中国汽车制造业吸引大量跨国公司来华投资以及推动中国汽车企业生产规模迅速扩大的主要推动力量。因此,可以说,高投入、低工资的发展模式是中国汽车制造业劳动力要素贡献度较低的主要原因。

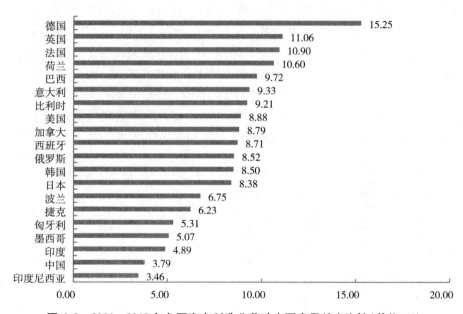

图 6.2　2001—2018 年各国汽车制造业劳动力要素贡献度比较(单位:%)

3. 资本要素贡献度

2001—2018 年,以固定资本形成额与从业人员数之比的资本要素贡献的静态比较,中国同样居于末位,和第一名相差近 9 倍。汽车产业平均资本要素贡献度位列前 5 位的国家分别是印尼、韩国、匈牙利、美国和日本,其资本要素贡献度分别为 4.21%、2.46%、2.43%、2.03%和 1.74%,紧接着是意大利、西班牙和德国(如图 6.3 所示)。说明中国汽车产业的人均资本还相对处在较低水平。汽车产业价值创造竞争力排名末位的原因应主要受累于从业人员和产业规模基数的庞大,使得整体呈现出"大而不强"的现状。

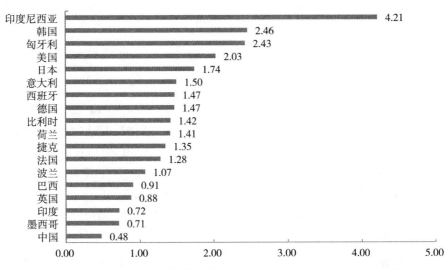

图 6.3　2001—2018 年各国汽车制造业资本要素贡献度比较(单位:%)

4. 价值创造竞争力排名

根据评价体系计算出的汽车产业价值创造竞争力得分,排名前 5 位的国家依次是美国、德国、韩国、比利时和印尼,其价值创造竞争力指数分别为 7.94、7.43、5.99、5.83 和 5.53,除印尼外全部是发达国家(如图 6.4 所示)。这些发达国家价值创造竞争力得分排名靠前的主要原因在于劳动生产率、劳动力要素贡献度和资本要素贡献度三个指标上都普遍较为突出。印尼处

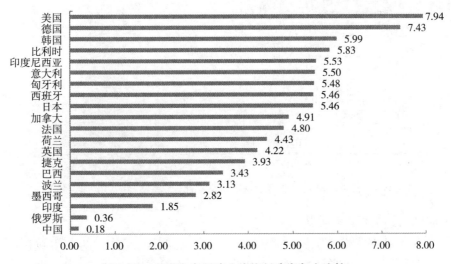

图 6.4　各国汽车制造业价值创造竞争力比较

在所有发展中国家样本中的第一位,这主要是由于其资本要素贡献度较高的缘故,反映了印尼汽车产业被外资把控的现实。

(二) 动 态 比 较

1. 劳动生产率

由于总汽车制造业数据的缺失,故采用整车劳动生产率来展开分析。从全员劳动生产率动态比较分析来看,全球汽车制造业全员劳动生产率动态指标除日本、印尼和巴西外,其他国家均呈现上升趋势。其中增长幅度较大的国家分别是韩国和英国。2012—2018 年全年劳动生产率分别为 28.76 万美元/人·年和 19.95 万美元/人·年,较 2005—2011 年的 17.82 万美元/人·年和 12.53 万美元/人·年分别增长 0.61 倍和 0.59 倍(如图 6.5 所示)。中国汽车制造业全员劳动生产率也仅有小幅提升,这反映了中国汽车制造业一方面人员素质有待提高,另一方面也反映出了汽车制造业整体技术水平有待提高。但近年来,中国汽车制造业不断引进先进技术和关键设备,技术进步较为明显,这是中国汽车行业全员劳动生产率有所提高的主要原因。

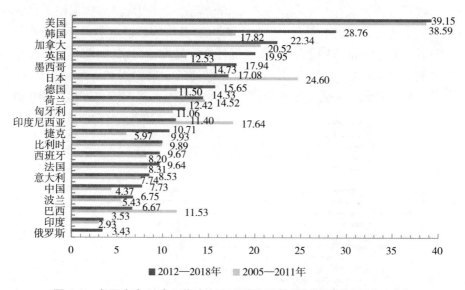

图 6.5　各国汽车制造业劳动生产率动态比较(单位:万美元/人·年)

2. 劳动力要素贡献度

从劳动力要素贡献度动态比较分析来看,2010—2018 年,前五位国家分别是德国(14.69%)、法国(12.93%)、荷兰(10.73%)、巴西(10.33%)和意大利(9.40%)。其中,法国、荷兰、巴西和意大利较 2001—2009 年有所上升,德国则有所下降。劳动力要素贡献度上升速度最快的国家是法国,2010—2018 年较 2001—2009 年提高了 0.46 倍,此外波兰、匈牙利、墨西哥、印度、韩国也有一定程度的提高。而个别发达国家如英国、美国、加拿大、日本则呈现下降趋势,分别由 2001—2009 年的 12.97 %、9.81 %、9.27 %和8.63 %下降至 2010—2018 年的 9.14 %、7.95 %、8.31 %和 8.14 %(如图6.6 所示)。劳动力要素贡献度提升反映了这些国家汽车工业产值扩大的同时,从业人员的薪酬水平也随之有所提高。值得注意的是,尽管中国的劳动力要素贡献度相对其他国家较低,但纵向比较,中国的劳动力要素贡献度指数由 2001—2009 年的 3.44 %上升到 4.14 %,显示出中国汽车行业从业人员的薪酬水平也在逐渐缓慢提高。

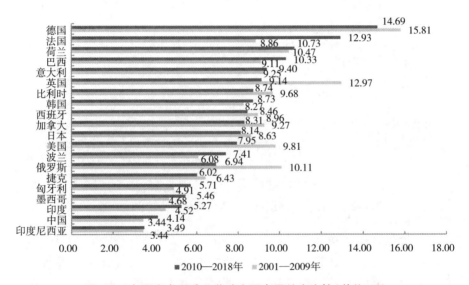

图 6.6　各国汽车制造业劳动力要素贡献度比较(单位:%)

3. 资本要素贡献度

从资本要素贡献度动态比较分析看,2010—2018 年,平均资本要素贡献度指数较高的国家主要有印尼(13.31%)、匈牙利(7.27%)、波兰(5.18%)、印度(5.04%)和捷克(4.41%)等。相对于 2001—2009 年水平,上升幅度较大的国家有巴西、印尼和荷兰,其中巴西、印尼和荷兰 2010—2018 年平均资本要素贡献度达到 2001—2009 年的 5.61 倍、1.17 倍和 1.64倍;下降幅度较大的国家有印度、韩国、日本、捷克和中国,其中中国的下降幅度最大,2010—2018 年较 2001—2009 年平均资本要素贡献度下降6.31%,主要原因是汽车行业固定资本形成增速慢于汽车工业产值增速(如

图 6.7 所示)。巴西资本要素贡献度上升较快,主要原因在于巴西汽车行业固定资本形成增速大于工业总产值的增速,反映了巴西汽车工业的发展潜力。法国资本要素贡献度快速提升主要是由于法国汽车工业萎缩的同时固定资本形成仍有所增加所致。

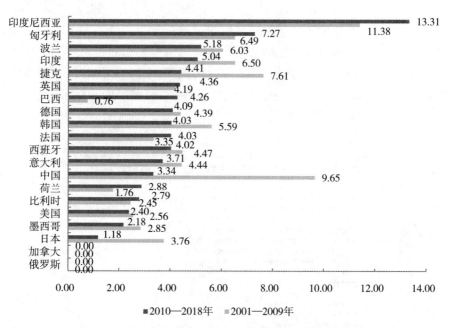

图 6.7　各国汽车制造业资本要素贡献度比较(单位:%)

4. 价值创造竞争力排名

从汽车产业价值创造竞争力动态指数看,竞争力上升较快的国家主要有美国、韩国和荷兰,2005—2011 年这些国家的汽车产业价值创造竞争力指数分别为 6.86、4.94、3.50,而 2012—2018 年则进一步上升至 8.71、6.86、5.35(如图 6.8 所示)。其他大多数样本国家均有创造竞争力的下降,这与世界经济放缓有关。

二、汽车产业价值实现竞争力

(一) 静 态 比 较

1. 显示性比较优势指数

2001—2018 年,汽车制造业显示性比较优势(RCA)指数大于 1 的国

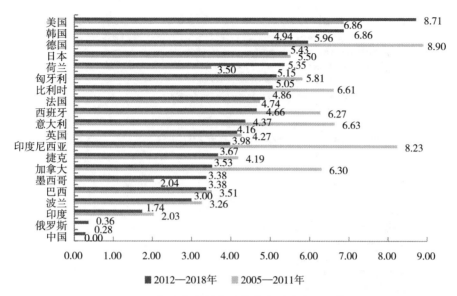

图 6.8　各国汽车制造业价值创造竞争力比较

家总计 13 个,占考察样本国家的 65%。排名前 5 位的国家分别为日本、西班牙、墨西哥、捷克和德国,其 RCA 指数分别为 2.59、2.36、2.34、2.22 和 2.12(如图 6.9 所示)。中国汽车制造业的 RCA 指数仅为 0.31,竞争力相对较弱。如果考虑到中国拥有世界最大的汽车产业规模的话,中国汽车制造业显示性比较优势指数偏低反映了现阶段中国汽车工业发展的突出问题,即中国的汽车制造主要面向的是国内市场,远不像其他加工产业(如 IT 产业)那样成为该产业的世界制造业中心。不过,中国汽车制造业向海外市场扩张已经起步,目前正逐渐进入发展的快车道。我们相信,随着中国汽车出口量的不断提升,中国汽车制造业的显示性比较优势也会随之提高。

2. 国际市场占有率

2001—2018 年,汽车制造业国际市场占有率排名前 5 位的国家分别为德国、日本、美国、加拿大和墨西哥,分别达到 18.61%、12.67%、9.38%、5.57% 和 5.06 %,其次是法国、韩国、西班牙、英国和比利时。德国、日本、美国、加拿大等传统汽车制造强国基本占据了国际汽车出口市场,四国国际市场占有率加起来达到 46.23%。墨西哥作为汽车制造的后起之秀迅速崛起,2001—2018 年平均国际市场占有率达到 5.06%,当然墨西哥汽车出口的迅猛发展离不开北美自由贸易区的推动(如图 6.10 所示)。在北美自由贸易区零关税的刺激下,大批汽车制造企业将生产基地设在美墨边境的墨

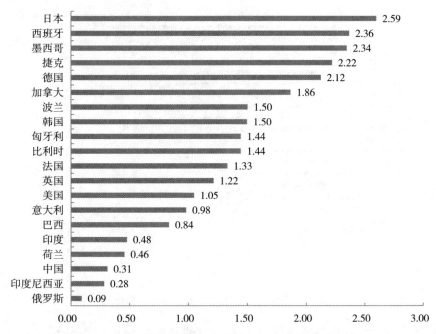

图 6.9　2001—2018 年各国汽车制造业显示性比较优势指数比较

西哥一侧,沿美墨边境形成了一条汽车产业带,而这些工厂的产品绝大多数出口美国和加拿大,从而大大提升了墨西哥汽车产品的国际市场占有率。中国汽车制造业国际市场占有率为 3.20%,排名第 11 位,处于 20 个样本国家的中游位置,但我们也要看到中国汽车产品出口仍然存在结构不合理的问题。根据《中国汽车工业年鉴 2011》数据显示,2010 年中国汽车产品出口以零部件出口为主,金额占比达到 77%,而汽车整车出口金额占比仅为12.9%。即便是汽车整车出口也以载货车出口为主,2010 年载货车出口数量占当年汽车整车出口总量的 41%,而轿车出口数量仅占 31.8%。

3. 贸易竞争指数

2001—2018 年,在 20 个样本国家中,汽车净出口国家包括日本、韩国、印度、德国、捷克、墨西哥、匈牙利、波兰、西班牙、巴西和比利时,其贸易竞争指数分别为 0.78、0.73、0.46、0.41、0.35、0.31、0.16、0.09、0.08、0.04 和0.01(如图 6.11 所示)。其中日本和韩国汽车出口远大于进口,具有最强的贸易竞争优势;而捷克、墨西哥等国则主要是由于在欧盟东扩和北美自由贸易区的带动下吸纳了大量的汽车制造业外国直接投资。这些汽车业外资企业已经将上述三个国家打造成了面向全球市场的生产基地,从而造成了这三个国家的汽车出口远大于进口。印度也属于汽车净出口国,这主要得

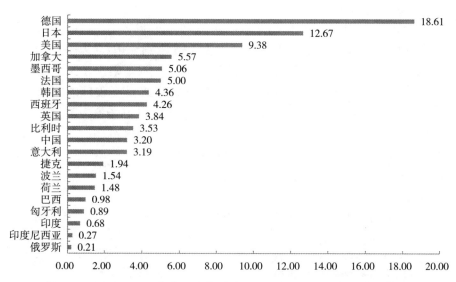

图 6.10　2001—2018 年各国汽车制造业国际市场占有率比较(单位:%)

益于塔塔集团这样的印度国内大型汽车制造企业和全球汽车跨国公司的出口活动。中国的贸易竞争指数为-0.03,随着汽车出口迅速增加,中国汽车进出口正在趋于平衡。

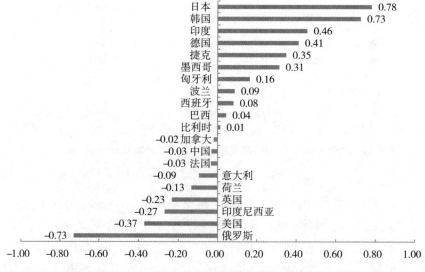

图 6.11　2001—2018 年各国汽车制造业贸易竞争力比较

　　4. 出口市场集中度

　　2001—2018 年,排名前 5 位的国家分别是加拿大、墨西哥、美国、巴西、匈牙利,其出口市场集中度平均值分别达到了 91.69%、69.53%、23.94%、23.83% 和 19.89%,可见,这些国家出口汽车集中于某国或某些地区的程度较高,具有市场垄断性。汽车市场垄断程度较低的国家有荷兰、印尼、法国、意大利、英国、德国和印度,平均出口市场集中度仅分别为 9.11%、8.94%、8.84%、8.44%、7.20%、6.05%、4.05 %,中国汽车制造业的出口市场集中度平均值为 7.38%,排名第 17 位,说明中国汽车出口市场结构较为分散(如图 6.12 所示)。

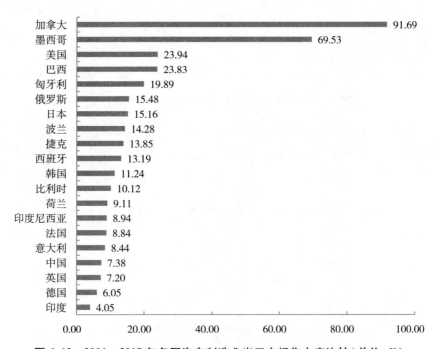

图 6.12　2001—2018 年各国汽车制造业出口市场集中度比较(单位:%)

　　5. 品牌影响力程度

　　2001—2018 年,20 个样本国家中汽车品牌影响力最高的五个国家分别为美国、日本、德国、巴西和意大利,品牌影响力平均指数分别为 18.00、15.50、9.00、7.72 和 7.38,其次是印度、英国、法国、印尼和比利时(如图 6.13 所示)。加拿大、波兰、中国和荷兰的汽车品牌影响力相对较低,品牌影响力指数均低于 1。这说明中国汽车产品开拓市场、占领市场并获得利润的能力较弱。

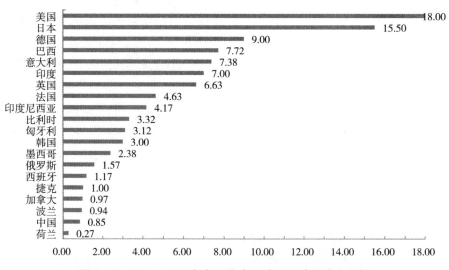

图 6.13　2001—2018 年各国汽车制造业品牌影响力比较

6. 价值实现竞争力

根据评价体系计算出的汽车制造业价值实现竞争力得分,排名前 5 位的国家依次是日本、德国、韩国、墨西哥、美国,其价值实现竞争力指数分别为 8.34、7.19、5.25、5.20、4.44(如图 6.14 所示)。除墨西哥为发展中国家、韩国为新兴经济体以外,全部是发达国家。这些发达国家价值实现竞争

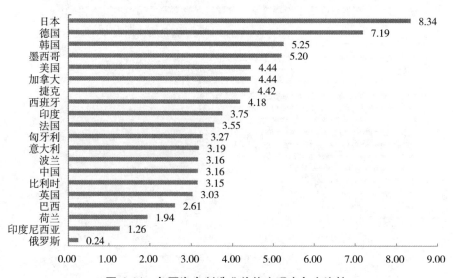

图 6.14　各国汽车制造业价值实现竞争力比较

力得分排名靠前的主要原因在于在品牌影响力程度和国际市场占有率两项指标上普遍较为突出。中国汽车制造业价值创造竞争力指数为 3.16,排在第 14 位,处在所有发展中国家样本中的倒数第 4 位。总体来看,在价值实现环节,中国汽车制造业的竞争力较弱,低于日本、韩国、德国等传统汽车强国,也低于墨西哥等新兴汽车制造大国。从价值实现竞争力指数的五个构成指标来看,出口市场过于集中、品牌影响力及显示性比较优势较弱属于中国汽车制造业价值实现环节的软肋,而国际市场占有率及贸易竞争力指数相对较高。

（二）动 态 比 较

1. 显示性比较优势指数

从显示性比较优势(RCA)指数动态比较分析来看,2010—2018 年,平均显示性比较优势指数较高的国家主要有墨西哥(2.84)、日本(2.71)、捷克(2.51)、德国(2.27)和西班牙(2.23)等。相对于 2001—2009 年水平,上升幅度较大的国家有墨西哥、匈牙利、捷克、英国和德国等国家,其中墨西哥、匈牙利、捷克在 2010—2018 年平均显示性比较优势指数达到 2001—2009 年的 1.54 倍、1.69 倍、1.30 倍(如图 6.15 所示)。发展中国家汽车制造业的 RCA 指数上升迅速,反映了汽车制造业在以上这几个国家出口产业

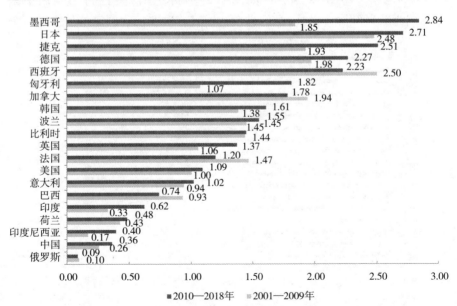

图 6.15　各国汽车制造业显示性比较优势指数比较

中的地位有所上升,其主要原因在于来自美国、西欧传统汽车制造大国的投资大量涌入印尼、印度和匈牙利等国,从而将这些发展中国家打造成了新的汽车制造和出口基地。下降幅度较大的国家有俄罗斯、加拿大、巴西、法国和西班牙,其中西班牙下降幅度最大,2010—2018 年较 2001—2009 年平均 RCA 指数下降 0.27。不难看到,中国显示性比较优势指数的提升表明中国汽车制造业在各出口产业中的比较优势渐趋明显。可以相信,随着中国汽车出口规模的迅速扩大,该行业的显示性比较优势有望进一步得以提升。

2. 国际市场占有率

从国际市场占有率动态比较分析来看,2010—2018 年,国际市场占有率较高的国家主要有德国(18.44 %)、日本(11.26 %)、美国(9.49%)、墨西哥(6.20%)和韩国(5.01%)等。相对于 2001—2009 年水平,上升幅度较大的国家有中国、墨西哥、韩国、捷克和印度等国家,其中中国、墨西哥和韩国在 2010—2018 年平均国际市场占有率达到 2001—2009 年的 2.27 倍、1.58 倍和 1.34 倍(如图 6.16 所示)。发展中国家或新兴经济体韩国的汽车制造业国际市场占有率上升迅速,国际市场占有率动态上升集中反映了印尼、印度、中国等新兴汽车制造大国在世界市场上的分量和影响力。除了

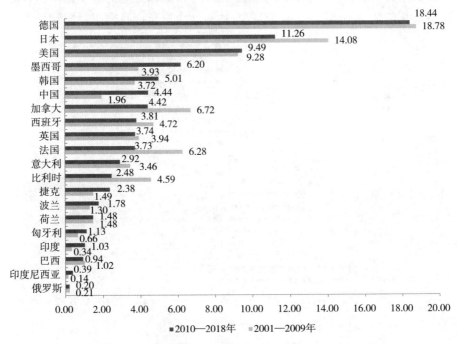

图 6.16　各国汽车制造业国际市场占有率比较(单位:%)

中国、墨西哥、韩国、捷克、印度、波兰、匈牙利、印尼、美国和荷兰外,其他样本国家在 2010—2018 年的平均国际市场占有率指标出现下降,其中加拿大、比利时、日本、意大利、西班牙和法国等传统汽车制造强国的国际市场占有率相对 2001—2009 年的水平平均下降幅度分别达到 34.15%、45.95%、20.03%、15.68%、19.39% 和 40.71%,这基本与汽车制造业全球贸易生产格局相匹配。

3. 贸易竞争指数

从贸易竞争指数动态比较分析来看,2010—2018 年,平均贸易竞争力指数较高的国家主要有日本(0.76)、韩国(0.68)、印度(0.46)、德国(0.41)、墨西哥(0.40)、捷克(0.39)和匈牙利(0.27)等。相对于 2001—2009 年的水平,上升幅度较大的国家有印尼、匈牙利、墨西哥、意大利、西班牙、英国和波兰等国家,其中印尼、匈牙利和墨西哥在 2010—2018 年平均贸易竞争力指数较 2001—2009 年分别提升 0.25、0.21 和 0.17,下降幅度较大的国家有比利时、加拿大、中国、法国、俄罗斯和巴西。中国的贸易竞争力指数从 2001—2009 年的 0.04 下降到至 2010—2018 年的 -0.10(如图 6.17 所示)。以上变动反映了墨西哥、捷克、印度等承接临近发达国家汽车产业转移的国家,其贸易竞争力呈现上升趋势。不过,如果考虑到贸易竞争指数的正负变化的话,会发现一个有趣现象:西班牙由汽车产品净出口国转变为汽

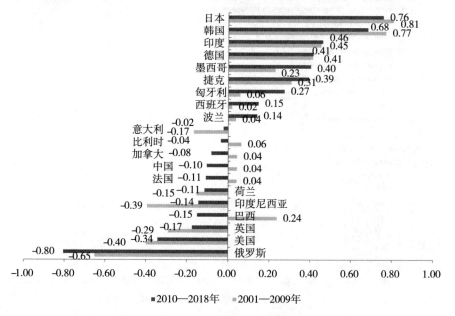

图 6.17 各国汽车制造业贸易竞争力比较

车产品的净进口国,而巴西、捷克、韩国、德国和日本等国始终保持了汽车产品净出口国地位,意大利、荷兰、英国、美国和印尼等国则始终保持了汽车产品净进口国地位。以上各国净进口和净出口地位的变化情况显示了当前全球汽车工业的发展趋势,即新兴市场国家的汽车工业迅速崛起,而传统汽车制造强国要么已经没落,要么正在走下坡路。2001 年时中国为汽车产品的净出口国,2002—2004 年转变为净进口国,2005—2008 年又成为净出口国,2009—2018 年为净进口国。

4. 出口市场集中度

从出口市场集中度动态比较分析来看,巴西出口市场集中度提升幅度最高,表明汽车产品出口更加集中于出口份额较大的前若干个国家或地区,结构明显恶化。其次俄罗斯、印尼出口市场集中度也有所提高。其余 17 个国家的出口市场集中度不断降低,尤其匈牙利、墨西哥、美国、日本和波兰表现更为明显。说明这些国家汽车产品出口市场结构趋于优化,即前若干个出口份额较大的国家或地区的出口份额在下降,其他国家或地区的出口份额在上升。2001—2009 年,中国汽车产品出口市场集中度指数为 9.05,2010—2018 年则降至 5.71(如图 6.18 所示)。中国汽车出口主要集中在拉丁美洲、俄罗斯、中东、北非等非发达地区,主要由于这部分低端市场门槛较低,相对容易进入,但近年来对欧盟和美国发达经济体市场的开拓力度有所增强,汽车出口地区结构趋于合理。

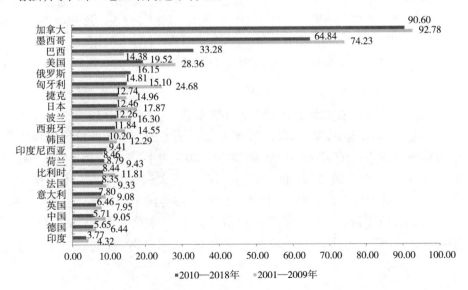

图 6.18　各国汽车制造业出口市场集中度比较

5. 品牌影响力程度

从品牌影响力动态比较分析来看,全球汽车品牌影响力不断扩大的国家主要是中国和英国,2001—2009 年,英的汽车品牌影响力指数为 5.00,而 2010—2018 年进一步上升至 8.25。而中国虽然取得了一定的进步,但却是建立在起点较低的基础上。德国、意大利、日本、法国、俄罗斯、韩国、西班牙汽车品牌影响力略微下降,2010—2018 年较 2001—2009 年下降幅度分别为 24.39%、26.47%、9.23%、23.81%、50.00%、28.57%、33.33%(如图6.19 所示)。

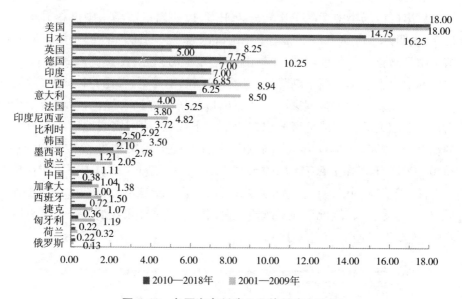

图 6.19　各国汽车制造业品牌影响力比较

6. 价值实现竞争力

从汽车产业价值实现竞争力动态指数来看,竞争力上升较快的国家主要有墨西哥、匈牙利、印尼,2001—2009 年这些国家的汽车产业价值实现竞争力指数分别为 4.48、2.68、0.72,而 2010—2018 年则进一步上升至 5.78、3.77、1.77。此外英国、捷克、波兰、荷兰、印度、意大利等国家均有不同程度的提升。德国、比利时、加拿大、巴西、法国、日本等国家的汽车产业实现创造力指数有所下降,中国汽车产业价值创造力指数略有提升,由 2001—2009 年的 2.87 上升至 2010—2018 年的 3.29(如图 6.20 所示)。

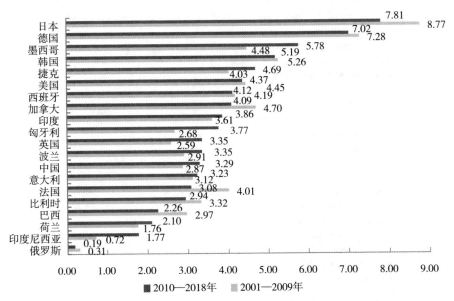

图 6.20　各国汽车制造业价值实现竞争力比较

三、汽车产业价值分配竞争力

（一）静 态 比 较

1. 出口相对价格指数

根据竞争力评价体系计算出来的出口相对价格指数，2001—2018 年，汽车制造业的出口平均单价与进口单价之比排名前 5 位的国家有日本、美国、西班牙、加拿大、德国，其出口相对价值指数分别为 2.97、2.45、1.70、1.53、1.25。排名后 5 位的国家有荷兰、意大利、俄罗斯、韩国、中国，其出口相对价格指数为 0.89、0.86、0.75、0.57、0.25（如图 6.21 所示）。中国在前 20 位国家排名中倒数第 1，这反映了中国汽车进出口价格水平存在较大差异，换言之，中国出口的汽车产品普遍价格低廉，而进口的汽车产品则价格高昂。这一现象主要存在以下三方面的原因：一是与中国汽车产品出口以低价策略为主有关；二是凸显出中国汽车品牌价值相对于欧美发达国家甚至新兴的汽车制造国家仍然偏低；三是这一现象也与中国汽车出口以零部件为主，而进口以整车和高端零部件为主有着密切关联。

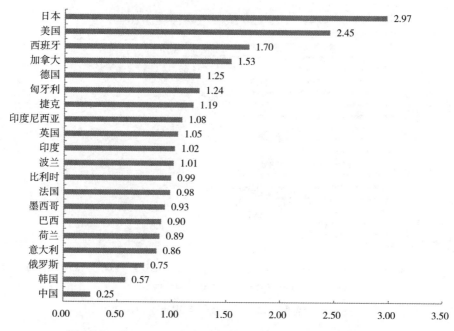

图6.21 2001—2018年各国汽车制造业出口相对价格指数比较

2. 工业增加值率

2001—2018年,汽车制造业工业增加值率排名前5位的国家为印尼、韩国、美国、日本、巴西,其工业增加值率分别为60.78%、32.15%、30.63%、28.34%、27.09%。汽车制造业增加值率较高反映了这些国家的汽车产品的加工增值幅度较高,汽车产业在生产链条上的整体地位较高。排在后5位的国家分别为法国、印度、俄罗斯、西班牙、比利时,其工业增加值率为18.55%、18.20%、17.85%、17.36%、17.34%。中国汽车制造业工业增加值率为19.72%,排在第12位,仅相当于印尼的32.44%、韩国的61.33%、美国的64.36%、日本的69.56%、巴西的72.79%(如图6.22所示)。中国汽车制造业工业增加值率较低反映出了中国汽车工业"大而不强"的严峻现实。中国汽车工业规模世界最大,但加工增值却并不高,这从侧面揭示中国汽车工业在全球生产链条中整体上仍处于较低位置。

3. 产业集中度

2001—2018年,汽车制造业产业集中度较高的前五位国家分别为韩国、俄罗斯、墨西哥、捷克、匈牙利,平均产业集中度指数分别为35.57、26.87、23.25、20.54、18.71。印度、印尼、意大利、荷兰的汽车产业集中度相

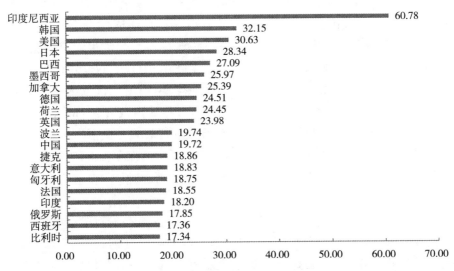

图 6.22　2001—2018 年各国汽车制造业工业增加值率比较(单位:%)

对较低,平均产业集中度指数分别为 6.79、5.63、5.33、3.12。中国汽车产业集中度也相对较低,其指数仅为 6.80。按照全球其他主要汽车市场的标准来判断,中国的汽车业属于高度分散。在一个成熟的市场或一个成熟的

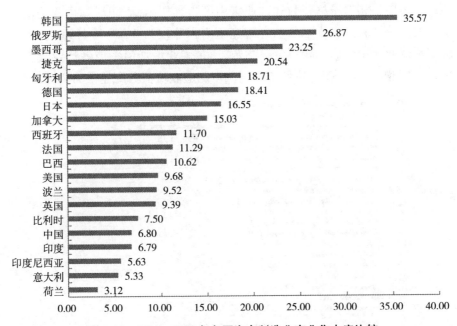

图 6.23　2001—2018 年各国汽车制造业产业集中度比较

汽车社会中,只需要几个大的成熟品牌,很多品牌在发展到一定阶段后将被淘汰和被整合。美国汽车行业经过百年发展,通用、福特、克莱斯勒等几家大的公司是现有的美国汽车跨国公司;传统汽车强国德国也仅有奔驰、宝马、大众等几个大品牌。中国汽车整车厂家高达几百家,仅 2012 年,就有 39 家整车制造厂推出自主品牌,最大的奇瑞汽车销量也仅仅为 54 万辆。2012 年前十名的汽车企业共销售汽车 1686. 28 万辆,占汽车销售总量的 87. 3%;也就是说,剩余的 13% 左右的市场要由剩余的上百家厂家来争夺,竞争格局并没有改变小而散的局面,这极不利于中国汽车工业的发展,亟须汽车产业集中度的进一步提高。

4. 价值分配竞争力

根据汽车产业综合竞争力评价体系,计算出各国汽车制造业的价值分配竞争力得分。在价值分配阶段,排名前 5 位的国家分别是印尼、日本、美国、中国、韩国,价值分配竞争力指数分别为 4. 96、4. 90、4. 14、3. 38、3. 29。除了韩国是新兴经济体和日本、美国属于发达国家外,仅有印尼、中国属于发展中国家。这反映了发达国家在汽车制造业上的竞争力不断下降,而发展中国家尤其是大量承接来自发达国家汽车产业转移的国家,竞争力明显上升。其中,除了印尼、中国外,其余三个国家价值分配竞争力得分较高主要得益于出口相对价格指数和产业集中度指数较高,而印尼则主要是由于工业增加值率较高。中国价值分配竞争力得分仅为 3. 38,排名第 4。中国汽车制造业无论是出口相对价格指数,还是工业增加值率或者产业集中度均不太理想,很大程度上拉低了中国汽车制造业价值分配竞争力得分。

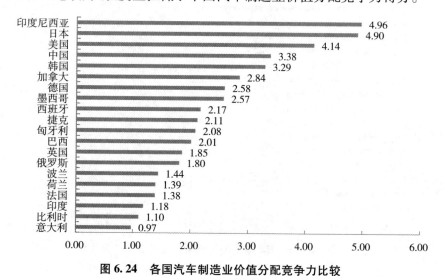

图 6. 24　各国汽车制造业价值分配竞争力比较

（二）动 态 比 较

1. 出口相对价格指数

从出口相对价格指数动态比较分析来看,2010—2018 年,平均出口相对价格指数较高的国家主要有日本、美国、西班牙、加拿大、印度、匈牙利、德国、捷克、英国、印尼,分别为 4.00、3.76、2.59、1.57、1.33、1.32、1.29、1.22、1.12、1.11,相对于 2001—2009 年水平,上升幅度较大的国家有美国、日本、西班牙,2010—2018 年平均出口相对价格指数达到 2001—2009 年的 3.31 倍、2.07 倍、3.19 倍。出口相对价格指数上升表明这些国家汽车产品出口价格水平相对进口价格水平相对更高,有利于这些国家汽车企业维持较高的出口利润,反之则出口商品变得更为廉价,在一定程度上影响出口效益。下降幅度较大的国家有墨西哥、法国、波兰、比利时。中国汽车出口相对价格指数也有所下降,反映出仍然处于低价出口的状态,对于中国汽车业未来发展是非常不利的。

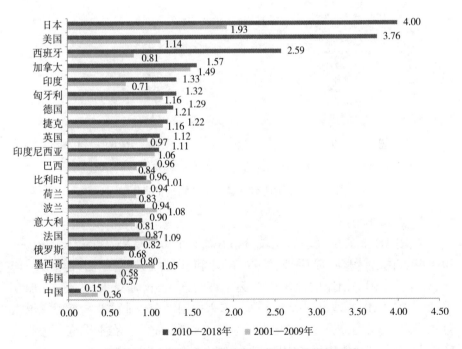

图 6.25 各国汽车制造业出口相对价格指数比较

2. 工业增加值率

从工业增加值率动态比较分析来看,与 2001—2009 年相比,日本、中国、英国、德国、墨西哥等国汽车制造业工业增加值率指数有明显上升。其中,中国汽车的工业增加值率指数从2001—2009年的19.65上升至2010—2018年的29.12。下降幅度较大的国家有巴西、韩国、美国、荷兰。法国、日本、意大利等国汽车产业工业增加值率上升表明这些国家的汽车制造业正在经历产业升级过程。以法国为例,当期汽车制造业的工业总产值和工业增加值均出现下降,这意味着法国汽车产业在萎缩的同时,其在产业链中地位略有上升。

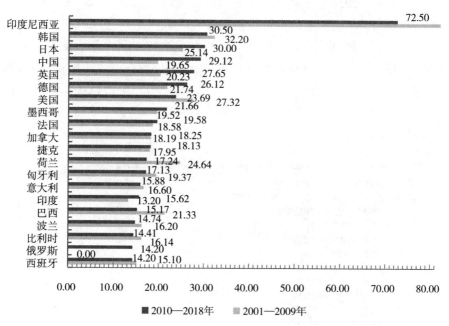

图6.26　各国汽车制造业工业增加值率比较

3. 产业集中度

从汽车产业集中度动态比较分析来看,与2001—2009年相比,2010—2018年韩国、俄罗斯、墨西哥、捷克、匈牙利、印尼、英国、德国、西班牙、印度、日本及中国等国家的汽车产业集中度有所上升,而意大利、荷兰、加拿大、比利时、法国等国家则所有下降。未来中国汽车企业的并购行为宜以横向并购为主,由优势企业并购其他企业,实现资源整合。在推进汽车企业战略重组,提高产业集中度的同时,要大力发展汽车产业集群。

4. 价值分配竞争力

从汽车产业价值分配竞争力动态指数来看,竞争力上升较快的国家主要是俄罗斯和美国,2001—2009年两个国家的汽车产业价值分配竞争力指

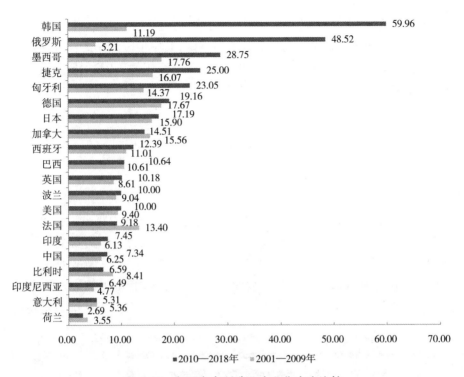

图 6.27　各国汽车制造业产业集中度比较

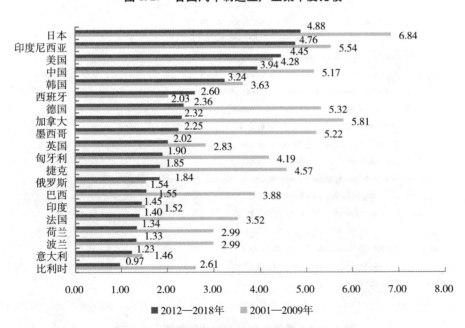

图 6.28　各国汽车制造业价值分配竞争力比较

数分别为 1.54 和 4.28,而 2012—2018 年则进一步上升至 1.84、4.45。其余 18 个国家的汽车产业分配竞争力指数均有所下降,其中中国汽车产业分配竞争力指数由 2001—2009 年的 5.17 下降至 2012—2018 年的 3.94,主要是由于工业增加值和产业集中度有所下降导致(如图 6.28 所示)。

四、汽车产业综合国际竞争力评价

(一) 静 态 比 较

　　根据竞争力评价体系,计算出汽车制造业的总竞争力得分。排名前 5 位的国家分别是日本、德国、美国、韩国、加拿大,其综合竞争力得分分别为 59.08、50.69、45.37、45.13、37.29,其次是印尼和捷克,汽车制造业综合竞争力指数分别为 36.28、33.93,主要是因为价值创造竞争力较高。加拿大和韩国在价值分配竞争力得分较高;日本和德国主要得益于其价值实现竞

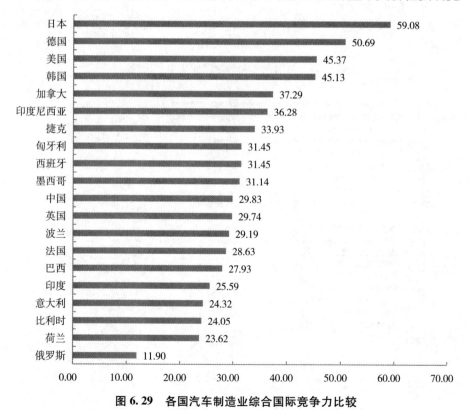

图 6.29　各国汽车制造业综合国际竞争力比较

争力得分较高；美国则主要表现为价值创造竞争力较强。这一排名结果充分反映了当前全球汽车制造业格局，韩国、日本、德国是传统汽车强国，在激烈的竞争中也基本保持了其领先地位，而捷克在欧盟东扩过程中吸引了大量的西欧汽车业投资，其汽车制造业的综合竞争力仅次于韩国和美国，而加拿大凭借与美国汽车企业的生产协作，展示了其较强的汽车产业竞争力。排名后5 位的国家分别是印度、意大利、比利时、荷兰、俄罗斯，其综合竞争力得分为25.59、24.32、24.05、23.62、11.90。中国汽车制造业综合竞争力以 29.83 排名第 11 位，综合竞争力处在 20 个样本国家的中等偏下位置。中国汽车业综合竞争力较弱主要表现为价值分配竞争力得分偏低，而价值创造竞争力较强，价值实现竞争力居中。中国的排名结果也为中国汽车制造业提升竞争力指明了方向，即大力推进汽车产业升级，促进汽车出口和海外市场开拓，提升中国汽车产业在全球产业链中的位置。

（二）动 态 比 较

从汽车制造业国际竞争力综合指数动态比较来看，全球汽车制造业的

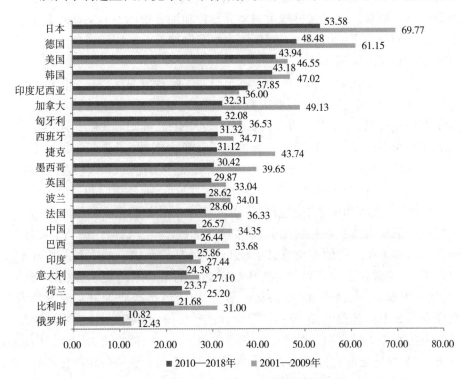

图 6.30　各国汽车制造业综合国际竞争力指数比较

国际竞争力综合指数呈现上升趋势的国家只有印尼,由 2001—2009 年的 36.00 上升至 2010—2018 年的 37.85。除美国、德国、日本、韩国等传统汽车制造强国的国际竞争力均出现了小幅下降,中国、墨西哥等国的汽车产业国际竞争力也出现了明显下降。2010—2018 年中国汽车制造业国际竞争力综合得分排名第 14 位,处于 20 个样本国家的中下游位置。与 2001—2009 年水平比较,中国汽车产业整体国际竞争力动态指数由 34.35 下降至 26.57(如图 6.30 所示)。不过,中国汽车业在价值创造、价值实现和价值分配三个方面表现却不尽相同。中国汽车制造业的价值实现竞争力和价值分配竞争力均为上升态势,但价值创造竞争力出现了下降,劳动生产率已经成为制约中国汽车制造业国际竞争力进一步提升的主要障碍。

五、本 章 小 结

本章对国际标准行业分类(ISIC Rev 4.0)中编码"29"代表的汽车综合产业进行了国际竞争力总指数及价值创造、价值实现和价值分配分指数及细分指标的测算。并且通过样本国家分指数和细分指标的静态与动态排名的方式比较分析了中国和样本其他国家整车制造行业的国际竞争力及其细分维度和指标的发展现状。

主要研究发现如下:第一,中国汽车产业国际竞争力指数排名较低。其主要原因:一是在于以劳动从业人数和工业总产值为分母拉低了价值创造竞争力指数排名,二是综合设计、技术和工艺等的品牌国际影响力还不足以与老牌汽车强国竞争导致较低的价值实现竞争力指数,三是产业集中度的快速提升使 2010—2018 年时间段内价值分配竞争力出现较大程度的下滑。第二,中国汽车产业价值创造竞争力指数排名较低,细分指标的劳动生产效率、劳动要素报酬和资本要素报酬均表现较差。结合工业增加值率排名靠前且依然呈现出增长趋势的现实,这说明中国汽车产业价值创造总量可观,但在人均和工业总产值平均意义上较低,背后是劳动生产效率和人均资本投入不足,关键技术和高附加价值核心零部件的生产制造还掌握在外资手中,呈现出典型"大而不强"的特征。第三,中国汽车产业价值实现竞争力在样本国家中排名较低,细分指标显示性比较优势、国际市场占有率和贸易竞争力指数等均排在中下游水平。这说明中国产业制造主要为满足国内消费市场,加之缺乏有国际影响力的品牌,在国际市场上竞争力相对较弱。此外,整车和车身的价值实现竞争力均排名末位,说明零部件制造行业的价值实现竞争力是提升综合汽车产业价值实现竞争力的主要力量。这体现出中国较强的大规模分工协作的核心竞争力。第四,中国汽车综合产业价值分配竞争力排名第 4,这主要得益于整车、车身和其他零配件价值增值率指标的优异表现。动态变化分析发现 2010—2018 年时间段比 2001—2009 年产业集中度出现大幅上升的负面表现,而价值增值率依然保持了良好的增长率。这说明汽车产业随着经济社会的发展取得了较好的成长,在国际产业价值链上不断提升。对比许多样本国家顺应世界汽车产业发展放缓和停滞大背景下表现出负增长的趋势,中国的表现殊为难得。需要保持警惕的是产业集中度的上升,中国汽车市场被几大品牌瓜分了市场份额,如不能诞生有国际影响力的民族品牌,产业集中度上升的负面效应将逐渐呈现,势必影响整体汽车产业竞争力。第五,由样本其他国家的对比分析发现,长期制造技术工艺能力和品牌影响力是老牌汽车强国在汽车产业国际竞争力及其分指数上取得优异表现的原因。

第7章 中国汽车产业国际竞争力
影响因素及其条件分析

前文对世界和中国汽车工业的发展历程、中国汽车产业发展的现状进行了详细的梳理和分析。前一章中,本书对中国与世界其他国家的汽车产业竞争力进行国家比较,发现中国汽车产业整体竞争力较弱。本章将延续上一章内容,继续探讨影响中国汽车产业竞争力的几项因素。本书研究汽车产业竞争力的影响因素之目的在于分析哪些因素将对汽车产业竞争力产生积极影响和消极影响,从而探讨影响中国汽车产业竞争力大小的深层次原因,发挥积极效用,提升竞争力。

从产业层面上来看,国际竞争力理论一般认为:全球和国内产业的结构特征塑造了国际竞争力,常用产业经济的指标来衡量产业的竞争力。一般用两类指标来衡量国际竞争力,一类是基于贸易流量的度量指标,其包含产业内贸易指数、显性比较优势指数和净出口份额等;另一类是以全要素生产率为核心的生产率指标。在前文的文献回顾中可知,前人所做的往往采取其中的一项指标来测度竞争力大小,难以深入细分行业层面、从国际和国内两个角度来更完整地考察汽车工业的竞争力,而本书为更好地反映中国汽车产业和细分行业竞争力的影响因素,将延续前文的做法,用整车、车身、其他零配件和综合产业的国际竞争力指数分别作为因变量;遵循相应文献以及前文初步分析对汽车产业国际竞争力产生重要影响的因素,选取劳动生产效率、完成固定资产投资总额、总产值占全国工业总产值比重、贸易竞争力指数、国际市场占有率和产业集中程度来作为自变量。

本章共分为四个小节,首先从理论角度分析中国汽车产业竞争力的影响因素。其次,运用双向固定效应模型展开回归分析,来考察哪些因素对汽车产业及细分行业的国际竞争力有显著影响。最后对本章进行小结。

一、硬件层面分析

(一)自 然 资 源

资源环境因素在汽车产业发展中起着制约作用,中国汽油总产量的

85%和柴油总产量的 20%被用于汽车产业。任何自然资源的绝对量或人类能够利用的部分都是受到一定限制的,不可能取之不尽、用之不竭,特别是汽车产业对石油资源的需求和消耗,将成为中国发展汽车产业必须面对的主要问题之一(彭连港和薛永昭,2005)。随着中国汽车工业规模的日益扩大,汽车产品水平逐步提高,汽车工业所需要的各类原材料会迅速增加,品种、水平、质量方面的要求会迅速提高,因此汽车工业将面临着日益严峻的原材料方面的约束(赵英,2005)。

(二)市 场 需 求

Porter(1990)钻石模型强调国内需求对产业国际竞争力具有重要影响,国内需求成为产业国际竞争力分析框架中不可或缺的重要因素。国内需求不仅是产业国际竞争力形成的前提与基础,还是影响产业或产品国际竞争力的重要因素之一,它通过对规模经济影响力来提高效率,主要从市场规模、国内需求转移及挑剔性顾客等三方面起作用。孙恒有(2012)研究发现,中国汽车产业国际竞争力的提升与国内需求结构、需求规模和需求质量密切相关,中国与世界主要汽车生产国之间具有明显的需求结构趋同,没有表现出汽车产品差异化,使得依靠差异化战略提升汽车工业国际竞争力的能力受到很大限制。

(三)物 流 服 务

世界银行表示,提高效率、降低成本、促进经济增长的明智方式是改善贸易物流,这应当是发展中国家经济增长战略中的一个重点。研究显示,提高中低收入国家的物流绩效可使贸易增长 15%,同时企业和消费者也能够从中受益。汽车物流作为汽车产业的主要支撑力量之一,是实现汽车产业链顺畅的根本保障,对于优化车企成本结构,加快车企资金周转,提升车企在车市中的整体竞争力起着尤为重要的作用。科学合理的汽车物流运营可以有效地降低汽车企业的运输与仓储成本,汽车物流对汽车企业在发展中的作用更加凸显(景春光,2017)。在汽车生产总成本中,物流成本所占比例,欧美为 8%,日本为 5%,而中国则高达 15%,其中差距可见一斑。

(四)贸 易 壁 垒

发达国家贸易壁垒的设置不仅增加了中国汽车产业生产成本,同时也限制了汽车产品在世界市场上差异性,进而影响中国汽车产业国际竞争力

（蒋国瑞和张志强，2006）。关税壁垒方面，作为中国在非洲较大出口国的尼日利亚自 2014 年 1 月 10 日起将整车进口关税由 10% 大幅提升至 35%，受此影响，中国对尼日利亚整车出口量出现下滑。美国作为中国汽车出口主要市场，特朗普政府对中国进口商品征收惩罚性关税。非关税壁垒方面，中国汽车产品常常因各地的技术标准与环境标准而出口受阻。比如，虽然中国和澳大利亚 2015 年签署自由贸易协定，汽车产品出口实现零关税，但澳大利亚所有进口的车辆相关技术法规都参考欧洲经济委员会的相关法规。除此之外，中国汽车出口还面临各国环境保护方面的"绿色壁垒"（张林，2018）。

（五）市 场 竞 争

由于世界汽车市场需求变化、成本压力以及生产能力过剩等因素，迫使汽车企业集团在全球范围整合资源，向更大规模方向发展以提升竞争力（肖远飞，2010）。从汽车企业实力来看，上汽、东风、一汽、长安和北汽等五大集团产销占比已经达到 68%，产业集中度已达到一定程度，但仍然存在多、小、乱、差等现象；从资本构成来看，中国汽车产业还是以国有资本为主，日资、德资、美资、法资、韩资、台资等为辅，民营资本力量尚弱的资本结构；从地域构成来看，存在着长三角、珠三角、辽吉、京津、鄂中、成渝等 6 个产业集群，以及长株潭、桂中、豫中等产业群（贺正楚等，2018）。另外，当前全球汽车产业由美国、德国、法国及日本等传统汽车工业强国主导，国内汽车企业在国际市场力量仍显薄弱。特别是近年来全球经济整体低迷，总体疲软，竞争激烈，汽车消费市场萎缩，加之汇率因素影响，使中国汽车产业出口面临极大挑战。

（六）组 织 规 模

Krugman（1979）认为，规模经济提高了国际 FDI 投资水平，促进了国际专业化分工水平与效率，促进了产业内贸易发展和国际产业价值链形成，最终提高一国和地区产业国际竞争力。众多学者在研究产业国际竞争力时普遍将组织规模作为一项评价指标，如果单纯地从企业国际竞争力定义出发，很容易会认为企业规模与企业国际竞争力之间具有正相关关系，即企业规模越大，其国际竞争力的正效应发挥概率就越高。对此，微观经济学中的规模经济理论可以解释这一现象，即当企业规模扩大时，由于生产水平提高，企业的成本会下降，长期来看，平均成本自然会发生递减。可见，企业规模与其竞争力、国际竞争力是连锁相关的发展关系（苗晓娜，2014）。

（七）相　关　产　业

相关产业是指上下游产业、互补性产业，此外还包括共享某些技术、服务或营销渠道而联系在一起的产业。相关产业或辅助产业能够帮助某一产业在国际市场上确定竞争地位，主要是通过对高级生产要素的投入所产生的效益来波及到该产业。一国和地区不可能也没有必要在所有产业都具有竞争力，产业竞争力往往表现在产业中的某些战略环节，而这些环节如果按不同的产业分类方法，也可以被视作为不同的产业。从国家综合层面来讲，一国和地区各产业因为都存在不同程度关联，最终可以连接成一条粗大的宏观产业链，这样一国产业的竞争力，更可能只突出表现在某些产业链片段上。也就是说，对区域产业竞争力有着关键影响的往往不是一国产业链的集聚程度，而是其中的产业链片段的集聚程度（高伟凯和徐力行，2010）。汽车产业关联范围广，上游关联产业包括石油、钢铁、橡胶、仪器仪表等工业部门，下游产业涉及金融、物流、交通运输等多个部门。由于其产业关联度强，可带动上、下游 150 多个产业部门发展，并从整体上展示一个国家和民族在科学技术方面的综合实力，因此它的健康发展关系到国民经济的良性循环。中国汽车产业每增加 1 元产出，可以带动其关联产业直接和间接效用 242. 82 元，其中后向带动效用为 0. 73 元，前向带动效用为 99. 09 元，直接效用为 0. 26 元，消费带动效用为 142. 74 元。由此可见，汽车工业对国民经济的增长有较强带动作用（韩颖和潘志刚，2005）。在全球价值链背景下，一国和地区汽车产业国际竞争力具有非常明显的链段性特征，尤其对发展中国家而言，往往是从汽车产业的某一个链段嵌入全球价值链，其汽车产业国际竞争力也必然具有明显链段性特征。因此，理解并争取率先把握可能形成本国和地区汽车产业相应链段国际竞争力的各种要素和机制，是本土汽车企业在开放条件下争取生存、发展，进而获取国际竞争力的一种重要方式（陈涛涛、柳士昌和顾凌骏，2018）。

二、软件层面分析

（一）人 力 资 本

人力资本不仅是经济社会发展的内在动力，也是经济社会持续发展的重要保障，更是汽车产业国际竞争力增长的原动力和汽车产业持续保持竞争优势的重要因素（向晶，2016）。邹薇（2002）认为，人力资本和知识要素具有递增的生产力,谁拥有更多的人力资本和知识要素,谁就能在未来的市场竞争中处于有利的地位。在汽车制造企业自主创新过程中,人力资本积累担负着对引进技术的消化吸收、再创新以及利用现有的技术和知识储备进行自主研发的重要角色,人力资本积累通过集聚效应和溢出效应给汽车制造业带来直接贡献(石军伟和姜倩倩,2018)。

人才培养是提升中国汽车产业竞争力的另一个重要因素。以下是一些主要的具体方面:

高等教育:中国的高等教育机构在汽车工程、机械工程、电子工程等相关专业的培养上做出了重要贡献。许多大学和研究机构都设有汽车工程专业,为汽车产业提供了大量的高素质人才。此外,一些大学还与汽车企业合作,进行产学研结合的教育模式,使学生能够更好地理解和适应汽车产业的需求。

职业教育:中国的职业教育也在汽车人才的培养上发挥了重要作用。许多职业学校和技工学校都设有汽车相关专业,为汽车产业提供了大量的技术型和技能型人才。

企业内部培训:许多中国汽车企业都重视员工的培训和发展。他们通过内部培训、技能竞赛、海外研修等方式,提升员工的技能和知识,以适应汽车产业的发展需求。

国际交流与合作:中国汽车产业也通过国际交流和合作,提升人才的国际视野和技术水平。许多中国汽车企业都与国外的汽车企业和研究机构进行合作,派遣员工去海外学习和交流,引进国外的先进技术和管理经验。

总的来说,人才培养是提升中国汽车产业竞争力的重要支撑。在高等教育、职业教育、企业内部培训和国际交流与合作等方面的人才培养,都为中国汽车产业的发展提供了强大的人力资源支持。

(二)技 术 水 平

技术水平对产业国际竞争力具有决定作用(张军生和范黎波,2010)。赖明勇等(1999)研究发现,技术创新对所有行业的出口竞争力均具有正向的促进作用,但其影响存在行业差异,对新兴技术密集型行业的影响更大。陈继勇和胡艺(2006)对显示性比较优势指数的分析得出,美国有竞争力的行业都是技术创新水平较高的行业,技术创新对贸易竞争力具有显著影响。封伟毅等(2012)利用高新技术产业的数据研究发现,技术开发能力对高技术产业竞争力的影响大于技术转化能力的影响,创新环境间接影响技术开发、转化能力对高技术产业竞争力的影响。何郁冰和曾益(2014)对中国制造业面板数据的实证检验发现,自主创新是提升产业国际竞争力的基础,开放式创新是重要路径,开放程度越高,自主研发投入对产业竞争力的影响越明显。中国仍是汽车大国而非强国,本土汽车企业缺乏国际竞争优势,其主要原因之一是缺乏关键技术与核心技术,因为技术竞争力是企业竞争力最根本的要素,特别是自主品牌汽车企业与国外汽车跨国公司在技术竞争力上存在较大差距,处于弱势竞争地位(李显君、谢南香和徐可,2009)。

具体来说,技术水平和创新在中国汽车产业竞争力提升中起到了关键作用。以下是一些主要的方面:

新能源汽车:中国在新能源汽车领域的技术创新尤为突出。中国已经成为全球最大的电动汽车市场,电动汽车的生产和销售量均位居世界首位。在电池技术、电机技术、电控技术等方面,中国企业如比亚迪、蔚来等都取得了重要的突破。此外,中国在氢燃料电池汽车的研发上也取得了一定的进展。

智能网联汽车:中国汽车产业在智能网联汽车领域的技术创新也非常显著。中国企业如百度、蔚来等在自动驾驶技术、车联网技术、人工智能等方面都有深入的研究和应用。这些技术的发展不仅提高了汽车的安全性和便利性,也为汽车产业的发展开辟了新的领域。

制造技术:中国汽车产业在汽车制造技术方面取得了显著的进步。例如,中国企业在轻量化材料的应用、智能化生产线的建设、精密零部件的制造等方面都有重要的突破。这些技术的进步不仅提高了汽车的质量和性能,也提高了生产效率和经济效益。

研发能力:中国汽车产业的研发能力也得到了显著提升。许多中国汽车企业都建立了自己的研发中心,投入大量的资源进行技术研发和创新。这使得中国汽车产业在新产品的开发、新技术的应用等方面具有更强的竞争力。

总的来说,技术创新是中国汽车产业竞争力提升的重要驱动力。在新能源汽车、智能网联汽车、制造技术和研发能力等方面的技术创新,都为中国汽车产业的发展提供了强大的动力。

(三) 竞 争 战 略

经过多年高速增长,中国汽车市场已进入低速增长阶段,国内市场成熟度越来越高,同时中国汽车企业众多,市场竞争白热化,在这样的背景下,国内头部车企在国内市场站稳脚跟之后,将加大力度开拓国际市场。目前俄罗斯、南美、中东以及非洲是中国汽车企业重要的海外市场(李强,2019)。

当前国内汽车企业数量快速增多,出口公司虽多达千余家,但大都鱼龙混杂,缺乏管理,所以汽车质量也是令人堪忧,许多公司开始开拓海外市场来扩大销量进而获取利润,但运营汽车出口事务的公司数量很多,良莠不齐,秩序混乱。一方面中国汽车出口主体涣散,另一方面大汽车企业出口汽车同质化显著,大多是一些价格比较低及汽车配置比较低的低端车,"价格低"是这些汽车的共同特点,出口目标市场也多为发展比较落后,消费能力比较差的发展中国家,客户集体高度堆叠,报价趋同、车型趋同使得国内同行之间竞争形势严峻,世界竞争国内化(许晓芳、李方和李凡,2018)。

（四）政 府 支 持

纵观历史与现实,对一国和地区经济发展起着无可替代作用的即是政府。不管是发展中国家和地区还是发达国家和地区,该国和地区产业国际竞争力的重要影响因素之一就是政府支持。波特指出,当"钻石模型"四个关键因素任何一个或几个被政府政策影响时,这个政策均会左右产业竞争优势,而不管该政策是国家层次的、地区性的或地方性的。中国汽车产业"走出去"过程中,需要政府诸多的政策支持和指导,但政策支持和指导中也存在一些问题,如汽车企业兼并重组并未使行业的散乱状况得到明显改观,支持企业通过有关国际认证等政策不到位,出口管理体系不健全、出口"门槛儿"过低,出口服务平台服务效果平平、政府支持资金缺乏力度,管理制度滞后、政策不配套等(曲婕,2012),这些都在一定程度上限制了中国汽车产业国际竞争力。

近些年来,中国汽车产业的国际竞争力得到了显著提升,其中政府政策的支持起到了关键的推动作用。以下是主要的几个方面:

新能源汽车政策:中国政府对新能源汽车的大力支持,包括补贴、购车优惠、免费或优惠的停车和充电设施等,这些政策极大地推动了新能源汽车的发展。特别是电动汽车,中国已经成为全球最大的电动汽车市场。

技术创新和研发投入:政府通过各种政策鼓励企业进行技术创新和研发投入,包括提供研发资金支持、税收优惠等。这些政策使得中国汽车企业在电动汽车、自动驾驶等领域的技术研发能力得到了显著提升。

产业链整合:政府推动汽车产业链的整合,通过优化资源配置,提高产业链的效率和竞争力。例如,政府支持汽车企业与电池、电机、电控等关键零部件企业进行深度合作,形成完整的产业链。

市场开放和国际合作:中国政府逐步放宽汽车产业的外资限制,鼓励国际合作,引进先进的技术和管理经验。这不仅提高了中国汽车产业的技术水平,也提升了其国际竞争力。

品牌建设和营销策略:政府通过各种政策支持汽车企业进行品牌建设和市场营销,提高中国汽车品牌的国际影响力。

此外,政府在税收、投资、研发、出口等多个方面出台了有力的政策支持,包括以下几个方面:

政府大力扶持本土汽车品牌发展。中国政府制定了进口品牌与本土品牌的不同税收政策,给予本土品牌更多的税收优惠。同时还出台了新能源汽车补贴、免征购置税等政策,直接帮助本土品牌获得资金和市场支持。

政府鼓励引入外资汽车公司,学习其技术和管理经验。中国政府给予外资汽车企业进口关税减免、税收优惠等政策优惠,鼓励其在中国投资建厂。同时还制定相关政策支持本土企业与外资企业进行技术合作,快速获取先进技术。

政府加大研发投入和技术创新支持。如允许企业加速折旧、设立国家汽车技术创新中心、给予研发费用税收抵免等政策,大力支持企业进行自主创新。

政府出台多项政策促进汽车产品出口,如退税政策、汇率调控、设立出口退税专户等,直接提升了汽车产品的出口竞争力。

政府产业政策引导企业积极布局新能源和智能网联汽车等新兴领域,推动产业转型升级。

(五)组 织 管 理

组织管理方面的创新在提升中国汽车产业竞争力中也起到了关键作用。以下是一些主要的方面:

管理模式创新:许多中国汽车企业正在尝试和实施新的管理模式,如精益生产、六西格玛、敏捷管理等,以提高生产效率,降低成本,提升产品质量和客户满意度。这些创新的管理模式使得企业能够更好地应对市场变化,提高竞争力。

供应链管理:通过建立紧密的供应商关系,实施精细化的库存管理,以及利用先进的信息技术,如物联网、大数据等,企业能够更有效地管理供应链,降低运营风险,提高运营效率。

人力资源管理:人力资源是企业的重要资产,许多中国汽车企业也在人力资源管理方面进行了创新。例如,他们通过实施绩效管理、员工培训和发展、员工激励等策略,提高员工的工作效率和满意度,从而提升企业的整体竞争力。

技术和创新管理:随着技术的快速发展,如何有效地管理和利用技术成为企业的重要任务。许多中国汽车企业都建立了自己的研发中心,实施项目管理,以及建立与高校和研究机构的合作关系,以提高技术创新能力。

　　总的来说,组织管理创新是提升中国汽车产业竞争力的重要因素。在管理模式、供应链管理、人力资源管理和技术创新管理等方面的创新,都为中国汽车产业的发展提供了重要的支持。

三、实证层面分析

(一)研 究 方 法

　　运用双向固定效应的模型,分别对中国汽车整车、车身、零部件和综合汽车产业国际竞争力的影响因素进行回归分析。回归分析是对具有相关关系的变量之间的数量变化规律进行测定,将它们之间的关系用数学表达式描述出来,并据此对因变量进行估计和预测的分析方法。双向固定效应能很好控制个体固定效应和时间固定效应,尽可能减少遗漏变量偏差,得到较为准确的估计。

(二)变量选取与数据来源

　　1. 因变量

　　因变量选择前文所测算的整车、车身、零部件和综合汽车产业的国际竞争力指数。

　　2. 自变量

　　据前文中文献综述和分析,以及全球和国内产业的结构特征塑造了国际竞争力理论原理,并结合数据可得性,本书选取的变量情况如下。

　　一是创新水平。自主创新是一个企业以自身知识产权为核心竞争力,通过这个核心竞争力来确保未来企业占领发展的制高点。引进技术只能作为企业提高创新能力的学习手段,要实现跻身世界一流水平还需要在引进技术的基础上,不断学习并消化吸收这些技术,积累经验、打好基础,并在已消化吸收的技术基础上提出自己的创新,从而提高自身创新能力。从这个角度来分析,中国仅仅通过利用合资企业的技术外溢、引进国外的先进技术或并购外国企业来实现一流并不现实。当然,提高自主创新能力并不是要从零开始、闭门造车,不用引进外国资金、先进技术以及管理和营销经验,而是要在引进资金和技术的基础上,注重技术的消化吸收,并努力完善和改进外国技术,在学习国际上先进的管理和营销经验的同时结合中国实际情况做出优化,而这些技术的完善和改进以及管理经验和营销经验的优化就是中国汽车企业的创新。

二是 TC 指数,即竞争优势指数,也称之为贸易竞争力指数,其计算方法为一国出口与进口之差与其总进出口值的比值。TC 指数的结果范围为 $(-1,1)$。当指数为负数时,表示该产业不具国际竞争力。当其趋于 -1 时,表示其竞争力越弱,因为此时进口约等于其总进出口值,只进不出。当指数为正数时,表示该产业具有国际竞争力。当指数趋于 1 时,表示竞争力越强,因为此时出口约等于其总进出口值,只出不进。当 TC 指数值等于 0 时,表示进口等于出口,其产业竞争力处于中等水平。基于此,本书预测 TC 指数与显示性比较优势具有正相关关系,系数符号为正。其计算公式为:

$$TC = (P_{ij} - Q_{ij}) / (P_{ij} + Q_{ij}) \tag{7.1}$$

其中:$P_{ij} + Q_{ij}$ 为 i 国对 j 产品的总进出口值,P_{ij} 为 i 国生产 j 产品的出口额,Q_{ij} 为 i 国对 j 产品的进口额。

三是国际市场占有率。国际市场占有率用一国某产业或某产品的出口额与世界出口总额之比来表示。国际市场占有率能反映一国某产业或某产品在国际上这种产业或产品的竞争力变化,即一个国家某个产业或产品的国际竞争力如何,将最终要体现在该国的这种产业或产品在国际市场上的占有率上。当一国某产业或产品的国际市场占有率降低时,表示该国这种产业或产品的出口竞争力在下降。相反,当一国某产业或产品的国际市场占有率上升时,表示该国这种产业或产品的出口竞争力在提高。基于此,本书预测国际市场占有率与显示性比较优势具有正相关关系,系数符号为正。国际市场占有率的计算公式为:

国际市场占有率＝ 一国出口总额/世界出口总额

国际市场占有率的值越高,说明该产品所处的产业具有的国际竞争力越强,反之则越弱。

四是盈利能力。盈利能力指企业资本或资金的增值能力,一般用一定时期内企业收益水平来表示。对于行业来说,是由一个个企业组成,行业的盈利能力越强就反映了一个国家这个行业的企业整体盈利能力高,而只有当企业整体利润较高时,企业才有可能拿得出资金去招募人才、购买设备进行自主研发,从而提高行业的竞争力。就汽车行业而言,也是如此。基于此,本书从行业的角度出发,选取工业增加值/工业总产出衡量的工业增加值率来度量中国汽车行业的整体盈利能力。本书预测工业增加值率和国际竞争力呈正相关关系,系数符号为正。

　　五是基础设施建设与投资。基础设施是以物质形态为特点的基础结构系统,一个行业的基础设施建设需要投资。基础设施是行业发展和行业竞争力的基础载体,是真正属于企业和行业的不可移动要素。汽车基础设施的规模、类型、程度直接阻碍着产业的发展和价值体系的形成。基础设施产业的竞争力将成为总体产业竞争力的重要组成部分,已有文献表明对基础设施进行投资将影响中国汽车产业的国际竞争力,基于此,本书采用完成固定资产投资总额和人均固定资产来表示对汽车工业的投资情况,并以此反映中国基础设施建设的投资情况对竞争力的影响。完成固定资产投资总额和人均固定资产越多,说明对汽车产业的投资越多、基础设施也就越完善,从而预计汽车产业的竞争力也将越强。基于此,本书预测完成固定资产投资总额和人均固定资产与国际竞争力呈正相关关系,系数符号为正。

　　此外,汽车产业或细分行业总产值占全国工业总产值比重衡量了产业规模的相对大小,产业规模是影响国际竞争力的基础因素。再者,前文发现产业集中程度是对汽车产业国际竞争力产生负面影响的重要因素,因此,需要加入该变量进一步进行严谨回归分析。表 7.1 给出了本章所选取的变量,全部数据为 2005—2018 年的年度数据。各变量均以本行业原始指标计算,故各细分行业或汽车综合产业同一变量的数据并不相同。

　　这种模型设定可能会导致一些内在的统计问题,比如多重共线性,因为自变量之间可能存在高度的相关性。然而,本书选择这些自变量的原因是,它们都是业界公认的反映企业竞争力的重要指标,而且它们在理论上对竞争力的影响方向和程度是不同的。本书的目标是通过尽可能将能获取到的变量都纳入模型,从而保证涵盖到汽车制造业所有主要的影响因素,以及扰动项的随机性和模型设定的正确性,并且控制了足够多维度的因素后对某一自变量的影响能排除其他因素的干扰,消除可能的遗漏变量偏误。因此,在避免从指标体系中选取因素以及尽可能地控制主要影响因素的权衡之下,本书选取了这套控制变量组合,并尽量选取更直接代理某因素的原始变量,而非构造性指标。所有数据来源是联合国商品贸易统计和联合国工业发展组织数据库。

表 7.1　变量选取

变量名	变量定义
LP	创新水平,工业增加值/从业人员数
Trade	贸易竞争力指数

变量名	变量定义
IMS	国际市场占有率
CPROF	盈利能力,工业增加值率
FA	完成固定资产投资总额(亿元)
FAP	人均固定资产(万元)
CPROD	产业总产值占全国工业总产值比重
IC	产业集中程度

(三) 模 型 设 定

建立双向固定效应模型,公式为:

$$Y_{i,t} = \alpha_0 + \alpha_1 \cdot X_{i,t} + \mu_k + \lambda_t + \varepsilon_{i,t} \tag{7.2}$$

其中, $Y_{i,t}$ 是被解释变量,分别对整车、车身、零配件和综合汽车产业的国际竞争力指数进行回归; $X_{i,t}$ 为上述所有解释变量; μ_k 和 λ_t 表示控制了国家个体和时间固定效应; $\varepsilon_{i,t}$ 则为残差项。

(四) 回 归 分 析

1. 各变量的描述性统计

表 7.2 至表 7.5 分别给出了以汽车整车、车身、零部件和汽车综合产业为因变量时,各变量的描述性统计结果。通过表 7.2 至表 7.5 可以看出,各变量均处于正常区间,启示可以进行双向固定效应的模型分析。

表 7.2　汽车整车制造行业各变量的描述性统计

变量符号	变量名称	观测值	均值	标准差	最小值	最大值
S_1	整车国际竞争力指数	249	0.085	0.057	0.007	0.330
LP	创新水平	218	1.33e+05	89819.537	24134.967	4.80e+05
Trade	贸易竞争力指数	249	−0.770	0.206	−0.988	−0.120
IMS	国际市场占有率	249	0.037	0.070	0.000	0.395
CPROF	盈利能力	232	0.219	0.149	0.091	1.531
FA	完成固定资产投资总额	194	32.947	39.367	0.610	193.053
FAP	人均固定资产	187	2.611	2.262	0.360	23.906

变量符号	变量名称	观测值	均值	标准差	最小值	最大值
CPROD	产业总产值占全国工业总产值比重	232	0.100	0.116	0.001	0.548
IC	产业集中程度	249	0.364	0.187	0.174	0.678

表 7.3　汽车车身制造行业各变量的描述性统计

变量符号	变量名称	观测值	均值	标准差	最小值	最大值
S_2	整车国际竞争力指数	249	0.166	0.106	0.001	0.674
LP	创新水平	177	55428.289	27702.093	4848.743	1.20e+05
Trade	贸易竞争力指数	197	−0.722	0.243	−0.984	−0.081
IMS	国际市场占有率	197	0.041	0.093	0.000	0.477
CPROF	盈利能力	179	0.275	0.054	0.131	0.406
FA	完成固定资产投资总额	168	1.146	1.396	−3.202	8.387
FAP	人均固定资产	166	0.608	0.571	−0.036	5.291
CPROD	产业总产值占全国工业总产值比重	183	0.008	0.007	0.001	0.036
IC	产业集中程度	249	0.355	0.431	0.173	0.698

表 7.4　汽车零部件制造行业各变量的描述性统计

变量符号	变量名称	观测值	均值	标准差	最小值	最大值
S_3	整车国际竞争力指数	249	0.171	0.113	0.011	0.712
LP	创新水平	167	72802.854	39822.104	8890.895	1.58e+05
Trade	贸易竞争力指数	200	−0.685	0.197	−0.951	−0.155
IMS	国际市场占有率	200	0.051	0.098	0.003	0.591
CPROF	盈利能力	177	0.269	0.055	0.167	0.402
FA	完成固定资产投资总额	165	22.756	31.901	0.303	196.013
FAP	人均固定资产	157	1.089	0.821	0.150	8.379
CPROD	产业总产值占全国工业总产值比重	181	0.042	0.034	0.000	0.132
IC	产业集中程度	249	0.247	0.436	0.001	0.671

表 7.5　汽车综合产业各变量的描述性统计

变量符号	变量名称	观测值	均值	标准差	最小值	最大值
S_4	整车国际竞争力指数	249	0.162	0.094	0.015	0.577
LP	创新水平	226	91785.915	53704.226	13772.305	3.32e+05
Trade	贸易竞争力指数	249	−0.733	0.196	−0.969	−0.290
IMS	国际市场占有率	249	0.041	0.080	0.003	0.429
CPROF	盈利能力	231	0.263	0.140	0.132	1.531
FA	固定资产投资总额	194	32.947	39.367	0.610	193.053
FAP	人均固定资产	200	1.464	1.027	0.217	11.302
CPROD	产业总产值占全国工业总产值比重	232	0.100	0.116	0.001	0.548
IC	产业集中程度	249	0.205	0.233	0.175	0.463

2. 结果分析

本节通过回归分析,来考察哪些因素分别对整车、车身、零部件和汽车综合产业的国际竞争力有显著影响。

回归结果见表 7.6 所示。

表 7.6　双向固定效应模型结果

	(1) 整车	(2) 车身	(3) 零部件	(4) 综合
	S_1	S_2	S_3	S_4
LP	0.0000*	0.0000*	0.0000*	0.0000**
	(0.0000)	(0.0000)	(0.0000)	(0.0000)
Trade	0.0310*	0.0213	0.0674*	0.0425
	(0.0172)	(0.0165)	(0.0347)	(0.1546)
IMS	0.7881***	0.5097***	0.5980***	0.6347*
	(0.2021)	(0.0293)	(0.0788)	(0.3084)
CPROF	0.0286***	0.3213***	0.2332***	0.0384*
	(0.0090)	(0.0335)	(0.0637)	(0.0198)
FA	−0.0002	0.0053**	0.0003*	0.0002
	(0.0002)	(0.0019)	(0.0001)	(0.0004)
FAP	0.0069***	0.0368***	0.0257***	0.0152***
	(0.0008)	(0.0051)	(0.0044)	(0.0030)
CPROD	0.0126	0.9904***	0.0134	−0.0129
	(0.0527)	(0.2687)	(0.1585)	(0.0802)

	(1)整车	(2)车身	(3)零部件	(4)综合
	S_1	S_2	S_3	S_4
IC	−0.1782** (0.0633)	−0.1689** (0.0625)	−0.1832** (0.0643)	−0.1886** (0.0692)
观测值	183	157	150	189
R^2	0.9616	0.9911	0.9903	0.9635

注:括号内为国家层面的聚类稳健标准误。***、**和*分别表示在1%、5%和10%水平上显著。

观察表7.6可知,由于采用控制了所有个体和时间固定效应的双向模型,故 R^2 表现很好,说明模型拟合效果良好,所选取的变量是影响汽车产业及其细分行业国际竞争力的重要因素。此外,产业集中度的上升的确普遍对整车、车身、零部件和汽车综合产业的国际竞争力产生了显著的负面效应。

观察第(1)列汽车整车制造行业的模型发现,创新水平、贸易竞争力指数、国际市场占有率、盈利能力和人均固定资产等因素对整车制造行业的国际竞争力产生了显著正向影响,符合预期。而完成固定资产投资总额和产业总产值占全国工业总产值比重的效果不显著,这说明相对于资本和产业规模来说,人均资本对整车制造国际竞争力的提升更为重要。这也说明了资本和产业规模对于整车国际竞争力而言只是基础条件,整车国际竞争力具有很强的人均资本壁垒,中国整车国际竞争力的进一步提升需要长期资本的投入和积累。

观察第(2)列汽车车身制造行业的模型发现,除贸易竞争力指数外,创新水平、国际市场占有率、盈利能力、完成固定资产投资总额、人均固定资产、产业总产值占全国工业总产值比重和产业集中程度等因素对车身制造行业的国际竞争力都产生显著影响,符合预期。而贸易竞争力指数的效果不显著,这是由于国际市场占有率是结果型变量,其数值大小直接反映了国际市场竞争力。而以可比净出口指数衡量的贸易竞争力指数不显著可能说明了车身的国际社会分工较弱,车身的相关产业以内循环为主。

观察第(3)列汽车零部件制造行业的模型发现,除产业总产值占全国工业总产值比重外,创新水平、贸易竞争力指数、国际市场占有率、盈利能力、完成固定资产投资总额、人均固定资产和产业集中程度等因素对车身制造行业的国际竞争力都产生显著影响,符合预期。而产业总产值占全国工业总产值比重的效果不显著,可能的原因,一是因为产业总产值的规模效应对于发挥大规模分工协作优势具有更重要的正面作用,从而提升汽车一般零部件的国际竞争力,而相对比重的作用不显著。二是发动机、变速箱、底盘等高端核心零部件掌握在少数汽车强国甚至制造厂商手中,对于其他国家而言,零部件产值相对比重即便很高也可能仅以量取胜,而不能代表较强的国际竞争力。

观察第(4)列汽车综合产业的模型发现,创新水平、国际市场占有率、盈利能力、人均固定资产和产业集中程度等因素都产生了显著影响,符合预期。而贸易竞争力指数、完成固定资产投资总额和产业总产值占全国工业总产值比重的效果不显著,可能的原因综合了整车、车身和零部件情况。一是车身的国际社会分工较弱导致贸易竞争力指数不显著。二是人均资本对整车制造国际竞争力的提升更为重要导致完成固定资产投资总额的效果不显著。三是因为产业总产值的规模效应对于发挥大规模分工协作优势具有更重要的正面作用,以及发动机、变速箱、底盘等高端核心零部件掌握在少数汽车强国甚至制造厂商手中,导致产业总产值占全国工业总产值比重对零部件国际竞争力的效果不显著。

四、本 章 小 结

本章首先进行回归文献和理论分析,指出中国汽车产业竞争力的影响因素,分析每个因素对中国汽车产业竞争力存在正向还是负向影响。然后构建回归模型进行实证分析。

第8章 新时期提升中国汽车产业国际竞争力的路径选择

中国传统汽车在整车以及零部件领域竞争力较弱,难以弯道超车,较欧美等成熟汽车体系差距较远。如果中国仅在传统汽车轨道发展,不仅难以提升国际竞争力,继续遭受欧美等发达国家在汽车领域的压迫,而且将会丢失新赛道入场资格,无法顺应产业结构升级以及汽车新模式的发展要求。通过之前章节的理论分析和实证分析能够看出,中国在传统汽车领域已面临人均资本投入、技术工艺和品牌影响力等的提升瓶颈,无法进一步实现汽车行业国际竞争力的提升,但在电子元件和动力电池行业具有较大的竞争力和良好的产业基础。因而,为提升中国汽车产业国际竞争力,抢占未来汽车行业先机,中国需要转变赛道,大力发展新能源汽车,以期成为"新赛道"的赢家。

大力发展新能源汽车,是中国进一步提升汽车产业国际竞争力的重要路径。一方面,中国大力发展新能源汽车,能够顺应全球气候变化和能源格局变化,服务中国碳达峰、碳中和的"双碳"目标,是中国应对汽车百年未有之大变局的重要措施。另一方面,中国具备发展新能源汽车的产业优势,中国新能源产业、新能源汽车技术以及数字技术和相关产业的快速发展,使得中国新能源产业和数字技术走在世界前沿,中国新能源汽车技术具有比较优势,有利于实现汽车电动化、智能化、网联化、共享化的"新四化"发展,为新能源汽车国际竞争力的提升,打下坚实基础。

本章通过分析中国发展新能源汽车产业的必要性和重要性、优势以及问题与挑战,提出长期向纯电动汽车转变的整体路径,并结合前文的分析结果,从价值实现、价值创造、价值分配三个方面提出中国新能源汽车产业具体的发展路径和政策建议。

一、新能源汽车成为双循环格局下中国汽车产业的发展重点领域

(一) 中国发展新能源汽车的必要性

中国发展新能源汽车是提升中国汽车产业国际竞争力的重要路径和必

要选择,如果中国的聚焦点继续放在传统汽车领域,中国在汽车领域势必将无法实现赶超。随着全球能源格局的变化和各国对能源安全与自主性的日益重视,新能源汽车将成为中国汽车产业的重要发展领域。

1. 中国传统汽车国际竞争力较弱

汽车产业是很多国家的国民经济的重要支柱产业,在国民经济和社会发展中发挥着重要作用。总的来说,由于中国传统汽车产业发展起步较晚,中国汽车产业的国际竞争力指数在样本国家中排名中游。经过这些年的发展,虽然取得了一定的成长,但是相对排名依然出现了较大的下滑。从价值创造、价值实现和价值分配分指数及其细分指标的分析来看,可以发现除价值分配竞争力表现优异以外,以劳动生产效率、劳动要素贡献和资本要素贡献衡量的价值创造竞争力指数在样本国家中竞争力相对排名稳定在末游水平,整车、车身和其他零配件的价值创造竞争力指数均排在末位,共同导致总汽车产业较低的价值创造竞争力指数。而以显示性比较优势、国际市场占有率、贸易竞争力指数、出口集中力程度和品牌影响力程度所表征的价值实现竞争力指数在样本国家中排名第 14 位,其中整车、车身和其他零配件的价值实现竞争力指数分别排名倒数第三、倒数第一和第 12 位。这说明其他零配件是提振汽车产业价值实现竞争力的关键行业,而整车和车身制造业是其薄弱和亟须加强的环节。价值创造和价值实现竞争力均表现得差强人意,反映了中国汽车制造业在人均和工业总产值平均意义上"大而不强"的现实,即通过庞大产业资本、劳动力等资源的投入创造了绝对体量上的巨大价值增值,但是由于关键技术和高附加价值的核心零部件仍为外资所垄断,导致生产效率较低。此外,由此导致的品牌认可度和影响力在国际市场上较低,又加剧了价值创造和实现竞争力从而整体国际竞争力不足的局面。最后,产业集中度的上升是拉低汽车综合产业、整车、车身和零部件细分行业价值分配竞争力的重要因素。

对上游芯片等电子元器件制造业的分析发现,总体国际竞争力位列第三,而以劳动生产效率、劳动要素贡献和资本要素贡献测算的价值创造竞争力指数仅排名倒数第二。这说明中国在芯片等电子元器件产业虽然取得了突飞猛进的发展,但是高精尖芯片等价值链的攀升迟迟难以突破,导致人均和工业总产值平均意义上价值创造效率较低,是重要的制造但仍不是创新基地。

对上游电池等电池制造业的分析发现,总体国际竞争力指数及各细分指数均位列倒数第一或第二。这说明中国在电池业尤其是传统电池业除国际市场占有率以外的各项指标均表现不佳,在价值创造、价值实现和价值分配上的竞争力均较低,在国际上仍处于较落后水平。这体现出我国电池制造行业在价值创造和价值实现效率上的低下,在价值分配上的劣势地位。究其背后原因,一是原材料高度依赖进口、成本较高,二是装配、高比能和耐久等相关技术落后以及研发投入和积累还很不足。

对中国汽车产业国际竞争力的影响因素研究发现,贸易竞争力、完成固定资产投资总额、产业总产值占全国工业总产值比重等因素对于汽车产业国际竞争力的作用不显著,而产业集中度的负面作用十分凸显。具体来说,车身行业具有很强内循环的特征。资本总量的投入对整车竞争力的提升作用遭遇了门槛和瓶颈。发动机、变速箱、底盘等高端核心零部件是制约零部件行业竞争力提升的重要因素。而产业集中度的上升对于汽车产业及其细分行业竞争力的负面作用均开始显现。

综合上述研究发现来看,中国汽车产业国际竞争力整体较弱,且相对排名面临较大的下降压力。过去在传统汽车行业通过庞大产业资本、劳动力等资源的投入使汽车产业取得了长足的进步,但是关键技术和高附加价值的核心零部件仍高度依赖于进口,长期技术和声誉积累不足导致品牌影响力较差,以及产业集中度上升但是创新能力仍处于落后地位,是中国汽车产业难以继续提升国际竞争力的主要瓶颈。而新能源汽车的生产和出口,有助于通过提高技术工艺水平提升生产效率,有助于继续提振价值实现竞争力,从而有望实现"换道超车"。

2. 全球产业链重塑,传统汽车产业链面临调整压力,中国固有利益受冲击

由于国际经贸格局重构,国际经贸规则重写,产业链、供应链和价值链的重塑,加之,新冠疫情的冲击,加速了全球的变革,汽车产业面临百年未有之大变局。新兴经济体的快速发展,使得发达国家固有的全球经济核心利益受损,发达国家通过谋求国际经贸规则的变革,以巩固其核心经济地位和攫取巨额的经济利润,从而导致全球深度一体化的趋势减弱,贸易保护主义抬头。同时,新冠的暴发和蔓延,使得全球供应链和产业链面临断链风险,发达国家意识到国家产业链安全的重要性,纷纷实行制造业回流战略,扰乱了基于全球分工的供应链体系,使得基于全球化的产业分工协作体系受到威胁。

汽车产业是全球重要的支柱产业之一,其产业链自身的长度和延展度,是一般产业无法比拟的。汽车产业链条包括了研发、制造、采购、销售等各个生产和服务环节,涉及汽车整车制造业、汽车零部件制造业、零部件制造相关工业,汽车服务贸易业和汽车产业支撑体系。其中以汽车整车制造业

为核心,向上延伸至汽车零部件制造业以及和零部件制造业相关的其他基础工业,向下延伸至服务贸易领域,包括汽车销售、维修、金融等服务;另外,在汽车产业链的每一个环节都有完善的支撑体系,包括法律法规标准体系、试验研究开发体系、认证检测体系等。全球产业链的重塑,使得深度融入全球产业链的汽车产业受到冲击,汽车产业链的调整面临巨大压力。

对于中国,原本在传统汽车产业链中所获得的固有利润正在受到冲击。对汽车整车和其他零部件运用双重差分模型的动态分析发现,中国汽车制造业除了上游芯片等电子元件行业的国际竞争力与其他样本国家保持同频共振以外,整车、车身、其他零配件以及上游电池行业的国际竞争力总体上均出现一定程度的下降。中国一直以来凭借低廉劳动力和原材料的要素成本优势以及市场潜能巨大的市场优势,世界各大汽车厂商纷纷将生产制造部分转移至中国,中国成为汽车厂商的生产地和销售地。由于中国经济进入高质量发展阶段,低廉劳动力和原材料的优势逐渐下降,部分外资企业为寻求资源红利,纷纷撤资,将工厂转移至东南亚国家。加之,新冠疫情加速产业链和供应链重塑,将加快部分外资企业将部分生产线乃至整个公司撤离回国。

3. 数字技术推动产业变革,新能源汽车成为各国抢占的战略高地

数字技术的快速发展,使得人类社会步入数字时代,产业变革方兴未艾,科技创新快速发展。战略性新兴产业不断涌现,并深度融合、广泛渗透到人类社会的各个方面,成为扩大产业体系边界、重塑世界格局的新动力。新一轮产业变革,其本质是将新技术、新能源、新材料等应用于工业产品的各个环节,促进工业向智能化、集成化发展,以达到降低成本、提高效率、推动经济转型和产业变革。产业的变革使得产业发展构成要素发生变化,以数据、信息和知识为基础的无形资产,逐渐成为新的生产要素。

同时,大数据、云计算、人工智能以及物联网等数字技术的迭代发展,成为推动数字化产业和产业数字化发展的重要引擎。一方面,数字技术改变人类社会。随着大数据的发展,智慧城市、智慧生活等新技术不断拓展,形成全方位多层次覆盖的信息网络环境,大数据将推动人类生产方式、商业模式、生活方式需求的深刻变革。另一方面,数字技术塑造产业组织新模式。信息网络技术和云计算的快速发展以及互联网的迅速普及,越来越多的平台型企业如雨后春笋般出现,平台经济模式发展迅猛,以平台化、网络化、生态化为代表的组织方式成为推动经济发展的新引擎。正是因为人类社会和产业模式发生了深刻的变化,数字赋能传统制造业,汽车行业也将进行巨大变革,世界主要汽车大国纷纷加强战略谋划、强化政策支持,跨国汽车企业

加大研发投入、完善产业布局,新能源汽车已成为全球汽车产业转型发展的主要方向和各国抢先发展的重要领域。

全球主要经济体为抢占新能源汽车的战略制高点,纷纷出台支持政策,促进新能源汽车的发展。美国2020年发布4940亿美元投资美国环境和地面运输新愿景法案,2020年9月加州州长签署了一项法令,旨在2035年之前,在该州新车市场上全面禁售汽油和柴油乘用车。欧盟2020年建立全欧盟清洁汽车采购机制,两年预期要达到200亿欧元,规划400亿至600亿欧元清洁汽车投资动力系统方向,计划对充电系统的投资翻倍,用于在2025年前建设200万个公用充电桩,计划对零排放车型免征增值税。此外,德、法、荷兰等国家大幅度加大对新能源汽车现金补贴力度,同时对私人住宅和针对公共区域的充电桩安装进行补贴。欧盟多数国家明确提出未来将禁售燃油车,截止日期为2030—2040年不等。日本提出"氢能社会"的国家发展总体思路,将氢能源定位为核心二次能源,在2030年实现混动、电动和混插汽车销售市场占比70%的政策目标。英国2020年计划将停止传统燃油车新车销售的时间由2040年提前到2035年,到2050年,争取全部在用乘用车和厢式轻型货车均为零排放汽车。同时,加大新能源车普及力度,对置换新能源汽车的补贴提高至最高6000英镑,加大税收优惠和超低排放区豁免等优惠政策。韩国2019年宣布对电动汽车和充电基础设施建设实行财政补贴,扩大充电桩和加氢站建设,大力开发国内市场,出台对部分企业实行环保汽车购入目标制,要求2021年公务用车全部更换为新能源汽车等政策。

4. 新能源汽车成为汽车产业发展趋势

从能源角度看,新能源汽车符合未来世界的发展。在工业时代,能源是重要的发展基础,能源布局至关重要,石油和天然气等不可再生的化石能源,已经无所满足未来需求,并且,化石能源的大量使用,导致人类社会正面临环境问题、全球变暖以及未来能源短缺危机的严峻挑战。同时,俄乌冲突导致全球能源价格大幅上涨,能源供应链面临断链风险,加剧全球潜在能源危机的爆发。而汽车作为最主要的石油需求行业,首当其冲受到能源危机和能源价格大幅上涨的冲击。为了降低汽车行业石油的消耗量、改善全球能源结构、减少污染物与温室气体排放,各国纷纷大力发展新能源汽车,汽车的电动化是必然趋势。

从政策角度看,根据国际能源署发布的《世界能源展望2018》,新能源汽车的普及将有效地减少汽车行业对石油的需求,预计到2040年,全球近半数轿车都会是电动车。近年来,汽车电动化趋势明显加速。各国政府陆续出台停止使用传统燃油汽车计划以及各类补贴政策,并纷纷加快在充电等配套设施上的投资。全球各大汽车企业陆续发布新能源汽车战略并推出正向开发的电动化汽车平台。

从市场需求角度看,随着能源汽车产业技术水平显著提升、产业体系日趋完善、用户体验感不断增强、成本不断降低以及基础设施建设日益完善,新能源汽车尤其是新能源乘用车渗透率以及消费者接纳程度不断提升。据EV Volume、CAMM 公布的数据显示,2021 年全球新能源汽车销量近 650 万辆,同比增长 108%,中国市场新能源汽车销量达到 352 万辆,同比增长157.5%,约占全球市场的一半。据乘联会公布的数据显示,2022 年上半年,中国新能源汽车销量高达 224.6 万辆,同比增长 222.6%,汽车电动化趋势明显,市场需求不断提升。

"电动化、网联化、智能化、共享化"为核心的汽车行业"新四化"正重塑汽车产业新格局。5G、物联网、人工智能等新技术的快速发展,推动汽车向高级智能移动终端演变。电动化则是适配车联网、无人驾驶等技术的最佳基础载体。新能源汽车行业已进入从导入期到成长期的关键阶段,与汽车产业"新四化"的转型升级相叠加,将进一步加快汽车产业颠覆性变革的发生。不管从能源角度、市场需求还是技术变革的角度来看,新能源汽车是未来汽车的发展趋势。

(二) 中国发展新能源汽车的重要性

在双循环新发展格局下,中国发展新能源汽车具有十分重要的战略意义,发展新能源汽车已上升至国家战略层面,同时,发展新能源汽车是筑牢双循环格局的重要突破口,是助力中国实现"双碳"目标的战略举措,是中国实现提升汽车国际竞争力的重要抓手。

1. 新能源汽车发展是筑牢双循环格局的重要突破口

面临百年未有之大变局,全球环境日趋复杂,世界经济衰退势头明显,习近平总书记提出"加快构建以国内大循环为主体、国内国际双循环相互促进的新发展格局",是中国应对百年未有之大变局以及开拓发展新局的战略部署。构建双循环发展格局,并非简单的扩大投资和促进内需,而是扩大内需和促进供给升级并进,不仅需要扩大有效投资促进产业联动,同时坚持供给侧改革,促进经济结构性升级。当前,构建双循环发展格局,一方面,需要以需求促进供给,通过满足新需求带动供给端升级,扩大有效投资;另一方面,优化供给侧结构性改革,通过供给端创新升级刺激新的需求,在危机中寻找新的机遇,构建新的竞争力。

　　发展新能源汽车就是在供给侧改革的背景下,顺应双循环格局的重要突破口,并且新能源汽车产业已经成为有效扩大投资、促进消费、产业升级和实现国内外融合的重要引擎。第一,大力发展新能源汽车产业,促进国内循环。一方面,新能源汽车对促进内需具有重要作用,国内消费者对新能源汽车需求快速增长,中国连续七年蝉联全球新能源汽车销售冠军。新能源的快速发展,不仅带动了充电桩、加氢等新基础设施的建设,还带动了车载操作系统、动力电池等相关产业的投资。另一方面,新能源汽车促进供给侧产业升级,对促进汽车产业与能源、交通、信息通信等产业深度融合,实现电动化与物联网、智能化技术融合发展,推进标准对接和数据共享。第二,大力发展新能源汽车产业,加快国内国际双循环发展。近年来,中国与能源汽车领域的国际合作日趋密切,不仅引进特斯拉到国内建设全球规模最大的工厂,还促进了国内汽车企业的混合所有制改革,实现国内国际双循环格局的发展。

　　新能源汽车产业的大力发展,促进双循环格局快速发展,推动经济行稳致远。国际环境的不确定性增加,加强能源的安全性与自主性是各国的需求;国内产业结构升级,促进能源供给结构优化是重要方向。大力发展新能源汽车产业,不仅顺应国内经济高质量发展,同时还符合国际市场节能减排要求以及中国遵从巴黎协定的大国承诺,为加快国际国内市场相互促进提供动力。

　　2. 发展新能源汽车已上升至国家战略

　　汽车产业是国民经济的重要支柱产业,国家对发展新能源汽车十分重视。2010年,国务院发布《关于加快培育和发展战略性新兴产业的决定》,将新能源汽车作为重点发展的战略性新兴产业。"十二五"时期,在研判各种技术路线的发展趋势、长期节能减排效益,以及思考如何培育竞争优势后,中国逐步明确了"纯电驱动"技术转型战略,建立"三纵三横"研发布局。到"十三五"后期,中国牢牢把握汽车智能化趋势,重点在智能化电动汽车方向开展了战略部署。

　　随着新能源汽车的快速发展,全球各国纷纷对新能源汽车发展进行战略布局,新能源汽车日渐成为促进中国经济发展以及生态文明建设的重要组成部分,中国将新能源汽车的发展提升至国家重要战略。2020年,国务院发布《关于印发新能源汽车产业发展规划(2021—2035年)的通知》以及发改委等多部门联合发布的《智能汽车创新发展战略》,将新能源汽车发展提升至国家重要战略地位,提升新能源汽车的智能制造水平,从技术创新、公共服务能力、产业生态、产业融合、基础设施体系、开放合作等方面提出具体要求,全方位多层次推动新能源汽车行业发展。2021年,国家发布的《政府工作报告》和《中华人民共和国国民经济和社会发展第十四个五年规划和 2035 年远景目标纲要》围绕着车辆续航、电池回收、供应链自主、增加配套新基建等方面，对新能源汽车与智能网联汽车提出了新的发展目标，大力推动新能源汽车发展。

3. 助力中国实现"双碳"目标的战略举措

2020 年 9 月，习近平主席在第七十五届联合国大会上指出，中国将提高国家资助贡献力度，二氧化碳排放力争于 2030 年达到峰值，努力争取 2060 年前实现碳中和。碳达峰、碳中和（以下简称"双碳"）目标，既是中国对国际社会的承诺，更是对中国未来经济高质量发展和生态文明建设提出的明确要求。交通运输领域作为我国第三大碳排放源，而汽车运输就占到该领域碳排放量总量的 80% 以上，根据中国汽车技术研究中心发布的 2021 年度《中国汽车低碳行动计划研究报告》，2020 年，中国乘用车全产业链碳排放总量约为 6.7 亿吨二氧化碳，其中 74% 的碳排放来自汽车的使用环节，26% 的碳排放来自上游产业链制造环节。大力发展低碳产业、低碳能源和低碳技术，不仅是建设资源节约型社会、环境友好型社会和生态文明的重要载体，也是转变发展方式，确保能源安全，有效控制气体排放、应对国际金融危机的根本途径，更是着眼全球新一轮发展机遇。

大力发展新能源汽车是汽车行业减排中最重要的措施之一，能够在使用环节和上游产业制造环节实现"双重"减排，有助于提前实现碳达峰、碳中和。一方面，新能源汽车的发展能够大大减少汽车使用环节的碳排放。根据世界资源研究所测算，新能源汽车能贡献未来 45%—50% 的交通行业减排。随着可再生能源发电占比提升，2035 年纯电动乘用车行驶单位里程碳排放将下降到 20g/km，相比 2021 年降低 70% 以上。2035 年新能源汽车将实现道路交通领域碳减排约 2 亿吨，具有显著的减碳效益。实现我国汽车产业发展和现代化发展目标的重大战略任务。另一方面，新能源汽车的绿色生产，能够降低制造环节的碳排放。在电池生产方面，特斯拉利用自研 4680 电芯，降低了生产线 70% 的能耗，实现了 96% 的废物回收率。在造车工艺方面，中国威马汽车不仅建设分布式光伏发电系统，还采用一系列地毯造车工艺，选取蕴能低、高性能、高耐久性的环保材料，提高整车回收利用，可回收利用率高达 95%。新能源汽车不仅释放出汽车产业的绿色低碳潜力，还能够助力实现"双碳"目标，新能源汽车将会是未来持续的热点。

4. 新能源汽车是中国实现提升汽车国际竞争力的重要抓手

新能源汽车是未来发展趋势，现在正处于快速发展的阶段，中国大力发展新能源汽车,是中国能够摆脱汽车关键技术受制于人困境,由汽车大国迈向汽车强国,塑造汽车国际竞争力优势的重要抓手。全球新一轮科技革命和产业变革蓬勃发展,汽车与能源、交通、信息通信等领域有关技术加速融合,电动化、网联化、智能化成为汽车产业的发展潮流和趋势。新能源汽车融汇新能源、新材料和互联网、大数据、人工智能等多种变革性技术,推动汽车从单纯交通工具向移动智能终端、储能单元和数字空间转变,带动能源、交通、信息通信基础设施改造升级,促进能源消费结构优化、交通体系和城市运行智能化水平提升具有重要意义。

发展新能源汽车,最重要的是突破电池技术以及充电桩、换电站等基础设施,中国在发展新能源汽车最重要的方面具有比较优势。在传统汽车中,中国的发动机和变速器等技术远远落后于德国、美国、日本和韩国等国家,而在新能源汽车中,中国的电池技术快速发展,拥有领先的量产动力电池技术,是全球范围内电动出行商业模式创新最为活跃的地区,并且,已建成的公共充电桩数量超过美国、欧洲和日本的总和,解决充电难等问题。中国在全球汽车电动化进程中快速发展,取得先发效应。加快新能源汽车的发展,能够促进中国向汽车强国转变。

同时,新能源汽车产业链庞大,中国具备比较优势。上游主要为原材料,包括电解液、正极材料、负极材料、隔膜等;中游主要为零部件,包括电池、电控、电机、汽车电子等;下游主要为整车制造,主要分为纯电动汽车、插电式混合动力汽车以及燃料电池汽车等类型;所涉及的相关服务业,包括销售、售后服务、汽车保养、汽车金融以及汽车保险等。首先,中国发展数字技术较早,在人工智能、大数据、云计算等方面,行走在世界前列,在新能源汽车智能化发展方面具有较强竞争力。其次,中国在新能源汽车金融服务的新"赛道"已经开启,从个人消费信贷服务已经延伸至汽车租赁、电池租赁、充电桩租赁等服务,同时,保值回购、车电分离等创新产品不断退出,推动新能源汽车金融加速发展,新能源板块也将是商用车金融企业未来的布局重点,抢占先发优势。

二、双循环格局下中国发展新能源汽车的优势

1. 政策支持力度大

中国新能源汽车技术水平不断进步、产品性能明显提升,产销规模连续七年位居世界首位。中国新能源汽车行业取得的成就离不开国家政策的支持。为支持新能源汽车行业发展,中国从顶层设计出发,对发展新能源汽车

的政策支持力度持续加码。"十三五"期间,中央出台的政策支持主要关于新能源汽车的推广与应用,涉及推广、电池、贷款、补贴、拉动消费等各个方面,针对新能源汽车推广应用、废旧动力蓄电池综合利用、汽车贷教管理、完善新能源汽车补贴、降低新车整车及零部件进口关税、提升新能源汽车充电保障、推动消费增长、支持新能源公交乘车推广应用、车辆购置税优惠政策、双积分管理办法、燃料电池汽车示范应用等方面。"十四五"期间,国家不仅对新能源汽车推广应用继续政策加码,而且更加倾向于绿色低碳、智能网联汽车以及扩大新能源汽车国内市场,主要涉及建立绿色地铁循环发展经济、节能减排补助资金、新能源汽车推广应用财政补贴、新能源汽车下乡、加强智能网联汽车生产企业及产品准入管理等政策措施。科技部高度重视关键核心技术的转移转化,将结合"十四五"国家重点研发计划"新能源汽车"重点专项进行工作部署,进一步聚焦关键核心技术攻关,夯实基础研发能力,突破产业链核心瓶颈技术。同时,加强新能源汽车技术协同和集成创新,打通新能源汽车上下游产业链条,加速实现国内外创新成果的应用转化和产业化,形成一批国际前瞻和领先的科技成果。

2. 中国市场空间和发展潜能巨大

随着新能源汽车技术的逐渐成熟以及能源价格的快速上涨,新能源汽车越来越受到消费者的青睐,中国新能源汽车市场空间和发展潜能巨大。根据汽车乘联会统计,2021 年中国新能源汽车保有量达 784 万辆,同比增长 59.34%,仅 2021 年全年我国新能源汽车销量就高达 352.1 万辆,连续七年位居全球第一。新能源汽车在中国乘用车市场的渗透率从 2017 年的2.4%快速增长至 2021 年的 16.0%。预计 2022 年新能源汽车销量 473.19万辆,渗透率提高至 22.6%。中国新能源汽车整车制造企业数量有 198 家,新能源汽车相关企业高达 33.2 万余家。目前,纯电动汽车已成为中国最受欢迎的新能源汽车类型。2021 年纯电动汽车销量 273.4 万辆,纯电动汽车在中国新能源汽车市场的渗透率已达 82.0%。预计 2022 年纯电动汽车销量 382.76 万辆,纯电动汽车在中国新能源汽车市场的渗透率将达 80.9%。在"3060"碳减排目标下,中国提升了 2030 年非化石能源在一次能源占比目标,从 20%提升到 25%,预计今后 10 年风电和光伏的年均新增装机合计需要达到 1 亿千瓦以上。此外,2025 年新能源汽车销售量有望达到新车销售总量的 20%左右,将远超其他国家或地区的新增需求。长效的、持续的、稳定的国内应用市场是保障新能源产业良性发展的基石。

3. 新能源产业发展走在世界前列

中国完整的工业体系、庞大传统汽车产业的良好基础和新能源产业的快速发展,为新能源汽车的发展打下坚实的基础。总的来说,中国传统汽车产业的国际竞争力指数在样本国家中排名中游,且面临较大的下降压力。但是中国拥有完整的工业体系、超大规模协作分工的制造业优势,是汽车产业尤其是零配件制造在国际市场上占据一席之地的核心竞争力源泉。此外,得益于工业增加值率的优异表现,价值分配竞争力名列前茅。这体现出中国良好的经济、工业和市场基础,通过扎实的资金、人力和资源的投入取得相应的利润和价值分配。最后,电池、电机和电控系统是新能源三大核心技术,利好的前瞻性政策和企业界的长期投入与积累造就了芯片等电子元件制造业总体上的国际领先地位,为芯片、系统集成及控制技术方面追赶国际前沿水平提供了良好的基础。

4. 新能源汽车相关技术水平显著提升

一方面是动力电池技术的提升。对上游电池和蓄电池行业的比较分析发现,价值创造、实现和分配竞争力指数及国际竞争力指数均落后于其他样本国家,然而,锂电、电动电池的产销量、质量和技术工艺水平得到飞速成长,已成为中国新能源汽车具有国际竞争力的重要领域。作为新能源汽车的核心零部件,电池的不断改良提升了新能源汽车的性能、安全性、使用寿命及续航里程。这一进步缓解了消费者对新能源汽车安全性的顾虑及里程焦虑。同时,电池衰减速度的减慢有助于维持汽车续航里程,提高客户满意度。电池成本的下降令新能源汽车的物料清单(BOM)成本逐渐与同级别燃油车相当,新能源汽车的成本优势因能源成本下降而凸显。动力电池能量密度十年提高了 2 倍,使用寿命可以超过 5 年 50 万千米,充电时间从超过 3 小时下降到 30 分钟以内,纯电动主流车型续驶里程已经超过 500 千米。在光伏电池方面,我国大硅片技术批量生产,PERC 单晶电池产业化平均效率达到 22.3%,在异质结等高效晶硅电池技术、钙钛矿电池等前沿技术研发上不断取得突破。

另一方面是智能技术的提升。随着自动驾驶、智能互联、OTA 技术及物联网(IoT)的不断发展,车辆价值被重新定义。ADAS 和自动驾驶技术实现车辆的自动转向、制动智能化,于不久的未来可能将实现免握方向盘的驾驶体验。智能座舱搭载车内人工智能助手、个性化的互联娱乐系统以及智能语音控制及交互系统。OTA 不断提供功能升级,较燃油车提供更加先进的智能出行体验。中国在整车智能化、网联化水平大幅提升,驾乘体验明显改善。

5. 基础设施较为完备

从 2020 年开始,以 5G 基建、特高压、新能源汽车和充电桩、数据中心、人工智能、工业互联网为代表的"新基建"崭露头角,越来越受到市场关注。作为新基建的重要组成部分和中国新能源汽车产业发展的"后勤保障部队",在政策扶持叠加新技术驱动下,中国新能源汽车基础设施建设也已取得了阶段性成果,正迎来新一轮的发展周期。

第一,中国充电网络规模全球领先。据中国电动汽车充电基础设施促进联盟统计,2021 年充电基础设施保有量达 261.7 万台,其中公共充电桩 117.7 万台,公共充电设施规模占比达到全球的 62%,公共快充设施占比达到全球的 80%,直流充电桩 48.6 万台,交流桩 69.1 万台,交直流一体桩 589 台,交流桩与直流桩的比值长期稳定在 3∶2 左右。而公用类充电桩数量为 83 万台,专用类充电桩为 34 万台,目前依然以公用类充电桩为主,占比为 70%,公用类充电桩与专用类充电桩的比值长期稳定在 7∶3。中国现有换电站 1386 座,拥有换电站数量前十位的城市分别为:北京市、广东省、浙江省、上海市、江苏省、四川省、山东省、福建省、河北省、湖北省。换电运营商主要有蔚来、奥动和杭州伯坦,分别运营着 863 座、416 座和 107 座换电站。与此同时,中国高速公路快充桩总数量已经超过 1 万余台,里程覆盖率超过 35%,京津冀、长三角、珠三角重点区域高速已经实现全面覆盖。

第二,换电安全系统方案基本形成。电动汽车换电模式是指通过集中型充电站对大量电池集中存储、集中充电、统一配送,并在电池配送站内对电动汽车进行电池更换服务或者集电池的充电、物流调配,以及换电服务于一体。相比充电模式,换电最大的特点是车电分离,不仅可以有效降低车主负担,而且还能大大缩短补能时间。充电+换电两种模式并行、互补,是行业公认的新能源汽车在补能环节的发展趋势。目前,我国积极推动换电模式创新应用,并取得了显著成效。

从换电技术层面看,中国已克服了制造一致性、装配容错性、连接安全性、换电成功率及稳定性等多项技术难点,采用视觉识别技术精准定位,具备快速准确定位、安全可靠锁止、长寿命、高可靠性的特点,可实现稳定换电次数 2000 次以上,乘用车换电时间 3 分钟以内,商用车换电时间 5 分钟左右。从换电安全管理层面看,中国也已形成了系统化的解决方案,电池恒温水冷系统确保不受季节影响;监控传感器、AI 摄像头结合高算力边缘计算系统,使换电站能自动诊断设备故障,自动确定解决方案;站内环境监控系统实时监控全站温度、湿度、烟雾、水浸等多种工况,保证站内运营安全。

三、中国发展新能源汽车的问题与挑战

（一）中国发展新能源汽车存在的问题

1. 技术创新不足，部分关键零部件依赖进口

中国即便在优势领域中，也存在部分关键零部件依赖进口、缺乏原创技术、存在知识产权风险、对政策依赖较大等方面的短板。中国新能源汽车及智能网联汽车部分核心部件自主研发能力不足，存在"卡脖子"风险，包括车规级芯片、中高端车用传感器等高附加值、高技术含量产品被一些国外企业垄断。车载操作系统、车辆专用设计与模拟仿真软件等软件平台基本被外企掌控。燃料电池质子膜、催化剂、炭纸等关键材料进口依存度较高。我国光伏发电产业化技术领先全球，但是发射极钝化和背面接触（PERC）电池技术、异质结电池技术、叠瓦技术等均起源于国外，存在潜在的知识产权风险；部分原材料如银电极用的银粉等仍依赖进口。动力电池领域，国内在生产自动化率和工艺控制能力上与国际先进水平仍有一定差距，产品合格率及一致性不及国外领先产品。新能源汽车、风电等领域所需要的高性能 IGBT 芯片，在设备、材料、芯片设计和晶圆制造方面与国际大厂也有一定的差距，目前国产硅基 IGBT 芯片的主要工艺设备、衬底材料均需从国外采购，受制于外国厂商的供应。一旦供应链断链，中国新能源汽车产业链将会面临断链的风险。

2. 新能源汽车技术人才缺口较大

新能源汽车的竞争实则是技术的竞争，技术的竞争实质上是人才的竞争。由于新能源汽车正处于智能化发展新阶段，技术人才结构存在严重问题，人才需求与供给严重失衡，存在较大缺口。车辆已经从传统的机械产品，逐渐转变为集机械、电子、信息通信、计算机科学、能源动力、交通运输、材料等诸多领域于一体的综合性智慧移动空间和运载出行系统，而目前，IT背景的人才不懂车辆的系统工程，车辆专业人才难以融通电子信息和计算机科学，只有智能网联人才需要这些知识的深度融合。2021 年新能源汽车人才缺口将达 68 万人，人才需求量大，但相应专业的毕业生却很少，企业很难招到所需的对口人员。智能网联汽车产业人才需求预测报告指出，2025年智能网联汽车技术人才的存量预计仅为 7.2 万人，而当年该领域的人才净缺口最高为 3.7 万人。

3. 充电桩设施存在问题

中国充电桩数量全球领先，但同样存在准入门槛低、布局不合理、政策支持力度弱、用地保障难、电力增容难、居民区建桩难等问题。

第一，行业准入门槛低，缺乏监管。充电设施产品的种类、质量、标准等参差不齐。国家尚无建立产品标准和强制性认证要求，大量生产制造企业涌入，产品质量参差不齐。第二，充电桩布局不合理，利用率低。公共充电站冷热不均，热点地区排队充电、偏远地区充电桩长时间闲置以及部分地区无桩可充的现象依然存在。第三，政策支持力度弱，地方落实不到位。顶层政策规划全面，地方政策实施困难执行不到位；政策执行缺乏强有力的抓手，以及政策联动配合手段。第四，充电桩用地保障难。中国充电站建设用地的土地性质尚没有明确界定，充电站建设用地供应严重不足。第五，居民区电力增容难。老旧居民区电力增容难，很多居民区物业管理方不同意建设私人充电桩。第六，居民区建桩协调难度大，参与方权、责、利界定不清晰。

（二）中国发展新能源汽车存在的挑战

中国新能源汽车发展存在的挑战主要来自于国际环境、技术的整体挑战，主要涉及外部经济的不确定性增加和全球动力电池技术尚待进一步发展等挑战。

1. 外部经济的不确定性，增加供应链断链风险

全球供应链环环相扣，由于全球政治经济的不稳定性，地缘政治的变化及全球疫情的影响很容易造成供应链中断。一方面，中美贸易摩擦持续，关税壁垒高企，中国新能源汽车受制于美国新能源汽车先进技术的制约。另一方面，全球政治不稳定增加，供应链锻炼风险加剧。目前俄乌冲突对汽车供应链产生巨大影响。根据盖世汽车统计的相关数据，截止到 2022 年 3 月 2 日，有 24 家企业进行了业务调整，包括暂停、削减、转移等在俄业务。关于选择调整业务的原因，除政治因素外，多数企业表示是供应链问题，具体呈现为：供应瓶颈、供应链中断、交付延迟、零部件短缺、物流瓶颈等。供应链风险管理对提高企业竞争力至关重要。面对现在越来越复杂的供应链及全球环境，更需要企业建立对供应链风险的预见与管控机制。

2. 动力电池技术尚待进一步发展

纯电动汽车是目前最节能环保的车型，但续航里程一般是以 500 公里到 600 公里为主，只可满足短距离日常通勤，但是伴随着时间逐渐的增加，后期的续航里程就会缩短，一般都保持在 250 公里到 350 公里之间，如果需

要远距离行驶,目前只能通过增加电池的方式增加续航,这样不仅增加了车身自重和燃爆风险,同时还降低了社会效益,充电效率进一步下降。虽然国外宣布已获得1000公里续航电池技术,但目前还没有走出实验室,从验证到使用还需要很长的过程。

四、提升中国新能源汽车产业的路径选择

提升中国新能源汽车产业的路径选择,本书将从整体路径选择和具体路径选择两个方面提出建议。整体路径选择方面,为实现社会经济效益最大化,短期和中长期将采取不同的新能源汽车类型发展,以实现由化石能源汽车向纯电动汽车转变。具体路径选择方面,结合前文的分析,从价值实现、价值创造、价值分配三个方面提出中国新能源汽车产业具体的发展路径。

(一)整体路径选择

新能源汽车包括纯电动汽车增程式电动汽车、混合动力汽车、燃料电池电动汽车、氢发动机汽车等,从目前发展状况来看,纯电动汽车、增程式电动汽车、混合动力汽车已经全面开花并且取得非常不错的社会效益和经济效益。但如果仅发展纯电动汽车,可能短期内并不会达到可观的社会效益,中国发展新能源汽车应该分两步走。

在短期,中国大力发展混动汽车和增程式电动汽车,最大限度地实现碳排放与增加社会经济效益。纯电动汽车对整车技术以及电池技术要求相当之高,中短期内无法实现全员纯电动,需要大力发展混动技术,推广混合动力汽车,能够最大程度地助力节能减排,更好地实现过渡,促进新能源汽车的发展,为赢点新赛点夯实基础。同时,可以增加增程式电动车的应用,增程式动力模式不仅能够提高节油效率,最高节油率可达50%以上,还因为其充电方式属于浅充浅放模式,因此能够适当延长电池使用寿命。除此而外,增程式电动汽车因为电池组减少,所以车身自重减轻,动力需求降低,充电时间大大缩短,基本上可以实现免充电桩,大大提高了社会效益和减少了必要的基础投入,又因为油耗大幅减少所以也起到了非常大的减排作用。

中长期,中国需要将重心侧重于纯电动汽车。纯电动汽车未来是新能源汽车的发展优势,具有节能减排的良好性能,大力发展纯电动汽车不仅能够服务中国"双碳"目标,而且能够推动全球汽车产业的转型升级以及提升中国汽车产业的国际竞争力。

（二）具体路径选择

提升新能源汽车具体路径选择，主要包括价值创造、价值实现和价值分配三个方面。价值创造方面要提升技术创新能力；完善基础设施建设，为新能源汽车发展提供动力和保障；培养多学科交叉人才，提升新能源产业的劳动创造。价值实现方面，优化产业发展环境，完善监督和管理，提升新能源产业发展的环境条件。价值分配方面，则需注重放松不必要的管制，加强公平营商环境的构建。

1. 提升技术创新能力

一是强化创新驱动，依托龙头企业持续推动全产业链发展，攻关核心关键技术，突破车规级芯片、车用高端传感器、车载操作系统等产业短板。强化企业优化汽车结构、精简工艺、减少使用的物料以开发更多轻量化车型，例如应用电池底盘一体化（CTC）技术，在不降低底盘强度的同时，使整车重量降低，并直接带来续航里程的增加。此外，电池供应商不断研发能量密度更高、安全性更高且成本更低的电芯。

二是加大对电池技术的研发力度。一方面，大力探索三元锂电池的应用技术，三元锂在理论容量（能量密度）方面高于磷酸铁锂，充电速度也占优，但价格较高，目前仅适用于高端车型。中国应探索三元锂电池的应用技术，降低使用成本，使之能推广至普通车型。另一方面，学习欧美等先进技术，在研发锂电池技术方面，尝试研发新的电池品种，为电池能够更好续航实现技术突破。

三是大力提升智能技术。一方面实现可定制化智能座舱技术，车联网和先进的无线通信技术加速了车载娱乐系统的应用及开发，提供众多智能交互功能，例如语音识别和交互、触摸面板和车内应用等，实现更加个性化及内容更加丰富的交互体验。智能座舱预期提供更多自定义的车辆功能以丰富用户出行体验。企业实现卓越的智能互联技术的新能源汽车制造商将占据行业竞争优势。另一方面，通过 OTA 不断升级智能功能。作为一种智能技术，OTA 提供了一种方便且具成本效益的方式以改进及扩展智能功能。领先的新能源汽车制造商可通过 OTA 升级整车软件和固件。实现软硬件垂直整合及更加集中的电子电气架构的新能源汽车制造商可提升 OTA 更新速度。这将成为行业的主要关注点。客户可通过云端 OTA 于未来选用更多额外付费功能及服务。

四是探索更加先进的自动驾驶技术。新能源汽车制造商致力于提供更加安全的驾驶体验，同时减少人工干预。新能源汽车领域的领先企业已对

ADAS/自动驾驶技术进行了大量投资,这些技术需要在先进机器学习算法、多层次的传感器及强大算力等方面进行专门研发。纯视觉感知和激光雷达及两者融合解决方案是目前自动驾驶技术的主流解决方案。此外,新能源汽车制造商提供 ADAS/自动驾驶作为付费服务的方式已越来越普遍。

2. 完善基础设施建设

(1)加快基础设施完善,推动合理布局形势

一是加快高速公路快充网络有效覆盖。各地充电基础设施主管部门会同交通运输部门加快制定本省高速公路快充网络分阶段覆盖方案,明确高速公路快充站建设标准规范,督促高速公路服务区产权单位切实履行主体责任。加强高速公路快充站项目立项与验收环节管理,做好配套电源保障工作。二是推进乡镇充换电设施建设。结合新能源汽车下乡活动,加快布局乡镇充换电设施,研究纳入各地综合督查考评范围。三是实施精准建设充电桩措施,鼓励电力公司与多家新能源汽车 4S 店开展合作,将用户报桩用电前置到购车环节,优化服务流程,全面提升办电速度。

(2)建立充电设施产品统一标准,提升行业准入门槛

一方面,相关部门出台关于充电设施产品标准的法律法规以及强制性认证要求,规范充电设施产品的技术标准。可借鉴美欧等国家的相关技术标准,以提升中国充电设施产品的标准性,同时,为日后与欧美技术标准互认夯实基础。另一方面,建立充电设施产品行业自律协会,出台相关企业资质要求,借鉴德国等国家相关经验,实行会员制,由行业自律协会对相关企业实行监督管理,提升行业准入门槛。

(3)加强政策支持力度,严格落实政策实施

第一,以鼓励引导政策为主,对涉及充电桩的生产、充电桩技术的升级、充电桩建设的资金支持等重点方面,强化政策引导作用,对必要的核心问题可实施强制性政策。第二,提升财政补贴额度,中央奖补资金额度提升,地方配套支持资金到位,增加充电桩的数量。第三,强化各部门联动作用,交通部门、城建部门以及市场监管部门等建立统一监管平台,实现信息互通,实现充电桩的合理规划布局和资金的有效利用。

(4)建立互联平台,提高充电效率

运用互联网、物联网、智能交通、大数据等技术,将电动车、充电桩、互联网全网数据信息资源集中起来,实现"车—桩—网"一体化全生态运营管控体系。鼓励以"充电桩+分布式新能源+储能项目+商业"的综合体方式建设充电桩,将波谷时的电能收集起来,缓解波峰时的电网压力。

（5）建立健全充电安全保障机制

建议住建部牵头制定居民区充电桩安全管理规范，授权物业对居民区充电桩进行安全管理，并将充电桩安全管理纳入物业资质考核范畴，允许物业管理方对充电车位收取合理的管理费用，要求物业管理方切实履行充电桩安全管理职责，并建立安全防护管理体系。加快研究居民区充电桩责任保险相关要求，落实充电桩产品责任保险由生产制造厂商购买，按照"谁拥有，谁投保"的原则购买充电安全责任保险，增加保险备案要求，由物业单位统一管理。

3. 大力培养多学科交叉人才

一是从顶层设计出发，加快促进车辆工程专业的转型。教育部出台"智能车辆工程"专业的培养方案提出具体的规划方向，高校加快调整车辆工程专业和课程体系，探索更优的培养方案。一方面，加大各大高校开设"智能车辆工程"专业的数量，同时，在课程设置中，对专业基础课进行改革，将新能源汽车相关知识放入汽车工艺、汽车理论、汽车构造等基础课中，将新能源汽车和智能网联汽车模块作为大学生选修课；另一方面，为提升学生研究兴趣以及开拓研究领域，开展线上和线下"名师课堂"，由新能源汽车领域专家等组成专业团队，录制新能源汽车云课程，让更多的学生深入了解新能源汽车相关知识，并不定期举办专题讲座，给予更多学生与专家交流的机会，提升科研能力。

二是促进产学研深度融合，以聚焦"卡脖子"技术问题。不论传统汽车的核心零部件还是新能源汽车的芯片、电控系统和动力电池等关键零部件，都存在进一步突破的困境，这大大影响了生产效率等指标衡量的劳动创造竞争力，以及国际市场占有率、品牌影响力等表征的价值实现竞争力。因此，应通过政府部门统筹汽车行业基础研发难题，以基金项目的方式支持高校课题组进行持续性攻关。再者，及时改革高校课程设计、创新大赛和毕业设计等培养方案，保证前沿科技知识得到快速更新迭代。最后，鼓励校企间开展深度交流和合作，在坚持高校基础科研的同时，将科研团队的应用研究成果加速转化实现，变成实践的提高。

三是推动人才国际化。一方面，与国外高校以及新能源汽车企业建立有效合作，建立国际化人才交流平台，推动中国工程师工程能力国际互认和工程教育认证，建设全球性的人才数据库，为国内外企业提供更加丰富、全面的人才资源信息。另一方面，加大智能控制设计、电子技术设计、结构设计、材料分析、试验分析等领域的人才引进力度，给予人才优厚的待遇，为引进人才落实居留和出入境、落户、医疗、保险、住房、子女就学、配偶安置等方面的特殊政策。

4. 完善监管和管理

一是统筹管理。在国家层面要完善充电设施产业的统筹管理机制,完善相关管理制度和标准规范,在现有法律、法规框架下针对充换电设施制定相关的标准规范,包括用地、用电、消防、建设施工等。地方政府是充换电设施建设管理的责任主体,要设立充换电设施相关的统一管理部门,提供用地、用电、报建、验收等便捷快速一站式服务系统。

二是推进放松不合理的市场准入管制,并加强公平市场竞争和营商环境的监管。一定程度的市场集中和资本积聚是科技和商业模式创新的客观规律,但是借助优势市场地位设立较高准入和竞争壁垒将大大阻碍创新。因此,在推进产学研合作和基础设施建设时应注意朝机会均等方向着力。此外,需充实新能源汽车产业的反垄断监管力量,切实规范市场竞争行为,打造可预期的良性竞争环境。

第9章 结论与研究展望

一、研究结论

一是尽管中国汽车产业取得长足发展,并超越德国成为第二大汽车出口国,但人均资本投入不足、研发能力薄弱、核心技术缺乏是制约中国汽车企业国际竞争力和进一步发展的关键问题所在,特别是汽车价值创造方面与发达国家存在较大差距。从出口技术复杂度看,目前汽车产业出口技术复杂度最高的是德国、日本、美国等传统汽车工业强国和地区,中国汽车产业处在全球价值链增加值"微笑曲线"的原料、零部件和整车组装环节;从全球价值链角度看,中国汽车整车和车身生产和销售主要在本国市场完成,全球价值链的国内部分长度要长于国外部分长度,中国汽车整车和车身行业在世界范围内对全球价值链分工的参与和融入程度不够深入。

二是产业国际竞争力的核心是产业价值能力的提升,理应涵盖价值创造、价值实现和价值分配三个环节竞争力和下列五方面的能力,一是生产效率和生产的能力;二是持续获取利润的能力;三是掌握比较优势并形成竞争优势的能力;四是持续创新的能力;五是占据国际市场份额的能力。其中价值创造环节主要是从生产角度来考察产业国际竞争力,是竞争力的来源;价值实现环节主要是从交换角度来考察产业国际竞争力,是竞争力的表现;价值分配则主要侧重于一国和地区产业利润实现和议价能力,是竞争力的结果。

三是中国汽车产业综合竞争力相对较低,主要表现在价值创造和价值实现竞争力偏低,这一结果为中国汽车产业国际竞争力提升指明了方向。进一步从动态比较看,不仅美国、德国、日本、韩国等传统汽车强国和地区的国际竞争力均出现小幅下降,中国、墨西哥等国家和地区也出现明显下降。不过中国汽车产业在价值创造、价值实现和价值分配等方面的表现不尽相同,其中价值创造竞争力和价值实现竞争力指数均有小幅度上升,但相对排名偏低。这主要是因为劳动生产率制约着中国汽车产业国际竞争力的进一步提升。价值分配竞争力国际排名表现优异,但指数则出现下降,这主要是产业集中度上升但是技术工艺水平和品牌影响力等迟迟得不到突破导致。

四是中国汽车产业影响因素的研究发现创新水平、国际市场占有率、盈利能力、人均固定资产和产业集中程度等因素都是汽车综合产业国际竞争力的显著影响因素。而贸易竞争力指数、完成固定资产投资总额和产业总产值占全国工业总产值比重的影响不显著。此外,还验证了产业集中程度对汽车综合产业及整车、车身和零部件等细分行业都产生了显著负面影响。可能的原因包括了各因素影响整车、车身和零部件细分行业的情况:其一,汽车车身的国际社会分工较弱的一般规律导致贸易竞争力指数不显著。其二,完成固定资产投资总额的不显著结果源于整车制造国际竞争力提升,更重要的原因是人均资本投入、资本总量的影响具有门槛效应。其三,产业总产值的规模效应更有助于发挥汽车零部件行业大规模分工协作优势,导致产业总产值占全国工业总产值比重并不显著。此外,发动机、变速箱、底盘等高端核心零部件掌握在少数汽车强国甚至制造厂商手中,导致其与零部件国际竞争力相关度不高。因此,价值创造环节应注重技术创新的质量和转化,大力提升人力资本,以提高劳动生产率、劳动要素贡献度;价值实现环节应继续发挥规模优势,政府要为汽车产业发展创造良好政策环境,发挥产业集群和聚集效应,以保持中国在价值实现环节优势;价值分配环节应通过一系列产业政策,诸如培育大型跨国集团、改善组织结构、加强品牌建设等,增加产品附加值促进结构升级,提升汽车产业全球生产价值链的地位。

五是在中国汽车产业国际竞争力提升路径方面,新能源汽车成为汽车产业提升国际竞争力的新动能和重点发展领域。对于传统汽车,应注重继续发挥大规模协作分工的制造业优势。重点通过新能源汽车新"赛道"实现国际竞争力"换道超车"。短期着力发展混动汽车和增程式电动汽车,长期过渡到纯电动汽车。具体路径则包括价值创造、实现和分配三个环节内容:价值创造方面要提升技术创新能力、新能源产业优势和基础设施建设,培养多学科交叉人才;价值实现方面要优化产业发展环境;价值分配方面则着力打造机会公平的市场竞争环境。

二、研究局限

一是汽车产业国际竞争力评价指标体系构建。汽车产业国际竞争力强弱由现实竞争力和潜在竞争力决定,同时也受到外部环境影响。由于汽车产业发展情况较为复杂,影响产业国际竞争力形成因素很多,有显性的也有隐性的,有内生性的也有外生性的,理清汽车产业国际竞争力形成的关键因素实属不易,本成果选取的评价指标仅仅是从价值竞争力角度进行分析,这样可能并不全面。

二是本成果涉及大量的数据计算,在数据和资料搜集整理方面,由于空间跨度和时间跨度比较大,世界各国和各地区在不同时期汽车产业发展数据查询比较困难,有些数据不易获得。

三是本成果只在逻辑分析层面形成,其结论准确性有待通过事实来做进一步验证。

三、研 究 展 望

一是深入搜集中国汽车产业分地域的数据集,从而开展中国汽车产业的影响因素的描述性统计和模型分析。

二是借鉴本成果的研究思路,将主题拓展到其他重要产业国际竞争力的评价比较之中,判断适用性,同时为中国实现产业国际化发展战略提供更多更好的理论依据和实践建议。

参 考 文 献

书 籍 报 刊

[1]Aghion, P., Bloom, N., Blundell, R., Griffith, R., & Howitt, P. (2002). Competition and Innovation: An Inverted U Relationship. NBER working paper. DOI: 10. 3386/w9269.

[2]Arkolakis, C., Costinot, A., Donaldson, D., & Rodríguez-Clare, A. (2019). The Elusive Pro-Competitive Effects of Trade. The Review of Economic Studies, 86(1), 46 – 80.

[3]Baily, M. N., Farrell, D., Greenberg, E., Henrich, J. D., Jinjo, N., Jolles, M., & Remes, J. (2005). Increasing global competition and labor productivity: lessons from the U. S. automotive industry. Proceedings, Federal Reserve Bank of San Francisco, 2005.

[4] Balassa, Bela. Comparative Advantage. Trade Policy and Economic Development.1989.

[5]Barwick, P. J., Cao, S., & Li, S. (2021). Local Protectionism, Market Structure, and Social Welfare: China's Automobile Market. American Economic Journal: Economic Policy, 13(4), 112-51.

[6]Bresnahan, T. F., Bresnahan, M. W., & Reiss, P. C. (1991). Competitive Pricing Behavior in the Auto Market: A Structural Analysis.

[7]Chintagunta, P. K., & Vilcassim, N. J. (1995). Competitive Pricing Behavior in the Auto Market: A Structural Analysis. Management Science, 41(1), 76-95.

[8] David T. Coe, Elhanan Helpman. International R&D spillovers [J]. European Economic Review. 1995 (5).

[9] Donald G McFetridge.competitiveness: concepts and measures, department of economics. CarletonUniversity, Occasional Paper 5. 1995.

[10]Edmond, C., Midrigan, V., & Xu, D. Y. (2015). Competition, markups, and the gains from international trade. American Economic Review, 105(10), 3183-3221.

[11]Guan, F., Wang, T., & Sun, L. (2023). The synergistic effect of the industrial international competitiveness and coopetition network position on market share: evidence from global automobile industry. Journal of Business & Industrial Marketing.

[12]Gavazza, A., Lizzeri, A., & Roketskiy, N. (2014). A Quantitative Analysis of the Used-Car Market. American Economic Review, 104(11), 3668-3700.

[13]Hashmi, A. R., & Van Biesebroeck, J. (2010). Market Structure and Innovation:

A Dynamic Analysis of the Global Automobile Industry. NBER working paper. DOI: 10. 3386/w15959.

[14]Holland, S. P., Mansur, E. T., & Yates, A. J. (2021). The Electric Vehicle Transition and the Economics of Banning Gasoline Vehicles. American Economic Journal: Economic Policy, 13(3), 316–344.

[15]IMD.The World COmpetitiveness Yearbook. 1998.

[16]Juan C. Ginarte, Walter G. Park. Determinants of patent rights: A cross-national study[J]. Research Policy.1997 (3).

[17]Kim B.Clark.Managing Technology in International Competition: The case of product. 1998.

[18]Lucia Ostoni.Anti-Dumping Circumvention in the EU andthe US: Is There a Future For Multilateral Provisions Under the WTO? [J]. Fordham Journal of Corporate & Financial Law, 2005,Vol.10:407–438.

[19]MGI (2005). Increasing global competition and labor productivity: Lessons from the US automotive industry. McKinsey Global Institute.

[20]M. Porter.Competitive Advantange: Creating and sustaining superior and performance. 1985.

[21]M. Porter.Competitive Strategy: Techniques for Analyzing Industries and Competitors. 1980.

[22]Mariano Corso, Antonella Martini, Luisa Pellegrini, Emilio Paolucci. Technological and Organizational Tools for Knowledge Management: In Search of Configurations[J]. Small Business Economics.2003 (4).

[23]Mariano Corso, Antonella Martini, Luisa Pellegrini, Emilio Paolucci. Technological and Organizational Tools for Knowledge Management: In Search of Configurations[J]. Small Business Economics. 2003 (4).

[24]OECD.Technology and the economy.1992.

[25]Oiman Segura—Bonilla. Sustainable Systems of Innovation: The Forest Sector in Central America. 1999.

[26]Paul Krugman, (1979) "Increasing Returns, Monopolistic Competition, and International Trade", Journal of International Economics9, issue4.

[27]Rolim, Zionam EL, Rafaël R. de Oliveira, and Hélio M. de Oliveira. "Industrial concentration of the Brazilian automobile market and positioning in the world market." arXiv preprint arXiv:1908. 09686 (2019).

[28]Sampson, T. (2023). Technology Gaps, Trade, and Income. American Economic Review, 113(2), 472–513.

[29]Sudhir, K. (2001). Competitive Pricing Behavior in the Auto Market: A Structural Analysis. Marketing Science, 20(1), 42 - 60.

[30] Timmer, Marcel P., Abdul Azeez Erumban, Bart Los, Robert Stehrer, and Gaaitzen J. de Vries. (2014). "Slicing Up Global Value Chains." Journal of Economic Perspectives, 28(2), 99-118.

[31] Veronica Serrano, Thomas Fischer. Collaborative innovation in ubiquitous systems [J]. Journal of Intelligent Manufacturing. 2007 (5).

[32] WEF. The World COmpetitiveness Report. 1996.

[33] Xiaochen Wu. Anti-Dumping Law and Practice of China[M]. Wolters Kluwer Law & Business, 2009.

[34] Yanning Yu. Circumvention and Anti-Circumvention in Anti-Dumping Practice: A New Problem in China's Outbound Trade [J]. Journal of World Trade, 2007, 41 (5): 1015-1041.

[35] Yong S. Lee. The Sustainability of University-Industry Research Collaboration: An Empirical Assessment[J]. The Journal of Technology Transfer. 2000 (2).

[36] [美] 保罗·克鲁格曼主编, 海闻等译:《战略性贸易政策与新国际经济学》, 中国人民大学出版社 2000 年版。

[37] 蔡维睿:《基于改进最小方差法的汽车整车企业竞争力动态评价》,《科技和产业》2018 年第 5 期。

[38] 陈红儿、陈刚:《区域产业竞争力评价模型与案例分析》,《中国软科学》2002 年第 1 期。

[39] 陈继勇、胡艺:《美国的技术创新与贸易竞争力之关系——一项基于实证的研究》,《经济管理》2006 年第 15 期。

[40] 陈佳贵、张金昌:《实现利润优势——中美具有国际竞争力产业的比较》,《国际贸易》2002 年第 5 期。

[41] 陈漓高、沈沩:《汽车业跨国公司在中国的扩张与中国发展汽车自主技术的对策》,《南开经济研究》2005 年第 2 期。

[42] 陈伶俐:《基于中欧鞋业贸易摩擦的中国鞋业国际竞争力研究》, 浙江大学博士学位论文, 2009 年。

[43] 陈丽娜、胡树华、郭海涛:《我国汽车零部件工业的发展与对策分析》,《北京汽车》2003 年第 1 期。

[44] 陈清泰等著:《迎接中国汽车社会》, 中国发展出版社 2004 年版。

[45] 陈涛涛、柳士昌、顾凌骏:《全球价值链背景下"产业链段"国际竞争力的理解与把握》,《清华管理评论》2018 年第 11 期。

[46] 陈文通:《马克思的价值理论是颠覆不了的》,《中国浦东干部学院学报》2018 年第 4 期。

[47] 陈晓燕:《光伏产业国际竞争力研究》, 南开大学博士学位论文, 2010 年。

[48] 程肖君、李少林:《供给侧改革背景下新能源汽车产业发展策略研究》,《理论学刊》2018 年第 2 期。

[49]党文娟:《全球经济危机背景下中国汽车产业支柱地位研究》,《上海经济研究》2011 年第 2 期。

[50]狄昂照等著:《国际竞争力》,改革出版社 1992 年版。

[51]杜传忠、杨志坤:《德国工业 4.0 战略对中国制造业转型升级的借鉴》,《经济与管理研究》2015 年第 7 期。

[52]封伟毅、李建华、赵树宽:《技术创新对高技术产业竞争力的影响——基于中国 1995—2010 年数据的实证分析》,《中国软科学》2012 年第 9 期。

[53]傅钧文:《中国加入 WTO 以来中日国际分工格局的变化——以汽车及其零部件产业内贸易为例》,《世界经济研究》2011 年第 11 期。

[54]高青、张蕾:《中国汽车产业的技术创新》,《理论界》2005 年第 7 期。

[55]高伟凯、徐力行、魏伟:《中国产业链集聚与产业竞争力》,《江苏社会科学》2010 年第 2 期。

[56]关雪凌:《美国 301 调查与中国高新科技产业的发展》,《人民论坛》2018 年第 12 期。

[57]郭斌著:《基于核心能力的企业竞争优势理论》,科学出版社 2003 年版。

[58]郭丽红、冯宗宪:《中国汽车业全球竞争—合作的模式选择》,2002 年中国管理科学学术会议论文集。

[59]国家发展改革委课题组:《关于 WTO 后过渡期提高中国主要工业竞争力及履行入世承诺的对策(一)》,《中国经贸导刊》2004 年第 9 期。

[60]韩民春、袁秀林:《跨国汽车公司对中国轿车行业市场结构的影响》,《国际贸易问题》2004 年第 12 期。

[61]韩颖、潘志刚:《汽车工业对其关联产业的带动效用分析》,《中国软科学》2005 年第 6 期。

[62]何林:《中国汽车产业国际竞争力浅析》,《预测》2005 年第 4 期。

[63]何郁冰、曾益:《开放式自主创新对产业国际竞争力的影响——基于中国制造业 2000—2010 年面板数据》,《科学学与科学技术管理》2013 年第 3 期。

[64]和矛、李飞:《基于技术制度的中国企业竞争战略研究》,《中国软科学》2005 年第 1 期。

[65]贺正楚、王姣、吴敬静、刘大能:《中国汽车制造业的产业地图与产业布局》,《经济地理》2018 年第 4 期。

[66]贺正楚、王姣、曹文明:《中国汽车制造业的产业地图及影响产业布局的因素》,《科学决策》2018 年第 5 期。

[67]洪银兴:《产学研协同创新的经济学分析》,《经济科学》2014 年第 1 期。

[68]胡钢:《PDM 在企业信息化建设中的应用和实施》,AECC 专题学术研讨会论文集。

[69]胡俊文:《从比较优势向竞争优势转变——中国产业发展战略调整的必然选择》,《社会科学辑刊》2004 年第 2 期。

［70］黄俊岭:《中国汽车产业国际竞争力分析》,沈阳工业大学,2010年。

［71］黄水灵:《产业集群与中国汽车产业》,《北京汽车》2004年第3期。

［72］黄犟:《中国汽车产业有效竞争模式》,《现代管理科学》2004年第6期。

［73］姜庆付:《中国服装业国际竞争力核心影响因素研究》,哈尔滨商业大学出版社2013年版。

［74］蒋国瑞、张志强:《发达国家贸易壁垒对中国纺织品国际竞争力的影响》,《特区经济》2006年第4期。

［75］蒋志刚:《中国电子信息产业国际竞争力影响因素研究》,中南大学,2007年。

［76］金碚等著:《竞争力经济学》,广东经济出版社2003年版。

［77］景春光:《基于SWOT分析的中国汽车物流发展对策研究》,《综合运输》2017年第9期。

［78］赖明勇、王建华、吴献金:《技术创新对中国工业制成品国际竞争力作用的实证研究》,《统计研究》1999年第6期。

［79］雷洪钧:《迎接车联网时代的到来,推进汽车产业链的升级》,《交通世界(运输车辆)》2010年第9期。

［80］雷玉利:《浙江工业国际竞争力研究》,浙江大学,2008年。

［81］李钢、刘吉超、LI等:《入世十年中国产业国际竞争力的实证分析》,《财贸经济》2012年第8期。

［82］李纪珍著:《产业共性技术供给体系》,中国金融出版社2004年版。

［83］李建:《中国汽车工业产业政策绩效分析》,《中国证券期货》2010年第2期。

［84］李金华:《德国"工业4.0"与"中国制造2025"的比较及启示》,《中国地质大学学报(社会科学版)》2015年第5期。

［85］李丽:《中国汽车产业国际竞争力研究》,首都经济贸易大学出版社2009年版。

［86］李蒙、李建元:《汽车电子产业竞争力定量评价GEMN模型及其应用》,《电子测试》2013年第9期。

［87］李强:《中美贸易争端对中国汽车产业的影响》,《汽车纵横》2019年第1期。

［88］李双民:《中国汽车消费市场探析》,《12省区市机械工程学会2006年学术年会湖北省论文集》2006年。

［89］李显君、谢南香、徐可:《中国自主品牌汽车企业技术竞争力实证分析》,《中国软科学》2009年第5期。

［90］李欣广:《国际价值链的"环节价值"是当代价值形态》,《管理学刊》2015年第3期。

［91］李焱、吕品、黄庆波:《中国汽车产业在全球价值链中的地位——基于Koopman的地位指数和Fally的长度指数分析》,《国际贸易问题》2018年第4期。

［92］李煜华、武晓锋、胡瑶瑛:《基于演化博弈的战略性新兴产业集群协同创新策略研究》,《科技进步与对策》2013年第4期。

［93］李悦、李平主编:《产业经济学》,东北财经大学出版社 2002 年版。

［94］廖诗评:《中美贸易摩擦背景下中国贸易反制措施的国际法依据》,《经贸法律评论》2019 年第 1 期。

［95］廖薇:《中国软件产业国际竞争力研究》,西南财经大学出版社 2009 年版。

［96］林本初、冯莹:《有关竞争力问题的理论综述》,《经济学动态》2001 年第 3 期。

［97］刘刚:《政府主导的协同创新陷阱及其演化——基于中国电动汽车产业发展的经验研究》,《南开学报(哲学社会科学版)》2013 年第 2 期。

［98］刘汉民、谷志文、康丽群:《国外路径依赖理论研究新进展》,《经济学动态》2012 年第 1 期。

［99］刘会政、朱光:《中国装备制造业国际分工地位及提升路径研究》,《国际商务(对外经济贸易大学学报)》2018 年第 5 期。

［100］刘梦梦、秦冰洋:《汽车产业扩大对外开放外资战略动向判断——基于博弈论模型》,《汽车工业研究》2018 年第 9 期。

［101］刘艳艳:《底特律汽车产业转型失败及启示》,《世界地理研究》2012 年第 3 期。

［102］刘洋、应瑛:《架构理论研究脉络梳理与未来展望》,《外国经济与管理》2012 年第 6 期。

［103］刘瑶、高彦杰:《全球汽车产业贸易格局变迁的定量测度及对中国的启示》,《产业组织评论》2014 年第 3 期。

［104］刘易斯·卡布罗(LuisM.B.Caral)著,胡汉辉、赵震翔译:《产业组织导论》,人民邮电出版社 2002 年版。

［105］刘有成:《中国油田服务业的国际竞争力研究》,中国地质大学出版社 2008 年版。

［106］路风、封凯栋:《为什么自主开发是学习外国技术的最佳途径? ——以日韩两国汽车工业发展经验为例》,《中国软科学》2004 年第 4 期。

［107］路风:《自主开发是振兴中国汽车工业的惟一出路》,《WTO 经济导刊》2004 年第 9 期。

［108］罗云辉、何翔:《中国汽车工业的国际竞争力水平分析》,《汽车工业研究》2000 年第 6 期。

［109］《马克思恩格斯全集》,人民出版社 1995 年版。

［110］马永红、王静:《中国汽车工业国际竞争力评价模型》,《科技和产业》2005 年第 1 期。

［111］毛斌、张响三、简昱昊:《论家具企业加盟店资源模块化构建方法》,《轻工标准与质量》2013 年第 2 期。

［112］苗晓娜:《从企业规模内涵看企业国际竞争力的正负冲击效应》,《商业时代》2014 年第 15 期。

［113］聂聆、李三妹:《制造业全球价值链利益分配与中国的竞争力研究》,《国际贸

易问题》2014 年第 12 期。

　　[114]欧阳峣、徐姝:《中国汽车产业国际竞争力现状与提升对策》,《中南大学学报
(社会科学版)》2007 年第 3 期。

　　[115]彭连港、薛永昭:《论中国汽车工业可持续发展的对策》,《东北师大学报》
2005 年第 1 期。

　　[116]柴江艺、许和连:《知识产权政策的进口贸易效应:扩张或垄断? ——基于中
国高技术产品进口贸易的实证研究》,《财经研究》2011 年第 1 期。

　　[117]钱平凡:《产业集群促进了汽车工业的发展》,《汽车工业研究》2004 年第
5 期。

　　[118]邱国栋、李作奎:《中国汽车产业的国际竞争分析与策略》,《东北财经大学
学报》2004 年第 1 期。

　　[119]曲婕:《中国汽车产业"走出去"过程中的政策支持问题研究》,《汽车工业研
究》2012 年第 2 期。

　　[120]饶达、李颖庆:《论中国轿车品牌的竞争》,《汽车工业研究》2005 年第 4 期。

　　[121]邵秋萍:《中国汽车工业国际竞争力现状和影响因素分析》,《中国制造业信
息化》2005 年第 4 期。

　　[122]盛朝迅:《发达国家新兴产业政策的新动向与启示》,《经济纵横》2016 年第
11 期。

　　[123]史清琪、张于喆:《国外产业国际竞争力评价理论与方法》,《宏观经济研究》
2001 年第 2 期。

　　[124]斯蒂芬·马丁(StephenMartin)著,史东辉等译:《高级产业经济学》,上海财经
大学出版社 2003 年版。

　　[125]宋丹妮、宗刚:《对提升中国汽车产业国际竞争力的思考》,《学习论坛》2006
年第 6 期。

　　[126]宋明佳、张庚淼:《产业国际竞争力评价指标体系研究》,《人文杂志》2003 年
第 2 期。

　　[127]孙恒有:《国内需求与中国汽车工业国际竞争力提升问题研究》,《郑州大学
学报(哲学社会科学版)》2012 年第 4 期。

　　[128]谭力文、赵鸿洲、刘林青:《基于全球价值链理论的地方产业集群升级研究综
述》,《武汉大学学报(哲学社会科学版)》2009 年第 1 期。

　　[129]唐保庆、叶蓁、张伟:《知识产权保护是出口驱动经济增长的"助推器"还是
"绊脚石"》,《世界经济文汇》2012 年第 5 期。

　　[130]汪秀婷:《战略性新兴产业协同创新网络模型及能力动态演化研究》,《中国
科技论坛》2012 年第 11 期。

　　[131]王朝明、张海浪:《供给侧结构性改革的理论基础:马克思价值理论与西方供
给学派理论比较分析》,《当代经济研究》2018 年第 4 期。

　　[132]王福君编著:《基于产业集群的辽宁汽车产业发展研究》,中国科学技术出版

社 2011 年版。

[133]王汉斌:《基于价值增值的食品加工业国际竞争力形成机理研究》,哈尔滨工业大学出版社 2007 年版。

[134]王今、黄永和、时间、吴松泉:《中国汽车产业国际竞争力评价研究》,《汽车工业研究》2005 年第 2 期。

[135]王莉:《关于规模经济的实证分析——以中国汽车工业为例》,《数量经济技术经济研究》2005 年第 8 期。

[136]王龙:《中国汽车产业国际竞争力研究》,武汉理工大学出版社 2006 年版。

[137]王雪、宋瑶瑶、刘慧晖、杨国梁:《法国科技计划及其对中国的启示》,《世界科技研究与发展》2018 年第 3 期。

[138]王子龙、许箫迪:《政产学研协同创新的演化博弈分析》,《科技与经济》2013 年第 4 期。

[139]温李强、李伟利:《打造竞争优势,推动中国汽车产业升级》,《汽车纵横》2013 年第 11 期。

[140]温兴琦、李燕萍:《战略性新兴产业产学研用协同创新研究——基于领导型用户的视角》,《科技进步与对策》2013 年第 12 期。

[141]翁雪梅:《浙江鞋业的国际竞争力分析》,浙江工业大学,2012 年。

[142]巫细波:《新一轮产业开放对汽车业的影响》,《开放导报》2018 年第 5 期。

[143]吴绍波、龚英、刘敦虎:《知识创新链视角的战略性新兴产业协同创新研究》,《科技进步与对策》2014 年第 1 期。

[144]吴绍波:《战略性新兴产业创新生态系统协同创新的治理机制研究》,《中国科技论坛》2013 年第 10 期。

[145]武康平:《跨国汽车巨头在中国的收获 VS 中国汽车工业的出路》,《WTO 经济导刊》2004 年第 10 期。

[146]向晶:《中国人力资本积累与国际竞争力比较》,《北京工业大学学报(社会科学版)》2016 年第 5 期。

[147]肖丁丁、朱桂龙:《产学研合作创新效率及其影响因素的实证研究》,《科研管理》2013 年第 12 期。

[148]肖远飞:《金融危机后——全球汽车业竞争新格局及启示》,《对外经贸实务》2010 年第 9 期。

[149]谢运朝:《中国汽车零部件出口竞争力评价》,《世界经济情况》2010 年第 2 期。

[150]熊琼、龙静:《国产化政策对汽车产业影响的实证研究——以上海大众汽车为例》,《首届上海青年经济学者论坛论文集》2006 年。

[151]熊伟:《中国汽车零部件产业国际竞争力评价研究》,《科技创业月刊》2010 年第 3 期。

[152]徐铭:《2018 政府工作报告汽车关键词》,《中国汽配市场》2018 年第 1 期。

[153]许陈生、高琳:《中国知识产权保护与高技术产品进口》,《国际商务(对外经济贸易大学学报)》2012 年第 6 期。

[154]许宪春、彭志龙、刘起运、佟仁城:《汽车产业振兴对国民经济的促进与影响分析》,《调研世界》2011 年第 1 期。

[155]许晓芳、李方、李凡:《中国汽车产业出口贸易现状及提升对策》,《长沙理工大学学报(社会科学版)》2018 年第 4 期。

[156]杨丹辉:《跨国公司对华技术转移的新动向与对策》,《中国外资》2004 年第 10 期。

[157]杨蕙馨、于洁涵、王军:《入世后进口对中国汽车制造业产业组织的影响》,《东岳论丛》2004 年第 2 期。

[158]杨旭:《中国汽车产业国际竞争力及贸易战略研究》,首都经济贸易大学出版社 2007 年版。

[159]杨永忠:《"赶超型"产业政策与市场绩效:基于东亚地区国际竞争力的比较视角》,《国际贸易问题》2006 年第 7 期。

[160]杨雪琴:《中国汽车业规模经济的计量分析》,《青海社会科学》2004 年第 1 期。

[161]叶珊瑚、韩永辉、邹建华:《中国汽车产业全要素生产率的微观测量》,《南方经济》2014 年第 1 期。

[162]叶园园:《中国汽车业上市公司技术效率与影响因素研究》,《山东社会科学》2013 年第 2 期。

[163]尹贻梅、刘志高、刘卫东:《路径依赖理论研究进展评析》,《外国经济与管理》2011 年第 8 期。

[164]尹贻梅、刘志高、刘卫东:《路径依赖理论及其地方经济发展隐喻》,《地理研究》2012 年第 5 期。

[165]于焱、李京文、赵树宽:《基于灰色关联分析的汽车零部件产业竞争力评价》,《科学学与科学技术管理》2008 年第 9 期。

[166]余惕君、王伟军编著:《国际竞争策略》,上海远东出版社 1993 年版。

[167]喻学锋:《中国汽车企业竞争力现状及核心竞争力的培育》,《重型汽车》2004 年第 3 期。

[168]张炳辉、吕亚勃:《经济新常态下中国汽车产业发展能力提升研究》,《经济纵横》2017 年第 2 期。

[169]张二震、安礼伟:《国际分工新特点与中国参与国际分工的新思路》,《经济理论与经济管理》2002 年第 10 期。

[170]张二震、马野青:《当代国际分工新特点与马克思国际价值理论新发展》,《经济纵横》2008 年第 3 期。

[171]张辉:《全球价值链理论与中国产业发展研究》,《中国工业经济》2004 年第 5 期。

[172]张金昌:《波特的国家竞争优势理论剖析》,《中国工业经济》2001 年第 10 期。

[173]张金昌著:《国际竞争力评价的理论和方法》,经济科学出版社 2002 年版。

[174]张景安:《关于提升企业核心竞争力的若干战略思考》,《科学学与科学技术管理》2004 年第 11 期。

[175]张军生、范黎波:《中国机电产业国际竞争力的内生演进:基于 1993—2008 年面板数据的实证分析》,《国际贸易问题》2010 年第 10 期。

[176]张雷声:《论价值创造的意义——析理论界存有误解的几个问题》,《中国人民大学学报》2003 年第 1 期。

[177]张林:《中国汽车产业出口的现状、问题及提升措施》,《对外经贸实务》2018 年第 3 期。

[178]张维迎著:《博弈论与信息经济学》,上海三联书店 2004 年版。

[179]张晓晶、李成:《美国制造业回归的真相和中国的应对》,《求是》2014 年第 12 期。

[180]张旭明、李辉:《中国汽车工业的产业集群研究》,《汽车工业研究》2004 年第 6 期。

[181]张亚斌、周斐斐:《中国汽车工业的竞争力及其国际比较——一个基于标准离差的分析方法》,《财经理论与实践》2004 年第 6 期。

[182]张勇军、张苑、陈君著:《中国汽车企业国际竞争力研究》,湖北科学技术出版社 2007 年版。

[183]张玉环:《特朗普政府的对外经贸政策与中美经贸博弈》,《外交评论(外交学院学报)》2018 年第 3 期。

[184]张云霞:《自主创新是中国现代化的必由之路》,《科技工作者的社会责任与和谐社会建设研究——第二届全国"科技与社会发展"中青年南方论坛论文集》2007 年。

[185]赵明昊:《特朗普执政与中美关系的战略转型》,《美国研究》2018 年第 5 期。

[186]赵树宽、赵鹏飞:《中国汽车业技术供应链技术效率评价研究》,《中国软科学》2010 年第 2 期。

[187]赵振全、王天骄:《中国汽车产业 FDI 与自主创新能力提升的实证研究》,《工业技术经济》2011 年第 4 期。

[188]郑海涛、任若恩:《中国制造业国际竞争力的比较研究——基于中国和德国的比较》,《中国软科学》2004 年第 10 期。

[189]中国汽车工业协会:《中国汽车工业年鉴(1998—2013)》,中国汽车工业协会,1998—2013 年。

[190]中国人民大学"中国产业竞争力研究"课题组:《中国 30 省市汽车制造业产业竞争力评价分析报告》,《管理世界》2004 年第 10 期。

[191]朱承亮、郑世林:《中国汽车产业全要素能源效率测算与增长方式评估》,《产

业经济评论》2014 年第 7 期。

　　[192]朱春奎、朱立奎:《产业竞争力的形成机理与发展阶段》,《科技进步与对策》2003 年第 4 期。

　　[193]朱高峰、王迪:《当前中国制造业发展情况分析与展望:基于制造强国评价指标体系》,《管理工程学报》2017 年第 4 期。

　　[194]朱金生、柳云:《自主研发是提高核心竞争力的必由之路》,《汽车工业研究》2005 年第 5 期。

　　[195]邹薇:《论竞争力的源泉:从外生比较优势到内生比较优势》,《武汉大学学报（社会科学版）》2002 年第 1 期。

　　[196]赵增耀:《产业竞争力、企业技术能力与外资的溢出效应——基于我国汽车产业吸收能力的实证分析》,《管理世界》2007 年第 12 期。

　　[197]左洪燕:《如何提升中国汽车产业的国际竞争力》,首都经济贸易大学出版社 2006 年版。

网站及网址链接

　　[1]中国汽车工业协会网站 http://www.caam.org.cn/

　　[2]中国统计局网站 http://www.stats.gov.cn/

　　[3]世界贸易组织网站 www.wto.org

　　[4]世界银行 http://www.worldbank.org.cn/

　　[5]中国商务部网站 http://www.mofcom.gov.cn/

　　[6]联合国商品贸易数据库 http://comtrade.un.org/

　　[7]美国商务部网站 http://www.commerce.gov/

　　[8]欧盟统计局网站 http://ec.europa.eu/eurostat

　　[9]联合国贸易与发展组织网站 http://unctad.org/en/Pages/Home.aspx

　　[10]联合国工业发展组织网站 https://www.unido.org/

　　[11]联合国国际贸易中心 http://www.intracen.org/

　　[12]国际汽车制造商协会 http://www.oica.net/

后　记

　　本书是在博士论文基础上完成的。首先感谢我的导师赵忠秀教授。赵老师严谨的治学态度、深厚的理论功底、浓厚的学术兴趣、宽广的学术视野深深地影响着我，使我对产业经济学理论与政策产生了浓厚的兴趣。从博士论文以及该书的修改、完善和补充，都离不开赵老师的悉心指导。在整个研究过程中，赵老师身体力行，尽管导师工作和科研繁忙，但总是能抽出充足的时间来指导我完成每一部分研究，让我受益匪浅。

　　在本课题研究过程中，感谢郑学党博士、王红梅博士、张尧博士和钊阳博士，他们从不同视角给予本书指导帮助。我在学校主要从事管理工作，但一直未放弃研究工作，从党建研究到资产管理研究，再到现在专注于经济学研究，逐渐专注于某个方向的研究，虽然研究方法差不多，但由于工作变动的原因，频繁更改研究方向，使本就水平不高的我时常感到力不从心。由于管理工作繁忙，大部分研究都是在假期和晚上进行，特别是在夜深人静时，感觉对一些问题的思考会深刻些，写作效率也最高。由于时间精力投入有限，自己的专业水平能力还有很大提升空间，对前沿知识和行业发展跟踪不及时不深入，在研究过程中难免有很多不足，在这个过程中，国家社科基金办的评审专家给予了很多很好的指导意见，我也进行了认真修改完善。同时，人民出版社的刘松弢编辑也为本书顺利出版给予了很多帮助，在此一并表示感谢。

　　感谢我的家人对我的关心和帮助，所有的一切离不开他们的理解和支持。

　　感谢自己，感谢生活，感谢坐着马扎、掌着台灯、看着孩子、奋笔疾书的每个夜晚。

责任编辑:刘松弢

图书在版编目(CIP)数据

中国汽车产业国际竞争力评价及提升路径研究/王元彬 著. —北京:
    人民出版社,2024.4
(国家社科基金后期资助项目)
ISBN 978－7－01－026517－9

Ⅰ.①中…　Ⅱ.①王…　Ⅲ.①汽车工业-国际竞争力-评价-研究-中国
    Ⅳ.①F426.471

中国国家版本馆 CIP 数据核字(2024)第 082731 号

中国汽车产业国际竞争力评价及提升路径研究
ZHONGGUO QICHE CHANYE GUOJI JINGZHENGLI PINGJIA JI TISHENG LUJING YANJIU

王元彬　著

人民出版社 出版发行
(100706　北京市东城区隆福寺街 99 号)

中煤(北京)印务有限公司印刷　新华书店经销

2024 年 4 月第 1 版　2024 年 4 月北京第 1 次印刷
开本:710 毫米×1000 毫米 1/16　印张:16.75
字数:292 千字

ISBN 978－7－01－026517－9　定价:70.00 元

邮购地址 100706　北京市东城区隆福寺街 99 号
人民东方图书销售中心　电话 (010)65250042　65289539